# DE HEILIGE GEEST IN DE GEMEENTE

Voor Maudine,
in ons veertigste huwelijksjaar
haar aanwezigheid in mijn leven is een
geschenk van God

# DE HEILIGE GEEST IN DE GEMEENTE

Gordon Fee

NOVAPRES

Derde druk

Voor de in dit boek voorkomende bijbelteksten is gebruik gemaakt van de vertaling 1951 van het NBG, tenzij anders vermeld.


Oorspronkelijke titel: *Paul, the Spirit and the People of God*
Oorspronkelijke uitgever: Hendrickson Publishers, Peabody, Massachusetts, USA
Vertaling: Louw Dijkstra
Omslagontwerp: HAS, Ede
Druk: Wöhrmann, Zutphen

ISBN 978 90-6318-153-6

# Inhoud

# Woord vooraf

Dit is een boek met een voorgeschiedenis. Het is eigenlijk het boek dat ik een aantal jaren geleden had willen schrijven op uitnodiging van uitgeverij Hendrickson, die mij benaderde met het verzoek om een artikel in de *Dictionary of Pentecostal and Charismatic Movements* (Grand Rapids, Zondervan, 1988) over de Heilige Geest in de brieven van Paulus 'enigszins uit te breiden'. Tot mijn grote verrassing bleek tijdens het schrijven van dat artikel dat over dit onderwerp geen boek voorhanden was. Ik begon daarom met het schrijven van een boek dat in die leemte zou voorzien.

Ik wilde echter ook de conclusies in het bovengenoemde artikel verder onderbouwen. Daarom besloot ik om elke tekst van Paulus waarin de Geest of de werking van de Geest voorkomt, zorgvuldig te exegetiseren. Het resultaat, *God's Empowering Presence* (Peabody, Mass., Hendrickson, 1994, voortaan aangeduid als *GEP*) was een volumineus boekwerk, vol (noodzakelijke) details en gedegen uiteenzettingen.

Mijn eerste poging resulteerde daardoor in een boek dat in de eerste plaats bestemd was voor theologen en predikanten. Het wilde evenwicht aanbrengen in ons beeld van de paulinische theologie. Hoewel er vaak lippendienst werd bewezen aan de belangrijke rol van de Geest in leven en denken van Paulus, werd die rol door nieuwtestamentici in het algemeen verwaarloosd, en door geleerden die zich met Paulus bezighouden in het bijzonder. Mede om iets aan die situatie te doen, schreef ik *GEP*.

Wat mij leidde tot een nieuwe presentatie van het materiaal in dit boek, was mijn vrees dat de prioriteiten van Paulus zelf – zoals ik die ervaar – ondergesneeuwd zijn geraakt in de overvloed aan gegevens in of de catalogus-achtige presentatie van de paulinische theologie in de laatste vier hoofdstukken van *GEP*.

Dit boek wil het materiaal toegankelijker maken voor een breder publiek. Het is niet gewoon het 'dikke boek' zonder de meer dan zevenhonderd bladzijden exegese. Hoewel de inhoud grotendeels afkomstig is uit *GEP*, heb ik veel herschreven en herschikt, zodat mijn bedoelingen duidelijker naar voren komen. Voor de exegetische basis van veel zaken die hier aan de orde komen, wordt de lezer verwezen naar de betreffende bladzijden in *GEP*.

Dit alles werd begeleid door drie mensen. Ten eerste Patrick Alexander van uitgeverij Hendrickson, die het eerste boek redigeerde. Hij moedigde me voortdurend aan om ook tijd te nemen voor het schrijven van dit boek. Ten tweede Chris Armstrong, die door Hendrickson was gevraagd om de hoofdstukken 1 en 12-16 van *GEP* te herschrijven om ze beter leesbaar te maken. Zijn werk diende grotendeels als basis voor dit boek. Ten derde Wendy Zoba van *Christianity Today*, die mij de mogelijkheid bood om de conclusies van *GEP* te bewerken tot een tijdschriftartikel. Terwijl ik daar mee bezig was, kwam ik tot de keuze van de uiteindelijke doelstellingen en prioriteiten voor het voorliggende boek.

Om de lezer daarvan een idee te geven volgen deze hieronder (ongeveer zoals ik ze voor het eerst voorlegde aan Wendy):

a. De hoofdlijn is iets wat waarschijnlijk alleen aan het eind van *GEP* te vinden is, namelijk het in het algemeen ontoereikende getuigenis en de geringe relevantie van de kerk in de westerse cultuur. Hier ligt volgens mij het echte verschil tussen Paulus en ons; in een cultuur die veel gemeen had met de onze, lijken de eerste christenen veel werkzamer geweest te zijn dan wij. Ik ben ervan overtuigd dat dit voor een groot deel te danken is aan hun ervaring van de aanwezigheid van de Geest.

b. Hierdoor ben ik minder gelukkig met de soms nogal zwart-wit benadering van de Geest ('gave' of 'vrucht') die het hedendaagse christendom kenmerkt. De Geest was een krachtgevende aanwezigheid voor de vroege kerk, en die kracht had te maken met vrucht, getuigenis én gaven.

c. Cruciaal voor deze ervaring was de opvatting van de vroege kerk dat de Geest de vervulling was van de joodse verwachting van de wederkomst van de aanwezigheid van God (vandaar het grote belang van de tempelsymboliek bij Paulus). Dit betekende voor de eerste christenen dat de Geest niet alleen de persoonlijke aanwezigheid van God in hun midden was (zowel individueel als gemeenschappelijk), maar dat hun opvatting van God verbreed moest worden tot een Drie-eenheid. Hoe-

wel hij deze woorden niet gebruikte, was Paulus' nieuwe opvatting van het bestaan (als in Christus zijnde) dus in de kern volledig trinitarisch.
d. Even belangrijk als de ervaring van de Geest was het feit dat de vroege kerk zichzelf zag als een eschatologische kerk, in de zin van '*nu reeds/ nog niet*'. De eerste christenen geloofden echt dat de toekomst al was begonnen, dat ze begiftigd waren met de gave van de uitgestorte Geest, die ook diende als garantie voor de komende voleinding.
e. In het middelpunt van deze nieuwe opvatting stond hun overtuiging dat zij het nieuw opgerichte volk van God waren. De bedoeling van de verlossing in Christus, de kern van de paulinische theologie, was dat God een 'volk voor zijn naam' (Hand 15:14) wilde scheppen. En de schenking van de eschatologische Geest (de Geest die diende als bewijs dat de toekomst was aangebroken en als garantie voor de voleinding) vormt het hart van deze verlossing. Essentieel voor de nieuwe opvattingen was dat men nu als individu tot het volk van God kon behoren: door het geloof in Christus en in het bijzonder door de persoonlijk ervaren aanwezigheid van de Geest.
f. Hoewel individuele personen deel gingen uitmaken van het volk van God, was het doel niet simpelweg om individuen uit te rusten voor de hemel, maar om een volk te vormen dat, geholpen door de kracht van de Geest, het toekomstige leven (het leven van God zelf) al in het heden in praktijk bracht. De 'vrucht van de Geest' (Gal 5:22) is, hoewel teweeggebracht door individuele toetreding, toch in de eerste plaats een zaak van het gemeenschapsleven, zoals de ethiek van Paulus in het algemeen.
g. De 'doxologische Geest', die nu de sleutelrol vervult in de geloofsbeleving van het nieuw ingestelde volk van God, begiftigt de mensen zo, dat zowel in de begiftiging op zichzelf als in de diversiteit van die begiftiging het hele lichaam opnieuw zal worden opgewekt om zijn nieuwe eschatologische bestaan te leiden, terwijl de gelovigen in afwachting zijn van de beslissende komst van God.

Deze persoonlijke en krachtige beleving van de eschatologische Geest veranderde hen niet alleen individueel, maar maakte hen ook tot het volk van het goede nieuws in de heidense Grieks-Romeinse cultuur. Hierin winnen zij het van ons, en daarom doen wij er goed aan om iets van die realiteit terug te winnen.

Deze eerste uiteenzetting van mijn doelstellingen diende als basis voor dit boek.

Ik moet nog vier mensen bedanken die het hele manuscript hebben gelezen en met nuttige suggesties kwamen om de inhoud en de leesbaarheid te verbeteren: mijn huidige assistent Dean Pinter, die ook het register van bijbelteksten maakte; mijn dochter – tegenwoordig studente aan Regent College – Cherith Nordling; mijn zoon Mark, die het las met de ogen van een pastor, dus met de belangen van zijn kudde in zijn achterhoofd; en in het bijzonder mijn vrouw Maudine, die geduldig de tekst navlooide op zwaar en ingewikkeld taalgebruik, en van wie ik de voorstellen voor een andere woordkeuze graag overnam. Ik draag dit boek aan haar op, aan mijn bewonderenswaardige vriendin en metgezel, in dit veertigste jaar van ons huwelijk.

Een korte verantwoording van bepaalde keuzes die voortkwamen uit het werk aan *GEP*:

Ten eerste: ondanks een aantal niet onverwachte bezwaren baseer ik mijn theologie van Paulus op alle dertien brieven die aan hem worden toegeschreven. Degenen die daar bezwaar tegen maakten, hebben mij nog niet weten te overtuigen dat ik anders moest handelen.

Ten tweede: de meeste citaten zijn gerangschikt naar wat volgens mij de chronologische volgorde van de brieven is: 1 en 2 Tessalonicenzen, 1 en 2 Korintiërs, Galaten, Romeinen, Filemon, Kolossenzen, Efeziërs, Filippenzen, 1 Timoteüs, Titus, 2 Timoteüs.

Ten derde: hoofdstuk 2 van *GEP* geeft een tamelijk wetenschappelijk overzicht van alle vindplaatsen van *pneuma* (Geest) en *pneumatikos* (geestelijk) bij Paulus. Twee conclusies uit dat hoofdstuk die van invloed zijn op vertalingen en woordgebruik moeten hier nog even vermeld worden voor de lezer van dit boek.

a. Op sommige plaatsen is het uiterst moeilijk om onderscheid te maken tussen Paulus' eigen geest en de rol van de Heilige Geest. In 1 Korintiërs 14:14-15 zegt hij bijvoorbeeld 'mijn *pneuma* bidt', waarbij uit de context duidelijk blijkt dat hij bedoelt: de Heilige Geest bidt door (middel van) mijn eigen geest.' Bij de vertaling is in deze gevallen gekozen voor het onfraaie 'G/geest' om zo de dubbele betekenis van de rol van de Geest aan te duiden.

b. Er zijn meer dan voldoende aanwijzingen dat bij Paulus, geheel in overeenstemming met het spraakgebruik uit de eerste eeuw na Christus, *pneumatikos* (geestelijk) nooit verwijst naar de menselijke geest of naar een vaag begrip als 'spiritueel'. Paulus' eerste referentie is altijd de Heilige Geest, zelfs als 'geestelijk' in tegenstelling tot 'stoffelijk' wordt gebruikt in 1 Korintiërs 9:11. Ik gebruik dus vaak een hoofdletter (Geestelijk) als ik het woord op de paulinische manier gebruik.

Ten vierde: een van de tekortkomingen van dit boek is dat ik niet heb gepoogd Paulus te vergelijken met de andere nieuwtestamentische auteurs. Ik wilde Paulus horen in zijn eigen woorden. Hopelijk past dit boek tussen vergelijkbare boeken als het boek van Gary Burge over Johannes, James Shelton over Lukas en Handelingen, en Gerald Hawthorne over Jezus.

Tot slot: het schrijven van *GEP* heeft mijn leven veranderd, en ik voel me begenadigd – maar ook deemoedig – uit brieven, telefoontjes en persoonlijke gesprekken te weten dat het lezen van de exegetische gedeelten ook anderen heeft verrijkt. Ik bied mijn lezers het voorliggende boek dan ook aan met het vurige gebed dat het lezen ervan op hen hetzelfde effect mag hebben.

Driekoningen 1996

# Inleiding

## Een uitnodiging om Paulus met nieuwe ogen te lezen

*Voor Paulus was de aanwezigheid van de Geest als een aan den lijve ervaren en levende werkelijkheid, van begin tot eind de beslissende factor in een christenleven. Wie dat niet onderkent, begrijpt zijn brieven niet goed.*

De hedendaagse christenen hebben alle reden om bezorgd te zijn. In een steeds meer geseculariseerde, individualistische en relativistische maatschappij – in de zestiger jaren aangeduid als postchristelijk, tegenwoordig als postmodern – wordt de kerk op haar best beschouwd als irrelevant en op zijn slechtst als een fossiel uit de oudheid. Eerlijk gezegd ligt de schuld daarvan deels bij de kerk zelf, met name bij die kerkleden die er prat op gaan recht in de leer te zijn als het om de historiciteit van het geloof gaat. Maar al te vaak wordt onze rechtzinnigheid hetzij geschaad door een te veel samengaan met een bepaalde politieke richting, hetzij verzwakt door een wettische of relativistische ethiek die ver af staat van God, of krachteloos is geworden door het overheersende rationalisme in een steeds irrationalistischer wereld.

Maar er is ook reden tot hoop: onze postmoderne maatschappij lijkt op de cultuur van de Grieks-Romeinse wereld waarin het evangelie tweeduizend jaar geleden opkwam. Het geheim van het succes dat het vroege christendom in die cultuur had, lag in de eerste plaats in het goede nieuws van het leven, de dood en de opstanding van Jezus. Immanuël was gekomen en Hij openbaarde zowel het karakter van God ('Ben Ik zolang bij u, Filippus, en kent gij Mij niet? Wie Mij gezien heeft, heeft de Vader gezien', Joh 14:9) als de verlossing uit onze zondige staat ('Zij zal een zoon baren en gij zult Hem de naam Jezus geven. Want Hij is het die zijn volk zal redden van hun zonden', Mt 1:21). Maar hun succes was ook te danken aan hun ervaring van de Geest, die van het werk van Christus een werkzame realiteit maakte in hun levens, waardoor zij in hun cultuur een radicaal alternatief konden worden.

Hoe anders lijkt dat vaak bij ons. Terwijl we (terecht) een centrale plaats inruimen voor Jezus Christus, zijn we minder zeker over de Heilige Geest. Ondanks de mooie woorden in onze geloofsbelijdenissen en gezangen, en de lippendienst die in onze dagelijkse gesprekken vaak aan de Geest wordt bewezen, is de rol van de Geest zowel in theologische kring als in de kerk als geloofsgemeenschap marginaal geworden.

Ik bedoel niet dat de Heilige Geest niet aanwezig zou zijn. Dat is Hij wel – of we zijn geen christenen. Maar de nadruk ligt wat de activiteit van de Geest betreft op zijn stille, bijna onmerkbare aanwezigheid. Dat beeld is voor een groot deel gebaseerd op Elia's ontmoeting met God op de Horeb, waar de Heer niet verscheen in een storm, aardbeving of vuur, maar tot Elia kwam 'in het suizen van een zachte koelte' (1 Kon 19:11-13). Dit beeld is ook te vinden in het Nieuwe Testament, in de nadruk die Paulus legt op de 'vrucht van de Geest' (Gal 5:22-23), waarbij hij suggereert dat de 'gaven des Geestes' in 1 Korintiërs 12-14 alleen bestemd waren voor de apostolische periode. Deze stille aanwezigheid heeft echter ook lusteloosheid opgeleverd, niet alleen op kerkelijk, maar ook op individueel niveau. Dat is alleen al te zien aan de vele manieren waarop individuele gelovigen zoeken naar een duidelijker besef van Gods aanwezigheid in hun levens.

Dit 'ontbreken' van de Geest als een aan den lijve ervaren en stimulerende werkelijkheid is historisch vaak gecorrigeerd door een veelheid aan charismatische bewegingen, zoals in deze eeuw bijvoorbeeld de pinksterbeweging. De nadruk bij deze bewegingen lag op 'wind, aardbeving en vuur' en de voor hen belangrijke bijbelteksten komen uit Handelingen en 1 Korintiërs. Deze bewegingen hadden en hebben de neiging om de nadruk te leggen op het persoonlijke geloofsleven, zodat de aanwezigheid van de Geest vaak vooral gevonden wordt in de ervaring. Deze vorm van vroomheid ontbrak het vaak aan een gezonde exegetische basis en voldoende theologische onderbouwing.

Het resultaat was van beide kanten een beperkte visie op de Geest, en ook op de rol van de Geest bij Paulus. Voor Paulus betekende het leven in of naar de Geest het aanvaarden van zowel de vrucht als de gave; en dat met overgave. Dit is wat ik noem: leven in het radicale midden. De Geest als een aan den lijve ervaren en krachtgevende aanwezigheid had voor Paulus en zijn gemeenten een sleutelrol in het christelijke leven, van het begin tot het eind. De Geest bestreek het hele spectrum: levenskracht, groei, vrucht, gaven, gebed, getuigenis en al het andere.

Maar terwijl de krachtgevende, aan den lijve ervaren dimensie van het leven in de Geest aan de ene kant vaak ontbreekt, ontbreken aan beide kanten vaak twee zaken die voor Paulus in het hart van het geloof liggen. Ten eerste: de Geest als persoon, de beloofde terugkeer van Gods eigen aanwezigheid naar zijn volk; ten tweede: de Geest als eschatologische vervulling (zie hoofdstuk 5) die zowel Gods volk opnieuw opricht als ons de kracht geeft om het leven van de toekomst te leiden in ons bestaan tussen twee tijden: de tijden van Christus' eerste en tweede komst.

Als de kerk werkzaam wil zijn in onze postmoderne maatschappij moeten we ermee ophouden alleen lippendienst te bewijzen aan de Geest en het perspectief van Paulus ook tot het onze maken: dat de Geest de *aan den lijve ervaren, krachtgevende* terugkeer is van Gods *persoonlijke aanwezigheid* in en rondom ons. De Geest maakt het ons mogelijk te leven als waarlijk *eschatologische* mensen in de huidige wereld, terwijl we in afwachting zijn van de voleinding. Al het andere, ook de vrucht en de gaven (ethisch leven en charismatische uitingen in de eredienst), dient dat doel.

Ik nodig u uit Paulus met nieuwe ogen te lezen, om te zien hoe cruciaal de rol van de Geest is in zijn leven en denken, en in dat van zijn gemeenten. Deze manier van lezen zal exegetisch van aard zijn, vandaar dat er vaak verwezen wordt naar de exegese zoals die in *GEP* te vinden is, maar ook theologisch, wanneer we zien hoe de Geest past in het bredere beeld van de paulinische theologie. Deze nieuwe manier van lezen zal duidelijk maken dat voor Paulus de aanwezigheid van de Geest, als een aan den lijve ondervonden en levende werkelijkheid, de kern is van het christelijke leven, van het begin tot het einde. Omdat dit een theologische bewering is, moeten in hoofdstuk 1 eerst een aantal theologische kwesties worden behandeld. Ik wil de lezer op het hart drukken niet te blijven steken in dit hoofdstuk. Het is noodzakelijk als referentiekader voor de rest van het boek.

Hoofdstuk 1

# Een 'theologie' van de Geest?

## De Geest in de paulinische theologie

*Onze theologie en onze ervaring van de Geest moeten met elkaar worden verbonden als we de ervaring van de Geest werkzamer willen maken.*

Ik herinner me nog goed dat mijn hoogleraar theologie verklaarde: 'Iedereen heeft een *theologie* (een bepaalde, basisvisie op God en wereld als grondslag van zijn bestaan); de vraag is niet *of* je een theologie hebt – die heb je altijd – maar of je de *juiste* theologie hebt.'

Dit is in de eerste plaats een boek over de theologie van Paulus, dat wil zeggen over Paulus' opvattingen over God en zijn handelen, en over de rol van de Geest in die theologie. Voor sommige mensen is een theologisch boek over de Geest weinig minder dan de doodsteek voor het onderwerp; ik reken mezelf in veel opzichten ook tot hen. Maar er bestaat geen beter woord voor, en uiteindelijk is het voor de gezondheid van het hedendaagse christendom noodzakelijk dat de *theologie* van de Geest en de *ervaring* van de Geest dichter bij elkaar komen dan ze in het verleden vaak waren.

Theologie betekent: de verstandelijke reflectie op het goddelijke; zij behandelt de vraag hoe we de verschillende opvattingen over God en zijn handelen kunnen onderbrengen in een samenhangend geheel. Bij Paulus vinden we echter geen reflectie op de Heilige Geest, zoals hij ook niet reflecteert op de betekenis van het Avondmaal of op de aard van de Drie-eenheid; die beschouwt hij als feitelijkheden die maar af en toe expliciet naar voren komen. Zoals zo vaak bij fundamentele zaken reflecteren we er zelden op. Ze zijn simpelweg onderdeel van het leven; wat we er over zeggen is vaak prozaïsch en verstoken van verdere uitleg of argumentatie.

Toch is Paulus voortdurend theologie aan het bedrijven. Maar anders dan de reflectieve academische theologie is zijn theologie afkomstig uit en gericht op de praktijk. Het is een theologie zoals die bedreven wordt op het marktplein, waar christelijk geloof en Godservaring frontaal botsten op de godsdiensten, het denken en de alledaagse praktijk van de Grieks-Romeinse wereld in de tweede helft van de eerste eeuw. Deze praktische theologie van Paulus is des te ingewikkelder omdat die ontstond in een omgeving met een grote raciale en sociale verscheidenheid. Voor een deel hebben de kwesties waar Paulus voor stond, te maken met de vraag wat de God van de joden (de ene en enige God) door Christus en de Geest bewerkstelligde in de geschiedenis; iets wat zich voor Paulus in een hoofdzakelijk heidense context afspeelde.
In deze omgeving verscheen Paulus en predikte, beleefde, doordacht en herbevestigde oude en nieuwe waarheden, worstelend met de vraag wat het betekende voor jood en heiden om nu samen het ene volk van God te zijn. Al doende was hij voortdurend bezig theologie te bedrijven. Hij brak zich het hoofd over het functioneren van het evangelie – en de uitwerking ervan – in deze nieuwe context, die zo radicaal verschilde van de meer geïsoleerde joodse wereld waarin het evangelie voor het eerst verscheen.
Onze eerste zorg is om te begrijpen wat Paulus *zegt* over de Geest, want zijn woorden zijn de belangrijkste toegang tot zijn gedachten. Maar we zullen meer moeten doen dan bijbelteksten verzamelen en die tegen het licht houden van een aantal theologische vooronderstellingen; als het om de Geest gaat, hebben we te maken met de essentie van de vroegchristelijke *ervaring*. Waardevolle theologie is tenslotte de theologie die vertaald kan worden naar het dagelijks leven, en Paulus beschouwt de Geest uiteindelijk als een zaak van in de praktijk gebracht geloof. Door de beleving van de Geest ontvingen de eerste gelovigen de verlossing die Christus had gebracht, en beseften ze dat ze leefden aan het begin van de eindtijd. Voor hen was de Geest zowel het bewijs dat Gods grote toekomst voor zijn volk al begonnen was in de tegenwoordige tijd, als de garantie dat God zou afmaken waarmee Hij begonnen was in Christus (het eschatologische kader van Paulus). De Geest is dus van fundamenteel belang voor hun hele *beleving* en *begrip* van het leven in Christus.
Mijn doel is nu om zowel die beleefde realiteit, als Paulus' opvattingen daarover, recht te doen.

## Continuïteit en discontinuïteit ten aanzien van het verleden

Een van de belangrijkste aspecten van de paulinische theologie is de continuïteit en discontinuïteit tussen het Oude en het Nieuwe Verbond, dat wil zeggen tussen Gods woord voor Israël, dat doorgegeven werd door profeten en dichters, en Gods nieuwe woord tot zijn volk door Christus Jezus, dat doorgegeven werd door apostelen en leraren. De brieven van Paulus zijn onderdeel van het Nieuwe Testament, het verslag van Gods Nieuwe Verbond met zijn volk, dat bekrachtigd werd door Christus en de Geest. Paulus wist zelf echter niet dat hij bijdroeg aan een dergelijk 'nieuw testament'. Voor hem was het Nieuwe Verbond geen geschreven verslag, maar een historische realiteit, die bij het Avondmaal opnieuw werd ervaren en door de aanwezigheid van de Geest ook in het alledaagse leven doorwerkte. De vraag is dus: hoe verhoudt het Nieuwe Verbond zich tot het Oude? *Vervangt* het dat, als een echt Nieuw Verbond, of *vervult* het het Oude, en neemt het veel daarvan over? Om Paulus goed te begrijpen moeten we bedenken dat zijn manier van denken de traditie waaruit hij voortkwam zowel voortzet als vernieuwt.

Ten eerste moeten we vaststellen dat Paulus zelf continuïteit ziet in zijn erfgoed. Hij ziet zichzelf en zijn gemeenten in een directe lijn met het volk van God uit het Oude Testament. Ondanks zijn diepe overtuiging dat de komst van Christus en de Geest radicale gevolgen had, bevestigt hij die continuïteit regelmatig. Hij legt bijvoorbeeld een verbinding tussen de voornamelijk heidense kerk en de exodus: 'dat onze vaderen allen onder de wolk waren, allen door de zee heengingen, allen zich in Mozes lieten dopen in de wolk en in de zee' (1 Kor 10:1-2). En tegenover heiden-christenen die op het punt stonden zich te laten besnijden, beroept hij zich niet alleen op Abraham en de beloften van het Oude Verbond, maar hij vraagt hen ook op de man af: 'Zegt mij, gij, die onder de wet wilt staan, luistert gij niet naar de wet? (Gal 4:21). En vervolgens zet hij de ware betekenis uiteen van Sara, Hagar, Isaäk en Ismaël, dat wil zeggen: in het licht van Christus en de Geest (Gal 4:21-31). Paulus spreekt nooit over een 'nieuw Israël' of 'het nieuwe volk van God', maar over het 'Israël Gods' (Gal 6:16). Dat is een ISRAËL dat in lijn staat met het verleden, maar nu bestaat uit joden en heidenen als het ene volk van God.

Maar net zo duidelijk is er sprake van discontinuïteit. Het volk van God is opnieuw ingesteld. Christus is het 'einde der wet' (Rom 10:4) en de Geest is de 'Heilige Geest der belofte' (Gal 3:14, Ef 1:13). Christus' dood en opstanding hebben een eind gemaakt aan het 'opzichterschap' van de Tora (het leven op basis van de oudtestamentische wet, Rom 7:4-6, 8:2-3). Het geleid worden door de Geest heeft dat opzichterschap vervangen als Gods manier om de Tora te vervullen (Gal 5:18). De gerechtvaardige eisen van de Tora zijn nu vervuld in hen die 'wandelen naar de Geest' (Rom 8:4).

De Heilige Geest was een essentieel element in de beloofde toekomst voor Israël. Voor Paulus is de schenking van 'de Heilige Geest der belofte' (Ef 1:13) het zekerste bewijs dat de toekomst al in beweging is gezet. Het met nieuwe ogen lezen van Paulus zal moeten leren dat de belofte door de Geest vervuld is, en welke uitwerking dat had op het zelfbeeld van de vroege kerk.

Omdat de Geest deze wezenlijke rol speelt bij de vervulling van het beloofde Nieuwe Verbond, zou het misschien passend zijn om een hoofdstuk op te nemen over de paulinische antecedenten, dat wil zeggen over de rol van de Geest in het Oude Testament en het jodendom tussen het Oude en Nieuwe Testament[1]. Ik heb er echter voor gekozen om door het hele boek heen te laten zien wat de oude joodse verwachtingen waren en hoe Paulus de Geest als vervulling daarvan beschouwde.

## Vat krijgen op de ongrijpbare kern

Een laatste inleidend woord betreft het lange debat in academische kring over wat nu eigenlijk het hart van Paulus' theologie is.[2] De traditionele opvatting, die teruggaat op de Reformatie en werd voortgezet door generaties protestanten, is dat 'rechtvaardiging door geloof' de kern van die theologie is. Deze opvatting benadrukt de historische verlossingsdaad van Christus en onze verwerkelijking daarvan door ons geloof. Wat aan deze opvatting schort, is dat zij gericht is op één metafoor van verlossing, namelijk rechtvaardiging, en dat andere worden uitgesloten.[3] Deze visie is te beperkt om alle theologische accenten van Paulus te omvatten. Als reactie zagen anderen 'de mystieke ervaring van het zijn *in Christus*'[4] als de kern van Paulus' theologie. Deze opvatting verschuift het brand-

punt van Christus' historische werk, en de betekenis daarvan voor de gelovige, naar de Christus-ervaring van de gelovige (met name van Paulus). Hoewel deze opvatting in bepaalde opzichten een gewenste correctie was op de traditionele visie, onderkennen de meeste hedendaagse theologen dat beide benaderingen hun beperkingen hebben. Het resultaat was echter dat de nadruk vooral kwam te liggen op de diversiteit en de contingentie[5] (het door toevalligheden bepaalde karakter) van Paulus' brieven. Dat gebeurde in zo'n mate dat veel theologen – geheel in de sfeer van het hedendaagse postmodernisme – helemaal geen pogingen meer ondernamen om een kern van Paulus' theologie te formuleren, laat staan om nog enige samenhang in zijn theologie te ontdekken.
Ik poneer hier twee stellingen die hierop betrekking hebben. Ten eerste ben ik ervan overtuigd dat er een vaste kern is in Paulus' visie op Christus en de Geest, die gebaseerd is op zijn besef dat er continuïteit bestaat met het oude, en die gevonden kan worden in wat hij simpelweg 'het evangelie' noemt. Voor hem was het evangelie de fundamentele kern, en hij deelde die visie met de andere vroege christenen (zie bijv. 1 Kor 15:1-3, 11). Het schijnbare gebrek aan eenduidigheid in de theologie van Paulus heeft volgens mij te maken met zijn streven om de implicaties van die gemeenschappelijke kern voor de heidenzending, waaraan hij de laatste twintig jaar van zijn leven had gewijd, uit te werken.
Ten tweede een stelling die enigszins aansluit bij de (post)moderne visie. Ik ben ervan overtuigd dat de kern van Paulus' theologie zo ongrijpbaar is, omdat die te breed is om terug te kunnen brengen tot één slogan. Het lijkt me veel beter om de essentiële elementen op een rijtje te zetten, dat wil zeggen, die basiselementen waarin alle andere samenkomen. In mijn visie zijn tenminste vier elementen essentieel:

— De *kerk* als eschatologische gemeenschap (dat is een gemeenschap die leeft in het begin van de eindtijd), bestaande uit het volk van God van het Nieuwe Verbond.
— Het *eschatologische kader* van leven en denken van dit nieuwe volk.
— De vorming van het nieuwe volk van God door de eschatologische *verlossing* die tot stand kwam door de *dood en opstanding van Christus.*
— De gerichtheid van dit volk op *Jezus* als de *Messias, Heer* en *Zoon van God.*

Anders geformuleerd:

— De *basis*: een genadige en barmhartige God, die vol liefde is voor allen.
— Het *kader*: de vervulling van Gods beloften als reeds begonnen, maar nog niet voltooid.
— Het *richtpunt*: Jezus, de Zoon van God, die als lijdende dienstknecht van God, als Messias de mensheid door zijn dood en opstanding de eschatologische verlossing bracht, en die nu de verhoogde Heer en komende Koning is.
— De *vruchten*: de kerk als eschatologische gemeenschap, die ingesteld is bij de dood van Christus en de uitstorting van de Heilige Geest en, hersteld in Gods gelijkenis, het nieuwe verbondsvolk van God wordt.

Als dit een juiste benadering is van Paulus' gezichtspunten (en van de rest van het Nieuwe Testament), dan kunnen we het vervolg uit deze punten afleiden. Aan de ene kant lijkt het – zoals in hoofdstuk 5 aan de orde zal komen – onmogelijk om Paulus te begrijpen zonder de eschatologie te beschouwen als het essentiële kader van zijn theologische denken. Aan de andere kant is binnen dat kader de verlossing in Christus het essentiële punt. De verlossing is eschatologisch in de zin dat de uiteindelijke verlossing, die de gelovige nog te wachten staat, al aanwezig is in de voorhanden werkelijkheid door Christus en de Geest. Die verlossing is 'in Christus', in de zin dat wat voortkwam uit God in de geschiedenis, verwezenlijkt werd door de dood en opstanding van Christus, en doorgegeven werd aan en ervaren werd door Gods volk, door de Heilige Geest – die ook de sleutel vormt voor het christelijk leven 'tussen de tijden', tot de uiteindelijke voltooiing bij de *parousia* (wederkomst) van Christus.
Er is niet veel denkwerk voor nodig om in te zien dat los van de gerichtheid op Jezus Christus als Messias, Heer en Verlosser, de Geest een cruciale rol speelt in al deze elementen die de kern van het paulinische denken vormen. Vandaar mijn overtuiging dat de Geest voor Paulus vlakbij het centrum van zijn denken ligt, als onderdeel van de fundamentele kern van zijn visie op het evangelie. De ervaring van de Geest is de bepalende factor van het eschatologische *nu reeds/nog niet* kader. De Geest is de essentiële partij in het aan den lijve ervaren van de verlossing, die God

gebracht heeft door Christus. De Geest maakt de kerk tot Gods nieuwe (eschatologische) volk en vormt de gelovigen naar Christus' beeld door zijn uitwerking in hun levens. En de Geest schenkt hen in de aanbidding de kracht om elkaar te bemoedigen in het leven van alledag. Men kan daarom met recht zeggen dat 'de hele theologie van Paulus zonder de ondersteuning van de Geest ineen zou storten.'[6]

Tot slot moet ik opmerken dat het doel van dit alles niet alleen informatief is. Het zou niet eerlijk zijn als ik niet zou toegeven dat ik ook wil overtuigen. Maar overtuigen is in dit geval geen kwestie van gelijk hebben of niet. Mijn uiteindelijke doel, zowel voor mijzelf als voor de kerk, is dat we wat deze kwestie betreft terugkeren naar onze bijbelse wortels. Alleen dan kan de kerk nog een wezenlijke rol spelen in het millennium dat voor ons ligt.

## Noten

1. Dat heb ik gedaan in een bijlage in GEP, p. 904-915.
2. Zie voor een handzaam overzicht van dit debat, vooral van de recente bijdragen daaraan: J. Plevnik, *The Center of Pauline Theology*, Catholic Biblical Quarterly 61 (1989) p. 461-478.
3. 'Rechtvaardiging' is een van oorsprong juridische term. Met het oog op de joodse wet is het een passend begrip, dat dan ook inderdaad bijna uitsluitend in dat kader wordt gebruikt. Op andere plaatsen gebruikt Paulus een grote verscheidenheid aan begrippen, die diverse sociale achtergronden hebben. Zo komt 'verlossing' uit de context van de slavernij, 'aanname als zoon' uit de familiesfeer (zie hst. 6), 'wassen' uit de joodse rituele praktijk, en zo verwijst 'verzoening' naar het beëindigen van een ruzie tussen personen.
4. Zie *GEP*, p. 12, n.13
5. Het discussiepunt voor velen bij de reconstructie van een paulinische theologie is de verhouding tussen coherentie en contingentie. Dat wil zeggen: kan men een coherente theologische kern distilleren uit de brieven van Paulus die als een soort systematische theologie kan dienen? Of sluit het *ad hoc*-karakter van de brieven, waardoor de theologische uitspraken altijd gedaan zijn in de contingentie van een

specifieke historische situatie, het vinden van een dergelijke coherentie uit?

6. C. Pinnock, *The Concept of Spirit in the Epistles of Paul* (diss. Manchester, 1963) 2, vgl. S. Neill en N.T. Wright, *The Interpretation of the New Testament 1861-1986* (Oxford 1988) p. 203: 'Paulus' leer over de Geest is veel belangrijker en kenmerkender dan zijn leer over de rechtvaardiging door het geloof.'

Hoofdstuk 2

# God keert terug naar zijn volk

## De Geest als de hernieuwde aanwezigheid van God

*De uitstorting van de Heilige Geest betekende voor Paulus dat God zijn belofte om weer in en tussen zijn volk te wonen, had vervuld.*

Aanwezigheid is een prachtig begrip, omdat het verwijst naar een echt kostbaar geschenk. Niets kan onze aanwezigheid vervangen: cadeaus, een telefoontje, een memootje; eigenlijk is het allemaal surrogaat. Als u iemand die zijn partner heeft verloren, vraagt wat hij of zij het meest mist, is het antwoord bijna altijd: zijn of haar aanwezigheid. Als we ziek zijn, hebben we veel meer behoefte aan de aanwezigheid van onze geliefden dan aan troostende woorden. Wat maakt het samen iets doen, spelletjes, uitjes, concertbezoek en honderden andere zaken, zo plezierig? De aanwezigheid van anderen.

God heeft ons zo gemaakt, naar zijn eigen beeld, omdat Hij zelf een persoonlijk en relationeel wezen is. Het grote probleem van de zondeval is dat we niet alleen ons zicht op God hebben verloren, maar ook onze relatie met God, waardoor we zijn blijvende aanwezigheid niet meer kennen. Voor Paulus veranderde de komst van Christus en de Geest dit alles voor eens en altijd.

Het centrum van het paulinische denken is de duiding van de uitstorting van de Heilige Geest als de komst van de 'Heilige Geest der belofte' (Ef 1:13, Gal 3:14). Deze belofte betekende met name een hernieuwing van het profetische woord [1], maar voor Paulus ook de komst van een Nieuw Verbond, waarop vooruit werd gelopen met het 'besnijden van het hart' in Deuteronomium 30:6, en dat expliciet werd voorspeld in Jeremia 31:31-34: 'Zie, de dagen komen, luidt het woord des Heren, dat Ik met het huis van Israël en het huis van Juda een nieuw verbond sluiten zal.' (...) 'Ik zal mijn wet in hun binnenste leggen en die in hun hart schrijven'. Deze profetie werd kort daarna overgenomen door Ezechiël, die haar uitdrukkelijk koppelde aan de Geest, die God 'in uw binnenste' zou 'geven' (Ez 36:26-27, 37:14). Boven alles markeerde de Geest als de vervulling van het Nieuwe Verbond[2] de wederkomst van de verloren aanwezigheid van God.

Hier ligt een van de duidelijke terreinen waar de Geest zowel de continuïteit als de discontinuïteit tussen het Oude en Nieuwe Verbond representeert. De continuïteit is te vinden in de beloofde hernieuwing van Gods aanwezigheid bij zijn volk; de discontinuïteit in de radicaal nieuwe manier waarop God tot hen terugkeert; zowel in hen individueel wonend, als in hen tezamen, door zijn Geest.

## De aanwezigheid van God in het Oude Testament

Het thema van de aanwezigheid van God is zowel voor het Oude als het Nieuwe Testament cruciaal. Het functioneert min of meer als 'boekensteun' van de Bijbel[3]. In Genesis 2-3 begint het al met de Schepper van hemel en aarde die aanwezig is in de hof bij de schepselen die Hij naar zijn beeld heeft gemaakt. Het eindigt met de schitterende beelden van de nieuwe hemel en aarde en de vernieuwing van het paradijs in Openbaring 21:1-22:5. Johannes zegt daar expliciet: ' En een tempel zag ik in haar niet, want de Here God, de Almachtige, is haar tempel, en het Lam' (21:22). Het volk van Israël zag zichzelf als het volk van de Aanwezigheid, het volk waarbij de eeuwige God op aarde wilde wonen.

### *De tabernakel en de tempel*

De prominentste plaatsen waar Gods aanwezigheid in het Oude Testament werd ervaren, waren de tempel en de tabernakel. Dit aanwezigheidsmotief, dat culmineert in het afdalen van de heerlijkheid des Heren in de tabernakel, is het hoofdthema van het boek Exodus. In het brandende braambos (Ex 3) toont de levende God Zich voor het eerst aan Mozes op de Sinai. Hij draagt Mozes op om het volk daar naartoe te brengen om Hem te aanbidden. Als Israël in hoofdstuk 19 bij de heilige berg aankomt, zijn ze bij de plaats waar God woonde, een plaats die ze op straffe

des doods niet eens mogen aanraken. Alleen Mozes wordt toegelaten in Gods aanwezigheid.
Maar God wil verhuizen van de berg en voortaan tussen zijn volk verblijven in de tabernakel. Mozes krijgt daarom na het ontvangen van het verbondsboek (Ex 20-24) instructies voor de bouw van een tabernakel (Ex 25-31). Tussen het uitdelen van de instructies en de bouw ervan (Ex 35-39) vindt echter de desastreuze geschiedenis met het gouden kalf plaats (Ex 32), gevolgd door Gods woorden: 'Ik zal in uw midden niet optrekken' (Ex 33:3). In plaats daarvan zal een engel voor hen uitgaan. Mozes ziet wel in hoe gebrekkig deze oplossing is en zegt: 'Indien Gij zelf niet medegaat, doe ons vanhier niet optrekken. Waaraan zal anders geweten worden, dat ik en uw volk genade in uw ogen gevonden hebben, dan doordat Gij met ons medegaat? Immers daardoor zijn ik en uw volk afgezonderd uit alle volken, die op de aardbodem zijn' (Ex 33:15-16).
Deze uitroep wordt gevolgd door een nadere openbaring van Gods karakter ('barmhartig en genadig, lankmoedig, groot van goedertierenheid en trouw', Ex 34:6) en de bouw van de tabernakel, wat wordt afgesloten door het afdalen van Gods heerlijkheid die de tabernakel 'vervulde' (Ex 40:35). Daarmee is het volk klaar om te vertrekken naar de plaats, 'die de Here, uw God, verkiezen zal om daar zijn naam te doen wonen' (Dt 12:11 en passim). Het wordt geleid door de aanwezigheid van God, gesymboliseerd door een wolkkolom en een vuurkolom.
De belofte uit Deuteronomium werd uiteindelijk vervuld bij de bouw van Salomo's tempel, waarin dezelfde heerlijkheid als van Exodus 40 neerdaalde en het huis des Heren vervulde (1 Kon 8:11). Jeruzalem en de tempel worden dan ook vaak aangeduid als 'de plaats waar de Heer verkoos om zijn naam te laten wonen.' De tempel werd het brandpunt van Israëls aanwezigheid in het Beloofde Land.
Het was vooral Gods aanwezigheid bij Israël die het onderscheidde als zijn volk, meer dan de wet en andere kenmerken zoals de besnijdenis, voedselvoorschriften en de sabbatsviering. Het begreep heel goed dat de God die hemel en aarde geschapen had, niet bevat kon worden door een aards bouwwerk zoals de tabernakel (zie bijv. Jes 66:1-2), maar omdat God had gekozen om zijn aanwezigheid daar te concentreren, werden de tempel en de tabernakel de belangrijkste symbolen voor Gods aanwezigheid bij zijn volk.
Hoewel de tempel ook diende als plaats om te offeren, zag het

oudtestamentische volk van God hem vooral als een plaats van gebed en als blijk dat Gods aanwezigheid bij hen was. Dit komt steeds weer tot uiting in het liedboek van Israël, het boek Psalmen. Lees bijvoorbeeld de schitterende hymne in Psalm 68, waarin Gods aanwezigheid wordt voorgesteld op de berg Sion, als de hoop voor zijn volk en als object van jaloezie voor de buurvolkeren:

> Een gebergte Gods: het gebergte van Basan.
> Gebergte van Basan, veeltoppig gebergte,
> waarom ziet gij afgunstig, gij veeltoppige bergen,
> naar de berg die God Zich ter woning begeerde?
> Waarlijk, de HERE zal er voor eeuwig wonen.
> (Ps 68:16-17)

Over Gods komst in het midden van het volk zingt de psalmist:

> Gods wagens zijn tweemaal tienduizend, duizenden bij duizenden;
> de Here is van de Sinai het heiligdom binnengegaan.
> Gij zijt opgevaren naar den hoge;
> Gij hebt gevangenen meegevoerd;
> Gij hebt gaven in ontvangst genomen onder de mensen,
> ja ook van weerspannigen – om daar te wonen, o HERE God.
> (Ps 68:18-19)

Ditzelfde thema wordt in de Psalmen herhaaldelijk opgenomen door individuele Israëlieten die daarmee uiting geven aan de heerlijkheid van het verblijven in Gods aanwezigheid.

> Hoe liefelijk zijn uw woningen, o HERE der heerscharen!
> Mijn ziel verlangt, ja smacht naar de voorhoven des HEREN;
> mijn hart en mijn vlees jubelen tot de levende God.
> (Ps 84:2-3)

> Zo heb ik U in het heiligdom aanschouwd,
> ziende uw sterkte en uw heerlijkheid.
> (Ps 63:3)

Door hun tragische fout verspeelden de Israëlieten Gods aanwezigheid. Dat maakte de val van Jeruzalem en de ballingschap zo dramatisch voor hen. De tempel in Jeruzalem, waar God had verkozen te wonen, was verwoest. En het volk was niet alleen in gevangenschap weggevoerd, maar de ballingen en de mensen die achterbleven waren niet langer een volk dat zich onderscheidde door de aanwezigheid van de levende God in hun midden. Het wrange symbool daarvan was het vertrek van de heerlijkheid des Heren uit de tempel in Ezechiël 10.

*De belofte van de hernieuwde aanwezigheid*

Maar nog niet alles was verloren. Centraal in de profetische verwachting stond de terugkeer van Gods aanwezigheid. Door de mond van Ezechiël belooft God: 'Mijn woning zal bij hen zijn; Ik zal hun tot een God zijn, en zij zullen Mij tot een volk zijn' (Ez 37:27) en Maleachi profeteert: 'Plotseling zal tot zijn tempel komen de HERE, die gij zoekt' (Mal 3:1). Deze verwachting blijft leven in het jodendom, bijvoorbeeld in apocalytische geschriften als het *Testament van Dan* 5:13: 'En Jeruzalem zal niet langer verwoesting ondergaan (...) omdat de Heer in haar midden zal verblijven.'

In overeenstemming met de geschiedenis van Israël wordt het motief van de hernieuwde aanwezigheid direct verbonden met de hoop op het herstel van de tempel. Dit motief vindt zijn krachtigste uitdrukking in het grootse visioen van Ezechiël (Ez 40-48), en het gedenkwaardigste moment in het orakel van Jesaja 2:2-3 (herhaald in Mi 4:1-2), waar de aanname van de heidenen ook een belangrijk motief is[4] (vgl. Zach 14:16-19):

> En het zal geschieden in het laatste der dagen:
> dan zal de berg van het huis des HEREN vaststaan als de hoogste der bergen,
> en hij zal verheven zijn boven de heuvelen.
> En alle volkeren zullen derwaarts heenstromen,
> en vele natiën zullen optrekken en zeggen:
> Komt, laten wij opgaan naar de berg des HEREN,
> naar het huis van de God Jakobs,
> opdat Hij ons lere aangaande zijn wegen
> en opdat wij zijn paden bewandelen.

De tweede tempel maakte al deze verwachtingen niet waar. Daarom ontstonden er gemengde gevoelens bij het volk. Met het oog op de tempel van Salomo en de beloofde tempel van Ezechiël klaagt Haggaï: 'Wie onder u is overgebleven, die dit huis in zijn vroegere heerlijkheid gezien heeft? Hoe ziet gij het nu? Is het niet, daarbij vergeleken, als niets in uw ogen?' (Hag 2:3). In veel kringen leefde de hoop op herstel van de grootse tempel dus nog steeds.[5]

*De aanwezigheid wordt gelijkgesteld aan de Geest*

Voor Paulus is het belangrijkste, wat dit motief betreft, het feit dat in Jesaja 63:9-14 de goddelijke aanwezigheid in het Exodus-verhaal gelijkgesteld werd aan de Heilige Geest. Als hij de geschiedenis van Israël in herinnering roept, zegt de profeet:

> In al hun benauwdheid was ook Hij benauwd,
> en de Engel zijns aangezichts heeft hen gered.
> In zijn liefde en in zijn mededogen heeft Hij zelf hen verlost
> en Hij hief hen op en droeg hen al de dagen van ouds.
> Maar zij waren wederspannig en bedroefden zijn heilige Geest;
> daarom veranderde Hij voor hen in een vijand.
> Hij zelf streed tegen hen.
> Maar Hij dacht aan de dagen van ouds, aan Mozes, aan zijn volk.
> Waar is Hij, die de herders zijner kudde voerde uit de wateren?
> Waar is Hij, die zijn heilige Geest in hun binnenste gaf?
> Die zijn luisterrijke arm aan de rechterhand van Mozes deed gaan,
> die vóór hen de wateren kliefde om Zich een eeuwige naam te maken;
> die hen deed gaan door de waterdiepten?
> Evenmin als een paard in de woestijn struikelden zij;
> als aan het vee, dat afdaalt in de vallei, gaf de Geest des HEREN hun rust.
> Zo hebt Gij uw volk geleid om U een luisterrijke naam te maken.[6]

Met deze gelijkstelling was Paulus door en door vertrouwd, zoals bevestigd wordt door zijn uitdrukkelijk aanhaken bij vers 10 van Jesaja in Efeziërs 4:30: 'En bedroeft de heilige Geest Gods niet, door wie gij verzegeld zijt tegen de dag der verlossing.'

## De Geest als de hernieuwde aanwezigheid bij Paulus

Als we van deze oudtestamentische antecedenten terugkeren naar Paulus, is het duidelijk dat hij de uitstorting van de Geest ziet als de vervulling van drie onderling samenhangende verwachtingen: (1) het verbinden van de Geest met het Nieuwe Verbond; (2) de taal van het 'inwonen'; en (3) het verbinden van de Geest met het beeld van de tempel. Als vervulling van het Nieuwe Verbond en het motief van de hernieuwde tempel is de Geest de manier waarop God nu aanwezig is op aarde.[7]

Met name de tempelmetafoor is belangrijk in dit verband, omdat de tempel altijd werd gezien als de plaats waar God woonde, de plaats van zijn heerlijkheid. Voor Paulus is de Geest de manier waarop God op dit moment in zijn heilige tempel woont. Dit inwonen vindt zowel plaats in de vergaderde gemeente, zoals met het oog op de oudtestamentische achtergrond van dit beeld te verwachten valt, als in het hart van de individuele gelovige.

*De rol van de Geest in het Nieuwe Verbond*

Evenals de rest van de vroege kerk beschouwde Paulus de dood van Christus als het instellen van Gods Nieuwe Verbond met zijn volk (zie 1 Kor 11:25). Hij ziet de Geest ook als de manier waarop dat verbond verwerkelijkt is onder en in hen. Als resultaat van zijn eigen en andermans beleving van de Geest ziet Paulus deze rol in het licht van Ezechiël 36:26-27 en 37:14. Paulus combineert de motieven uit deze twee passages op zo'n manier dat God door de komst van de Geest in het leven van de gelovige en de gemeente drie aspecten van zijn belofte vervulde:

1. God zou zijn volk een 'nieuw hart' geven: een 'hart van vlees' (Ez 11:19 en 36:26) om het 'hart van steen' te vervangen. Dit zou mogelijk zijn doordat Hij hen ook een 'nieuwe geest' zou geven. Bij Paulus vindt dit thema uitdrukking in 2 Korintiërs 3:1-6, waar de Korintiërs worden aangeduid als ontvangers van het Nieuwe Verbond dat 'niet met inkt geschreven [is], maar met de Geest van de levende God, niet op tafelen van steen, maar op tafelen van vlees in de harten'(2 Kor 3:3). Paulus zelf is de dienaar van dit Nieuwe Verbond dat niet meer 'der letter', maar 'des Geestes' is, 'want de letter doodt, maar de Geest maakt levend' (2 Kor 3:5-6). Ditzelfde besef ligt ook ten grondslag aan de vergelijkbare woorden in Romeinen 7:5-6 en het begrip 'besnijdenis van het hart naar

de Geest' in Romeinen 2:29, waarin de vervulling uit Deuteronium 30:6 naklinkt.
2. Deze 'nieuwe Geest' is niets anders dan de Geest van God, die Gods volk in staat zal stellen zijn geboden na te komen (Ez 36:27). Zoals duidelijk blijkt uit Romeinen 8:3-4 en Galaten 5:16-25 [8] is de vervulling van dit thema Paulus' antwoord op de vraag wat er gebeurt met de gerechtigheid als het naleven van de Tora (de oudtestamentische wet) wordt afgeschaft.
3. Gods Geest is de aanwezigheid van God zelf: 'Ik zal mijn Geest in u geven, zodat gij herleeft' (Ez 37:14). Paulus pakt dit onderwerp opnieuw op in 2 Korintiërs 3:5-6. Als de Geest van de levende God is de Geest de enige, essentiële realiteit van God voor Gods volk. 'De Geest,' zegt Paulus tegen de achtergrond van het Nieuwe Verbond, 'schenkt leven.'
Ook de manier van uitdrukken in 1 Tessalonicenzen 4:8 herinnert uitdrukkelijk aan Ezechiël 36-37. Verwerping van heiliging is een verwerping van de God 'die u immers ook zijn Heilige Geest geeft.'[9] Het is de aanwezigheid van de heilige God zelf, door zijn Heilige Geest, die zij verwerpen als zij Paulus' oproep tot heiliging verwerpen. We kunnen concluderen dat voor Paulus Christus door zijn dood en opstanding het Nieuwe Verbond in werking heeft gezet voor Gods volk, en dat de Geest de sleutel is tot het Nieuwe Verbond als een vervulde werkelijkheid in het leven van Gods volk.

*De inwonende Geest*

Nauw verwant met het thema van de goddelijke aanwezigheid en de oudtestamentische passages over het Nieuwe Verbond zijn de vele teksten bij Paulus over de Geest als wonend in of tussen het volk van God. Dit thema vinden we in de eerste plaats in de teksten die de plaats van de Geest lokaliseren in de gelovige. De Geest woont 'in u' (1 Kor 6:19, 14:24-25, Ef 5:18 [met de 'vul'-beeldspraak]). De nadere lokatie 'in ons' is het hart (2 Kor 1:22, 3:3; Gal 4:6, Rom 2:29, 5:5), waar de Geest 'inwoont' (1 Kor 3:16, 2 Kor 6:16, Rom 8:9-11, Ef 2:22).
Met name twee van deze passages (1 Kor 14:24-25 en 2 Kor 6:16) zijn illustratief voor de manier waarop Paulus oudtestamentische teksten aanhaalt over het wonen van God temidden van zijn volk, dat hij nu betrekt op de aanwezigheid van de Geest. Als niet-joden zich bekeren tot de levende God omdat hun harten zijn opengelegd door de profetische

Geest, spreekt Paulus daarover in de woorden van Jesaja 45:14. Hetzelfde is het geval bij de tempel-beeldspraak in 2 Korintiërs 6:16, waar uitgegaan wordt van de aanwezigheid van de Geest in het leven van de gemeente van 1 Korintiërs 3:16. Ook daar ziet Paulus God als aanwezig tussen zijn volk. Hij grijpt daarvoor terug naar de woorden van de belofte van het Nieuwe Verbond in Ezechiël 37:27: 'Mijn woning zal bij hen zijn; Ik zal hun tot een God zijn, en zij zullen Mij tot een volk zijn.' Deze laatste tekst verwijst naar de ultieme uitdrukking van de in-woon-metafoor: het beeld van de tempel.

*De kerk als Gods tempel*

Paulus gebruikt met name tempel-beeldspraak om de Geest te beschrijven als de hernieuwde aanwezigheid van God temidden van zijn volk. Deze beeldspraak vinden we vier keer; drie keer in aansluiting bij oudtestamentische teksten (1 Kor 3:16, 2 Kor 6:16; Ef 2:22) waar God door middel van de tabernakel en de tempel bij zijn volk woont, en een keer aansluitend bij het beloofde Nieuwe Verbond (1 Kor 6:19-20). De 'tempel' is daar het lichaam van de gelovige, de verblijfplaats van de Geest 'die in u woont, die gij van God ontvangen hebt'.

Paulus verbindt de Geest met de tempel in de context van de aanwezigheid van de Geest temidden van het volk van God. Zo is de levende God nu aanwezig bij zijn volk, wat het duidelijkst wordt uitgedrukt in Efeziërs 2:22: de kerk is bestemd om een heilige tempel in de Heer te worden, 'een woonstede Gods in de Geest'.

Hierin ligt het belang van 1 Korintiërs 3:16-17.[10] Paulus' inleidende 'Weet gij niet, dat ...' gevolgd door: '... gij Gods tempel zijt', plus de achterliggende argumentatie, maken duidelijk dat Paulus de Geest als vervulling van het tempel- ofwel het aanwezigheid-van-God-motief in gedachten had. Op de achtergrond polemiseert hij met degenen die de gemeente van Korinte langzaam te gronde richten met hun strijd over het leiderschap in de naam van (voornamelijk menselijke) wijsheid. Als reactie zegt Paulus eerst iets over de dwaasheid dat zij 'heren' maken van 'dienaren' (1 Kor 3:5-9), om daarop in vers 10-15 een waarschuwing te laten volgen aan degenen die de gemeente in die rampzalige richting leiden. Tot slot richt hij zich tot de gemeente zelf met de vraag wie zij is als volk van God, namelijk Gods tempel.

Het gebruik van de tempel-beeldspraak begint in vers 9 ('Gods bouw-

werk zijt gij'). Het fundament (de gekruisigde Christus) was gelegd door de apostel, maar ten tijde van het schrijven van de brief werd de bovenbouw opgetrokken van materiaal dat niet in overeenstemming was met het fundament (hout en stro, verwijzingen naar de invloed van menselijke wijsheid en retorica). Zij moeten bouwen met duurzaam materiaal (goud, zilver, kostbaar gesteente, dat is het evangelie van de Gekruisigde). Deze beeldspraak is afkomstig van de beschrijving van de bouw van de tempel van Salomo (1 Kr 29:2; 2 Kr 3:6). In 1 Korintiërs 3:16 vraagt Paulus dan retorisch: 'Weet gij niet, dat gij Gods tempel zijt en dat de Geest Gods in u woont?' Als vergaderde gemeente vormden de Korintiërs de ene en enige tempel van de levende God; Gods alternatief voor de heidense tempels van de stad. En wat hen ten opzichte van de heidenen anders maakte, was de aanwezigheid van de Geest in hun midden.
De Korintiërs waren echter op weg om Gods tempel te ontmantelen omdat hun streven naar, en verslaving aan de 'wijsheid dezer wereld', betekende dat de openbarende en samenbindende Geest uit hun midden geweerd werd.[11] Vandaar een ernstige waarschuwing: de mensen die verantwoordelijk zijn voor deze vernietiging zullen zelf vernietigd worden door God. Hij zal dat doen omdat zijn tempel, de verblijfplaats van zijn aanwezigheid, heilig is: 'Want de tempel Gods, en dat zijt gij, is heilig!' De vergaderde gemeente is de plaats van Gods eigen, persoonlijke aanwezigheid door de Geest. En daardoor onderscheidt Gods nieuwe volk zich van 'alle volken, die op de aardbodem zijn' (Ex 33:16).
Dit is de belangrijkste uitspraak over de aard van de plaatselijke gemeente in het hele Nieuwe Testament. De gemeente is Gods tempel in de gemeenschap waarvan ze deel uitmaakt. En dat komt alleen door de aanwezigheid van de Geest, door wie God zijn volk nu opnieuw heeft bezocht. Het is daarom geen wonder dat Paulus de uitbanning uit de gemeente van de man die hoererij pleegde met de vrouw van zijn vader (men mag niet eens meer met hem eten), uiteindelijk ziet als zijn redding (1 Kor 5:1-13). Dat hij buiten de plaats van Gods aanwezigheid gezet is, zal blijkbaar tot berouw leiden, zodat hij gered kan worden en opnieuw kan behoren tot het volk van de Aanwezige.
Deze nadruk op de gemeente als Gods tempel, die daardoor Gods alternatief is voor de heidense tempels van Korinte, zien we ook bij een gelijksoortige beeldspraak in 2 Korintiërs 6:16-7:1. De gemeenteleden moeten loskomen van de afgoderij van Korinte (een herhaling van het verbod

van 1 Kor 8-10) en zichzelf reinigen van alle onreinheden omdat zij Gods tempel zijn, de plaats van inwoning van de eeuwige God.
Als Paulus zijn lezers in Efeziërs 4:30 aanspoort 'bedroeft de heilige Geest Gods niet', dan sluit hij aan bij het taalgebruik van Jesaja 63:10, de enige zekere plaats in het Oude Testament waar de goddelijke aanwezigheid in de tabernakel en de tempel uitdrukkelijk wordt gelijkgesteld met de 'Geest des Heren'. Deze gelijkstelling vormt de basis van Paulus' waarschuwing. De goddelijke aanwezigheid in de vorm van Gods eigen Geest (geen engel of afgezant) reisde met Gods volk door de woestijn. Door de Heilige Geest is Gods aanwezigheid nu terug bij zijn volk, om er bij in te wonen, zodat het wandelt op zijn wegen. Paulus dringt er daarom bij de Efeziërs op aan om niet te vervallen in de fout van Israël. Ze mogen de God die door de Heilige Geest bij hen aanwezig is, niet bedroeven door zonden die de 'eenheid des Geestes' (4:3) teniet doen.

*De individuele gelovige als tempel van God*
In 1 Korintiërs 6:19-20 maakt Paulus een opmerkelijke wending als hij de tempel-beeldspraak overdraagt van de gemeente op de individuele gelovige. God woont niet alleen temidden van zijn volk door de Geest, maar heeft op dezelfde manier verblijf gekozen in de individuele levens van zijn volk door dezelfde levengevende Geest.
We moeten het belang van deze overdracht van beeldspraak niet onderschatten. De context ervan heeft te doen met onzedelijkheid. Paulus maakt zich zorgen over de heiliging van de gelovige. In de geest van die tijd, waarin een scherp onderscheid werd gemaakt tussen de materiële en de immateriële, onzichtbare werkelijkheid (het hellenistische dualisme), stelden sommige Korintiërs het voor alsof de menselijke geest niet beïnvloed werd door lichamelijke zaken, zoals seksuele gemeenschap met prostituees. Paulus dacht daar echter heel anders over. De God die ons heeft geschapen naar zijn beeld, schiep zowel lichaam als geest. Daarom is ook de materiële wereld voorbestemd om goed te zijn.
Op dit beslissende moment in zijn discussie met zijn tegenstanders beroept Paulus zich op de aanwezigheid van de Geest in hun levens in de context van het reddende werk van Christus. Door hen te 'kopen' voor Gods heerlijkheid 'kocht' Christus ook hun lichamen, zoals wordt bewezen door de Heilige Geest. Diens tempel zijn zij, omdat God nu in tempels woont die niet door mensenhanden, maar door Hemzelf ge-

maakt zijn. Daarom zijn ze niet van zichzelf. Ze kunnen niet met hun lichaam doen wat hun goeddunkt. Ze zijn eigendom van God, die hen door Christus' offer heeft gekocht en nu door de Geest in hen woont.[12] In deze tekst en in 2 Korintiërs 2:14-4:6 ligt het geheim van de persoonlijke vroomheid van Paulus en de werking van de Geest in zijn eigen leven. In beide gevallen wijst de tekst uiteindelijk naar buiten. Dat wil zeggen: het doel van het Geestelijk leven op dit niveau is niet alleen maar contemplatief, maar een door de Geest veroorzaakt ethisch leven. Toch kan de persoonlijke dimensie niet terzijde worden geschoven. De hoofdlocatie van Gods aanwezigheid onder het Nieuwe Verbond is het individuele lid van zijn volk. Hij heiligt daarmee zijn aardse bestaan en waarmerkt het met zijn eeuwigheid.

Zoals vaak het geval is met de beeldspraak van Paulus, kan die in een andere context een andere wending nemen. Om 2 Korintiërs 2:14-4:6 juist te verstaan moeten we ons weer bezighouden met de gecombineerde metafoor tabernakel/tempel voor Gods aanwezigheid.[13] Het begint in 2:17 waar Paulus het gezag van zijn ambt als apostel bevestigt – in tegenstelling tot 'zovelen, die winst maken uit het woord van God' – waar hij zich erop beroept iemand te zijn die 'voor Gods aangezicht is'.

Hij neemt dit thema opnieuw op in 3:7 en borduurt hierop voort door zijn ambt te vergelijken met dat van Mozes. Dit leidt uiteindelijk tot een soort *midrasj* (een tradionele joodse uitleg van een bijbelpassage), waarin Paulus erop wijst dat Mozes bedekt was toen hij uit de aanwezigheid van God vandaan kwam, terwijl hij zonder bedekking was toen hij de tent van de Aanwezige binnenging. Gelovigen zijn diegenen die zich nu richten tot de Heer, die hier wordt gelijkgesteld met de Geest van de Heer, de sleutel tot Gods aanwezigheid in de huidige tijd. Net als bij Mozes, maar nu door de Geest, worden we van de bedekking ontdaan als we het heiligdom binnengaan om de heerlijkheid van de Heer te aanschouwen.

Het spel met de bedekking en de Geest maakt de argumentatie hier zo scherp. De Geest van de Aanwezige heeft de bedekking nu verwijderd. Waarschijnlijk wordt hier ook gezinspeeld op de bedekking die de mens verwijderd houdt van Gods aanwezigheid in de tempel. Door de komst van de Geest is de bedekking verdwenen, zowel van voor onze ogen als van voor de Aanwezige, zodat we de heerlijkheid van de Heer zelf kunnen aanschouwen in het gelaat van Gods Zoon, onze Heer Jezus Christus.

Hier gaat Paulus de heilige plaats binnen. Door de aanwezigheid van de Geest komt men achter de bedekking, in de aanwezigheid van God, niet alleen Gods heerlijkheid in Christus aanschouwend, maar ook omgevormd tot Gods gelijkenis, van de ene graad van heerlijkheid tot de andere. De uitroep 'Abba' gaat hier over in lof en aanbidding. En Gods kinderen verruilen hier de gelijkenis met hun vroegere 'vader', de god van deze wereld die nog steeds de harten van de niet-gelovigen misleidt (4:4), voor de gelijkenis met God zelf (3:18). We dragen zijn beeld in ons *nu reeds/nog niet* bestaan[14]. Dit is niet het enige wat de Geest volgens Paulus doet in ons huidige bestaan, maar het is wel heel belangrijk, en we zouden Paulus misverstaan als we er geen grondige aandacht aan zouden besteden.

Samenvattend: voor Paulus is de Geest niet slechts een onpersoonlijke kracht. De Geest is niets minder dan de vervulling van de belofte dat God zelf weer aanwezig zou zijn bij zijn volk. De gevolgen daarvan zijn aanzienlijk, niet alleen voor Paulus' opvattingen over God en de Geest (het onderwerp van de volgende twee hoofdstukken), maar ook voor wat het voor ons als individu en gemeenschap betekent om Gods volk te zijn (het onderwerp van de hoofdstukken 6-14). De Geest is Gods persoonlijke aanwezigheid in onze levens en in ons midden. Hij leidt ons op de weg van gerechtigheid om zijns naams wil; Hij brengt alles in alle mensen tot stand; Hij is bedroefd als zijn volk zijn karakter niet weerspiegelt en niet zijn heerlijkheid onthult, en Hij is aanwezig in ons aanbidden, als we zingen; 'lof en eer en glorie en kracht zij God en het Lam.' Als we willen doordringen tot Paulus' opvattingen moeten de leden van Gods volk uit een latere tijd, zoals de onze, deze realiteit vooral *aan den lijve ondervinden.* Misschien is het een begin om onpersoonlijke beelden (wind, vuur etc.) enigszins af te zwakken, hoe rijk zij ook zijn als aanduiding van bepaalde aspecten van de bediening van de Geest, en om ons denken te vormen naar Paulus' terminologie als we de Geest verstaan en beleven als de persoonlijke aanwezigheid van de eeuwige God. Daarover gaan de volgende twee hoofdstukken.

## NOTEN

1. Zoals was geprofeteerd door Joël (Jl 2:28-30). Paulus zag dit als de belangrijkste manier waarop de Geest aanwezig is in de vergaderde gemeenschap: zie 1 Tes 5:19-22, 1 Kor 11:4-5; 12:1-14:40; Rom 12:6; 1 Tim 4:14. Zie ook hoofdstuk 14.
2. Zie over deze kwestie de behandeling van 2 Kor 3:4-6 en Rom 2:29 in *GEP*; zie ook hoofdstuk 9 (p. 112-115).
3. Zie over de goddelijke aanwezigheid als sleutel tot bijbelse theologie: Samuel Terrien, *The Elusive Presence: Toward a new Biblical Theology* (San Francisco: Harper & Row 1978).
4. Over het belang van dit motief voor Paulus: zie p. 73-75.
5. Zie bijvoorbeeld de apocalytische schrijver van 1 Henoch ('Na dit alles zal de Rechtvaardige en Uitverkorene het huis van de gemeente onthullen,' 53:6).
6. Zie *GEP*, p. 713-714.
7. Hier zij opgemerkt dat in de evangeliën van Matteüs en Johannes Christus deze rol speelt. In Mt 1 bijvoorbeeld wordt aan Zacharias verteld dat Jezus Immanuël zal heten, wat betekent: 'God met ons'. In hoofdstuk 12 zegt Jezus over zichzelf 'Meer dan de tempel is hier', en het evangelie eindigt ermee dat de verrezen Heer de discipelen vertelt: 'Ik ben met u al de dagen tot aan de voleinding der wereld.' In Joh 1:14 zegt het 'Woord' 'onder ons gewoond [te hebben]' zodat 'wij [...] zijn heerlijkheid aanschouwd [hebben], een heerlijkheid als van de eniggeborene des Vaders, vol van genade en waarheid.' De trinitarische implicaties van zowel Christus als de Geest als vervulling van de hernieuwde aanwezigheid worden uiteengezet in hoofdstuk 4.
8. Zie de exegese van deze passages in *GEP*.
9. Zie de behandeling van deze passage in *GEP*, p. 50-53, waar de ongebruikelijke Griekse uitdrukking die vertaald is met 'die u immers ook zijn Heilige Geest geeft' het best begrepen kan worden als afkomstig uit de Septuaginta-tekst van Ez 36:27 en 37:14.
10. Zie voor de ondersteunende exegese *GEP* p. 112-118.
11. Paulus heeft net beweerd dat de Geest die zij hebben ontvangen, dezelfde is die de wijsheid in 'Gods dwaasheid' (het kruis) onthult (2:10, vgl. 1:18-25). In 12:13 zal hij vaststellen dat de Geest hen tot

één lichaam heeft gemaakt.

12. Voor de verdere theologische implicaties van deze passage: zie p. 70-72.
13. Zie voor de volledige exegese van deze passages over de Geest in dit grotere tekstgedeelte: *GEP*, p. 296-321.
14. Zie over deze uitdrukking hoofdstuk 5.

Hoofdstuk 3

# De Heilige *Wie*?

## De Geest als persoon

*Als de vervulling van de hernieuwde aanwezigheid van God bij zijn volk, zag Paulus de Geest als persoon*

Een student zei eens tegen een collega van mij: 'God de Vader begrijp ik, God de Zoon kan ik me ook goed voorstellen, maar de Heilige Geest is een wazige, langwerpige schim voor mij.' Hoeveel leden van Gods volk zullen hem dat niet nazeggen? De meeste christenen hebben weinig moeite om zich iets voor te stellen bij de Vader en de Zoon, omdat men van hen een beeld als persoon kan maken en de vleeswording een historische realiteit is, hoewel men weet dat God Geest is (Joh 4:24). Maar dat is anders met de Geest; het christelijke begripsvermogen mist dan het persoonsaspect.

Dit werd me op een levendige manier duidelijk tijdens het kinderuurtje op een pinksterzondag een aantal jaren geleden. Een vriendin probeerde toen duidelijk te maken wat de Geest was door tegen een papiertje te blazen en het weg te laten zweven. 'Zo is het ook met de Geest,' zei ze tegen de kinderen. De Geest was volgens haar als de wind[1], zelf niet zichtbaar, maar wel merkbaar door wat Hij doet. Op dat moment flapte een jongetje van zes eruit: 'Maar ik wil dat de wind on-onzichtbaar is!' 'Precies', fluisterde ik tegen mijn vrouw Maudine. 'Dat is een diepe gedachte.' Heel vaak denken we op deze manier over God als Geest, als de Heilige Geest. 'Ik wil dat de Heilige Geest on-onzichtbaar is!' Maar omdat Hij niet zichtbaar is, en we alleen maar de effecten zien zonder er persoonsvormige beelden bij te hebben, zijn we geneigd over de Geest te denken in onpersoonlijke termen. Kijk maar naar onze beelden: duif, wind, vuur, water, olie. Het is dan ook geen wonder dat velen de Geest zien als een wazige schim en het moeilijk vinden om Hem te begrijpen en er contact mee te krijgen. Met een kleine variatie op het credo zouden we kunnen zeggen: 'Ik geloof in God de Vader, de almachtige Schepper van hemel en van aarde; en in Jezus Christus zijn eniggeboren Zoon; minder zeker ben ik echter van de Heilige Geest'.

Ons begrip van God wordt bepaald door het feit dat Hij in Christus op een bepaald moment vlees geworden is. Zelfs als God op een afstand transcendent lijkt, 'van eeuwigheid tot eeuwigheid', zelfs dan verkeren we niet in het ongewisse over Hem en zijn karakter. Zoals Paulus het uitdrukte is de heerlijkheid van God voor ons uitgebeeld in de enige mens die het beeld Gods draagt. Door dat 'aangezicht' te aanschouwen zien we de heerlijkheid van de eeuwige God (2 Kor 3:18; 4:4, 6).

De bedoeling van dit hoofdstuk is dat we zullen inzien dat hetzelfde ook geldt voor de Geest, niet alleen theoretisch, maar ook in de alledaagse werkelijkheid. De Geest wordt niet zomaar de Geest van Jezus Christus genoemd. Christus heeft ook de Geest een menselijk aangezicht gegeven. Niet alleen de komst van Christus heeft alles veranderd, ook de komst van de Geest. Als we ons bezighouden met de Geest, houden we ons met niets minder bezig dan de *persoonlijke* aanwezigheid van God.

## De Heilige Geest als persoon

Hoewel Paulus zich niet rechtstreeks uitspreekt over de kwestie van de persoon van de Geest, is er genoeg bewijs dat hij de Geest in persoonlijke termen begreep: nauw verbonden met de Vader en de Zoon, maar toch verschillend van Hen.

In de eerste plaats zien we dat er in bemiddelende zin over de Geest wordt gesproken, dat wil zeggen dat de Geest de bemiddelaar is van Gods activiteit. Dit wil nog niet automatisch zeggen dat de Geest een persoon is, maar zelfs een korte blik op de tekstgedeelten waar Paulus over de Geest (of de Heilige Geest) spreekt, laat zien hoe vaak dat middelaarschap in persoonlijke termen wordt uitgedrukt[2]. Zo is de bekering van de Tessalonicenzen te danken aan het werk van de Geest (2 Tes 2:13, vgl. 1 Kor 6:11, Rom 15:16) evenals de 'blijdschap des Heiligen Geestes' (1 Tes 1:6, vgl. Rom 15:13). Openbaringen komen van de Geest (1 Kor 2:10, Ef 3:5) en de prediking van Paulus 'komt in de Heilige Geest' (1 Tes 1:5). Profeteren en het spreken in tongen zijn het rechtstreekse resultaat van het spreken door de Geest (1 Kor 12:3, 14:2, 16). Door de Geest moeten de Romeinen zondige praktijken ('de werkingen des lichaams') 'doden' (Rom 8:13). Paulus hoopt dat de Efeziërs 'met kracht gesterkt' worden door de Geest (Ef 3:16). Gelovigen dienen door de Geest (Fil 3:3), hebben lief door de Geest (Kol 1:8), worden 'verzegeld' door de Geest (Ef 1:13) en wandelen en leven door de Geest (Gal 5:16, 25). Tot slot worden de gelovigen 'gered door het bad der wedergeboorte en der vernieuwing door de Heilige Geest, die Hij rijkelijk over ons heeft uitgestort door Jezus Christus, onze Heiland' (Tit 3:5).

Een passage als de laatste lijkt het middelaarschap in tamelijk onpersoonlijke termen aan te duiden. Het begrip 'uitstorten' en 'het bad (...) door de Heilige Geest' wijzen niet direct op iets persoonlijks. Als we deze en andere passages echter beter bekijken, zien we dat het persoonlijke verondersteld wordt, en dat de uitdrukking 'uitstorten' beeldspraak is. Dit is met name duidelijk in 1 Korintiërs 6:11, waar God 'afwast, heiligt, en rechtvaardigt' door twee middelaars: 'door de naam van de Here Jezus Christus en door de Geest van onze God'.

Het belangrijke punt is hier dat wat Paulus zegt over de Geest als middelaar overeenkomt met wat hij op veel plaatsen zegt over Christus, wiens middelaarschap alleen maar persoonlijk kan zijn. Dat betekent dat het middelaarschap van de Geest nauwelijks minder persoonlijk kan zijn. Daar komt nog bij dat onpersoonlijke, abstracte beelden nauwelijks voorkomen in Paulus' brieven. In tegenstelling tot Lucas spreekt hij zelden over het 'vervuld worden' met de Heilige Geest. Bij hem is het eerder God, die zijn Geest geeft[3] en wij die de Geest 'ontvangen' of 'hebben'[4]. Deze manier van uitdrukken impliceert nog niets persoonlijks, maar ook niets onpersoonlijks, zoals zoveel andere aanduidingen van de Geest (wind, vuur, etc.).

Dat Paulus de Geest als een persoon ziet, wordt in de tweede plaats bevestigd door het feit dat de Geest verbonden wordt met een groot aantal werkwoorden die een persoon als onderwerp verlangen: de Geest *doorzoekt alle dingen* (1 Kor 2:10), *weet* wat in God is (1 Kor 2:11), leert de inhoud van het evangelie aan de gelovigen (1 Kor 2:13), *woont* in of temidden van de gelovigen (1 Kor 3:16, Rom 8:11, 2 Tim 1:14), *werkt* (1 Kor 12:11), *maakt levend* wie gelooft (2 Kor 3:6), *roept* in onze harten (Gal 4:6), *leidt* ons op Gods wegen (Rom 8:14, Gal 5:18), *getuigt* met onze geest (Rom 8:16), *heeft begeren* dat ingaat tegen het vlees (Gal

5:17), *komt* onze zwakheid *te hulp* (Rom 8:26), *pleit* voor ons (Rom 8:26-27), *doet* alle dingen *medewerken* (Rom 8:28)[5], *sterkt* de gelovigen (Ef 3:16) en kan *bedroefd* worden door onze zondigheid (Ef 4:30). Bovendien zijn de vruchten van de Geest de persoonlijke attributen van God (Gal 5:22-23).

Sommige van deze teksten, zoals Romeinen 8:16, lijken op gespannen voet te staan met de Geest als persoon. De Geest die ons het 'zoonschap' geeft, waardoor wij 'Abba' roepen, wordt ook en om die reden naast onze eigen geest de tweede (en noodzakelijke) getuige[6] dat wij kinderen van God zijn. Zo pleit de Geest in Romeinen 8:26-27 niet alleen voor ons, wat het 'ons kennen' met zich meebrengt; we kunnen ook verzekerd zijn van het resultaat van zijn pleiten omdat God de *bedoeling* des Geestes kent, die op zijn beurt bidt 'naar de wil van God'. Dit heeft duidelijk betrekking op iets persoonlijks, niet op een of andere onpersoonlijke kracht of macht. De term *pneuma* is misschien ook verbonden met 'wind', maar Paulus gebruikt hem nooit op die manier.

Tot slot is de Geest soms het onderwerp van een werkwoord of een activiteit die elders wordt toegeschreven aan de Vader of de Zoon. In verschillende passages in 1 Korintiërs 12 zegt Paulus bijvoorbeeld van God (de Vader) dat Hij 'alles in allen werkt' (*panta en pasin*, vs. 6), terwijl in een vergelijkbare zin in vers 11 de Geest het onderwerp is van hetzelfde werkwoord en een vergelijkbaar lijdend voorwerp (*panta tauta*, 'dit alles', dat refereert aan de vele manifestaties van de Geest zoals genoemd in vers 8-10). Zo 'maakt' de Vader in Romeinen 8:11 'levend' terwijl in 2 Korintiërs 3:6 de Geest dat doet. In Romeinen 8:34 'pleit' Christus voor ons, terwijl een paar verzen eerder (vs. 26) hetzelfde werd gezegd van de Geest. Hetzelfde, maar dan met de Geest als object bij het werkwoord, doet zich voor in Galaten 4:4-6. Paulus zegt in vers 4 dat God zijn Zoon heeft uitgezonden en in vers 6 dat Hij 'de Geest zijns Zoons' (vgl. 1 Kor 6:11) heeft uitgezonden. De overeenkomst tussen de activiteiten van de Zoon en de Geest (de verlossing en het tot God roepen vanuit het hart van de gelovige) vooronderstellen dat de Geest een persoon is.

Deze aanwijzingen geven duidelijk aan dat Paulus de Geest niet als iets abstracts zag, maar als een persoon. Maar wat betekent dit voor het karakter van God? Wat is de verhouding tussen de Geest en God en Christus? Is de terminologie van de latere kerk, 'één met, maar onderscheiden van' de andere twee personen van de Drie-eenheid, ook de juiste omschrijving van Paulus' opvattingen? Deze laatste vraag, en de betekenis daarvan voor de hedendaagse kerk, zal in het volgende hoofdstuk worden behandeld. We sluiten dit hoofdstuk af met vast te stellen dat de verhouding tussen de Geest, God en Christus niet alleen nog eens aangeeft dat de Geest persoonlijk is, maar ook de overgang levert naar het volgende hoofdstuk door ons de richting van de dogmatisch juiste leer (er is sprake van een eenheid in wezen, maar tegelijk ook van onderscheidbare personen binnen de Drie-eenheid) te wijzen.

## De Geest en God

Van de meer dan 140 vermeldingen van *pneuma* (G/geest) in de brieven van Paulus zijn er 17 met de toevoeging 'Heilige'. Paulus duidt de Geest zestien keer aan met 'de Geest Gods' of 'zijn Geest' en drie keer als 'de Geest van Christus' of equivalenten daarvan. Over deze begrippen en hun gebruik kunnen we een aantal opmerkingen maken.

*De Heilige Geest*

Deze complete aanduiding komt maar twee keer voor in het Oude Testament (Ps 51:11 en Jes 63:10). Toch werd hij door christenen overgenomen als de juiste en volledige naam van de Geest van God. Om praktische redenen ontwikkelde deze naam zich tot de 'christelijke' naam van de Geest. Paulus gebruikt de volledige naam ongeveer net zo vaak als hij de volledige naam voor Christus, 'de Heer Jezus Christus', gebruikt. Ook hier vormen naam en titel een geheel. Dit taalgebruik, met name in een tekstgedeelte als 2 Korintiërs 13:14 (zie hoofdstuk 4), geeft nog eens aan dat 'één met' en tegelijk 'onderscheiden van' de paulinische stellingname is wat de Geest betreft.

*De Geest als de Geest Gods*

Ondanks het feit dat zijn opvatting over de Geest voor eens en voor altijd bepaald is door de komst van Christus, ziet Paulus de Geest toch in de eerste plaats in het licht van de verhouding tot God (de Vader).[7] Hij spreekt niet alleen vaker over 'de Geest Gods', God is ook altijd hetwerkwoordssubject, de schenker, als Paulus spreekt over het ontvangen van de Geest. ‘God heeft de Geest zijns Zoons uitgezonden in onze harten’ staat er bijvoorbeeld in Galaten 4:6, en God ‘geeft’ de Geest in 1 Tessalonicenzen 4:8, 2 Korintiërs 1:22, 5:5; Galaten 3:5, Romeinen 5:5 en Efeziërs 1:17. Deze opvatting is zeker beïnvloed door de oudtestamentische wortels van Paulus, waar God ‘vervult met’ de Geest (Ex 31:3) of ‘uitstort’ (Joël 2:28), en waar de Geest Gods over mensen komt om allerlei buitengewone (charismatische) zaken te verrichten (Nu 24:2, Ri 3:10).

Twee tekstgedeelten in het bijzonder geven inzicht in Paulus’ opvatting van deze primaire verhouding tussen God (de Vader) en de Geest. In 1 Korintiërs 2:10-12 past hij een analogie toe met het kennen van een mens (alleen de eigen geest van een mens kan dat) om aan te geven dat alleen de Geest weet ‘wat in God is’. Paulus wil met deze analogie zeggen dat de Geest die de Korintiërs hebben ontvangen de bron is van de christelijke opvatting dat het kruis Gods wijsheid is. Maar daarnaast geeft hij met deze analogie een beeld van de zeer nauwe verwantschap tussen God en de Geest. De Geest alleen ‘doorzoekt alle dingen’, zelfs ‘de diepten Gods’, en vanwege deze unieke verwantschap met God kent de Geest Gods verborgen wijsheid (1 Kor 2:7) en onthult die.

In Romeinen 8:26-27 wordt hetzelfde uitgedrukt, maar dan omgekeerd: God kent daar ‘de bedoeling des Geestes’. Hier wil Paulus onder andere laten zien hoe de Geest, met het oog op onze zwakheid en ons onvermogen om naar behoren te bidden, voor ons kan pleiten. Het succes van dit pleidooi ligt in het feit dat God, die onze harten doorzoekt, de ‘bedoeling des Geestes’, onze pleitbezorger, kent.

Dit heeft iets geheimzinnigs, omdat we hier uiteindelijk te maken hebben met goddelijke geheimen. Er kan weinig twijfel over bestaan dat Paulus de Geest ziet als onderscheiden van God. Tegelijkertijd is de Geest zowel de innerlijke uitdrukking van de onzichtbare persoonlijkheid van God als de zichtbare manifestatie van Gods handelen in de wereld. De Geest is God in zijn handelen, toch is Hij niet simpelweg een uitvloeisel van Gods persoonlijkheid, noch alles wat er over God te zeggen valt.

### *De Geest van God en van Christus*

Gezien de voorgaande teksten is het bijna verbazingwekkend dat Paulus ook over de Geest spreekt als ‘de Geest van Christus’. Dat hij dat doet, zegt meer over zijn visie op Christus dan over zijn visie op de Geest, hoewel ook dat laatste van belang is. Het vormt een bewijs van de hoge christologische opvattingen van Paulus (dat hij Christus zag als volledig God), dat hij, opgegroeid met de oudtestamentische opvatting van de Geest Gods, zo makkelijk op basis van zijn christelijke ervaringen ook over de Geest van Christus kon spreken.

Een zorgvuldige analyse van alle teksten waarin Paulus de Geest ofwel als 'de Geest Gods' ofwel als 'de Geest van Christus' aanduidt, leert dat hij gewoonlijk voor de kwalificatie 'van God' of 'van Christus' koos als hij de activiteit van God of Christus wilde benadrukken die aan de gelovige wordt overgebracht door de Geest. De gemeente is dus Gods tempel omdat de Geest 'Gods' in haar midden woont (1 Kor 3:16) en God geeft zijn Heilige Geest aan hen die Hij heilig noemt (1 Tes 4:8).

Zo ligt ook in de drie teksten waarin de Geest de Geest van Christus wordt genoemd, de nadruk op het werk van Christus. In Galaten 4:6 ligt de nadruk op het 'zoonschap' van de gelovigen, wat blijkt uit het feit dat zij de 'Geest zijns Zoons' hebben ontvangen, waardoor zij de woorden van de Zoon gebruiken bij het aanroepen van God. In Romeinen 8:9 lijkt Paulus het werk van Christus in hoofdstuk 6 opzettelijk te willen verbinden met dat van de Geest in hoofdstuk 8. Het bewijs dat zij echt Gods volk zijn, is dat de Geest van Christus bij hen inwoont. In Filippenzen 1:19 verlangt Paulus naar nieuwe bijstand van de Geest van Jezus Christus zodat Christus zal worden 'grootgemaakt ... hetzij door mijn leven, hetzij door mijn dood' als hij voor het gerecht staat.

Dit geeft allemaal aan dat Paulus de kwalificatie 'van God' of 'van Christus' gebruikt om verwantschap of zelfs gelijkstelling aan te geven. De Geest aan wie Paulus refereert is de Geest die gezien moet worden in zijn verhouding met God of Christus. God en Christus verlenen in alle gevallen identiteit aan de Geest, waaraan Paulus refereert.

Tot slot: in Romeinen 8:9-11 identificeert Paulus uitdrukkelijk de Geest Gods met de Geest van Christus. Hij spreekt hier over de ene Heilige Geest die elders de Geest Gods is. Met name in deze tekst wordt de eenheid van de Vader, de Zoon en de Geest vastgesteld. We hoeven nu alleen nog kort de verhouding tussen Christus en de Geest te belichten.

*De Geest als de Geest van Christus*

Zoals we eerder opmerkten heeft de komst van Christus de christelijke theologie in het algemeen en die van Paulus in het bijzonder voor eens en voor altijd bepaald. De transcendente God van het universum is sindsdien 'de Vader van onze Here Jezus Christus' (2 Kor 1:3, Ef 1:3, 1 Pe 1:3), die zijn Zoon naar de wereld heeft gestuurd om ons te verlossen (Gal 4:4-5). Evenzo bepaalt de komst van Christus onze opvattingen van de Geest. De Geest van God is ook de Geest van Christus (Gal 4:6, Rom 8:9, Fil 1:19), die het werk van Christus voortzet na diens opstanding en plaatsnemen aan de rechterhand Gods. Wie de Geest van God heeft ontvangen (1 Kor 2:12) heeft de 'zin' van Christus ontvangen (v. 16).

Voor Paulus geeft Christus daarom bij wijze van spreken een vollediger definitie van de Geest. Mensen in de Geest zijn kinderen van God, medeerfgenamen van Gods Zoon (Rom 8:14-17), zij kennen gelijktijdig de 'kracht zijner opstanding en de gemeenschap aan zijn lijden' (Fil 3:10). Tegelijkertijd is Christus het absolute criterium voor de ware activiteit van de Geest (1 Kor 12:3). Men kan daarom terecht zeggen dat de leer van Paulus christocentrisch is, in de zin dat Christus en zijn werk ons helpen om vast te stellen wat de Geest en zijn werk betekenen in het leven van een christen.

Soms wordt deze verhouding verder doorgedreven, waardoor het perspectief van Paulus zelf in het gedrang komt. Gebaseerd op met name drie teksten (1 Kor 6:17, 15:45, 2 Kor 3:17-18)[8] zou Paulus op zo'n manier over de opgestane Heer spreken dat hij Hem identificeerde met de Geest. De hoofdtekst is 2 Korintiërs 3:17-18, waar Paulus' uitspraak 'de Here nu is de Geest' lijkt te impliceren dat er een identificatie bestaat. Uit de context blijkt echter dat Paulus een aloude joodse manier van interpreteren toepast, waarbij hij één woord uit een bijbels citaat neemt en het een ware betekenis geeft in de nieuwe context. 'De Here nu is de Geest' is dus een interpretatie van 'de Here' uit het voorafgaande vers 16, wat een toespeling is op Exodus 34:34. De 'Here' tot wie wij ons bekeren, heeft te maken met de Geest, zegt Paulus. 'De Here' moet nu worden gezien in het licht van de activiteit van de Geest onder ons: de Geest van het Nieuwe Verbond, die vrijheid brengt en Gods volk omvormt tot 'de heerlijkheid des Heren.' Zo is ook het woordgebruik in 1 Korintiërs 6:17 en 15:45 bepaald door de context, waar het wordt gedicteerd door Paulus' meningsverschillen met zijn tegenstanders. Geen van deze tekstgedeelten stelt de Geest gelijk aan de opgestane Heer.

Dat de opgestane Heer en de Geest duidelijk van elkaar onderscheiden zijn in het denken van Paulus blijkt uit allerlei aanwijzingen. Naast de tekstgedeelten uit het volgende hoofdstuk, die de Drie-eenheid impliceren, wijzen ook andere teksten erop dat de activiteit van de opgestane Christus en de Geest in zijn opvatting gescheiden zijn. Dat geldt bijvoorbeeld voor zulke verschillende teksten als Romeinen 9:1 waar de formules 'in Christus' en 'door de Geest' binnen één vers geheel verschillend functioneren,[9] en Romeinen 15:30 ('bij onze Here Jezus Christus en bij de liefde des Geestes') waar het herhaalde Griekse voorzetsel *dia* (hier vertaald als 'bij') de tweevoudige basis van Paulus' vermaning aangeeft. Ten eerste is die 'bij onze Here Jezus Christus,' wat betekent 'op basis van wat Christus voor ons heeft gedaan zoals in deze brief wordt geschetst'. Ten tweede is deze 'bij de liefde des Geestes', wat betekent 'op basis van de liefde voor alle heiligen, inclusief mezelf, die de Geest voortbrengt.'

Misschien is, denkend aan passages waar Christus en de Geest in nauw verband met elkaar worden gebracht, de meest betekenisvolle tekst wel de combinatie van Romeinen 8:26-27 (de Geest pleit voor ons) en 8:34 (Christus pleit voor ons). Oppervlakkig beschouwd lijkt dit op een gelijkstelling in functie, maar in werkelijkheid is het de duidelijkste uitdrukking van het onderscheid tussen beide. De rol van de Geest is hier op aarde, inwonend bij de gelovigen om hen bij te staan in hun zwakheid in hun *nu reeds/nog niet*-bestaan. De plaats van de opgestane Christus is in de hemel 'gezeten aan de rechterhand van God, waar Hij onze voorspraak is.'[10] Deze tekst in het bijzonder, waar Paulus niet polemiseert maar iets beweert op basis van een vooronderstelde realiteit, spreekt het idee tegen dat de Geest volgens Paulus geïdentificeerd moet worden met de opgestane Christus, hetzij in functie, hetzij in essentie.

Desalniettemin veronderstelt Paulus dezelfde nauwe verwantschap tussen beiden als tussen de Geest en God. Daardoor gaat hij makkelijk over van het noemen van de een op het noemen van de ander, met name als hij gebruik maakt van de inwonings-symboliek (bijv. Rom 8:9-10, waar hij overgaat van 'de Geest van Christus hebben' naar 'Christus in u'; zie ook Ef 3:16-17). Zo bedoelt Paulus in Galaten 2:20, waar hij zegt dat Christus in hem leeft, zeer waarschijnlijk dat Christus in hem leeft door de Geest, verwijzend naar het werk van Christus in zijn leven, dat wordt voortgezet door de inwonende Geest.

Het is zeer aannemelijk dat deze vloeiende overgangen voortkomen uit het feit dat Paulus zich niet bezighoudt met de vraag of Christus en de Geest God zijn, maar met welke rol zij hebben bij de verlossing en de christelijke geloofservaring. In dit licht ontmoeten we ook de Drie-eenheid in zijn geschriften. In hoofdstuk 4 zullen we ons daar verder mee bezighouden.

Samenvattend: wat de Heilige Geest ook precies moge zijn in het denken van Paulus, Hij is in geen geval een abstract 'het', een onpersoonlijke kracht die van God komt. De Geest is geheel persoonlijk, of zoals een latere uitdrukking luidt: 'God, God, en nog eens God'.
De implicaties hiervan voor de hedendaagse kerk zijn enorm. Terwijl we in onze trinitarische geloofsbelijdenis lippendienst bewijzen aan deze realiteit, is de meerderheid van de christenen in de praktijk geneigd om te geloven in de 'schim' van de jonge student van een aantal jaren geleden. Daardoor inspireert de hernieuwde aanwezigheid van God door zijn Geest, zoals in het vorige hoofdstuk is uiteengezet, de gelovigen maar zelden. De realiteit van Gods persoonlijke aanwezigheid in en temidden van ons, zou ons kunnen bemoedigen in de noden en zwakheden van ons huidige bestaan, en ons opwekken wanneer we onze schouders laten hangen.
De komst van de Heilige Geest in en temidden van ons betekent dat de levende God in de persoon van de Geest feitelijk bij ons is. En Hij is er als een krachtgevende aanwezigheid, zoals we in de komende hoofdstukken zullen aantonen. We moeten anders gaan denken en ervaren als we bijbels, en dus werkzamer, willen zijn in onze postmoderne wereld. We moeten niet alleen de geloofsbelijdenis nazeggen, maar de aanwezigheid van God in de persoon van de Geest ook geloven en ervaren.

## Noten

1. Zowel het Griekse *pneuma* als het Hebreeuwse *roeach* kunnen zowel 'geest' als 'wind' betekenen, afhankelijk van de context (zie bijvoorbeeld de woordspeling met deze betekenissen in Johannes 3:5).
2. Zie voor een lijst met deze passages hoofdstuk 2 van *GEP*.
3. Zie *GEP* over 1 Tes 4:8; vgl. 2 Kor 1:22, 5:5; Rom 5:5; Ef 1:17;

2 Tim 1:7; vgl. het 'schenken van de Geest' en de 'bijstand van de Geest,' Gal 3:5 en Fil 1:19.

4. Zie voor 'ontvangen' *GEP* over 1 Kor 2:12; 2 Kor 11:4; Gal 3:2, 14; Rom 8:15; voor 'hebben': 1 Kor 2:16; 7:40; Rom 8:9.
5. Zie voor deze interpretatie van Rom 8:28: *GEP*, p. 587-590.
6. Paulus knoopt hier aan bij de joodse traditie, volgens welke alles moet worden bevestigd door twee of drie getuigen (Dt 19:15), vgl. 2 Kor 13:1.
7. Hier moet worden opgemerkt dat het woord 'God' bij Paulus altijd verwijst naar God de Vader, behalve als anders wordt aangegeven.
8. Zie voor de volledig exegese van deze drie teksten de betreffende plaatsen in *GEP*. Ook Rom 1:3-4 en 8:9-10 worden wel aangehaald (bijv. in N.Q. Hamilton, *The Holy Spirit and Eschatology in Paul* [SJTOP 6, Edinburgh: Oliver & Boyd, 1957). Deze teksten suggereren echter in het geheel geen identificatie, maar eerder het tegendeel. Zie ook *GEP*, hst. 7.
9. Zie *GEP*, p. 833 n. 19.
10. Vgl. Arthur W. Wainwright, *The Trinity in the New Testament* (Londen: SPCK 1962), p. 260.

## Hoofdstuk 4

# God in drie personen

## De Geest en de Drie-eenheid

*Uit hun ervaring van Christus en de beleving van de Geest als hernieuwde aanwezigheid van God ontwikkelde zich bij de eerste christenen en Paulus de opvatting van de ene God als Drie-eenheid.*

Rose was in naam nog christen, maar had in haar jonge jaren alle banden met het christelijk geloof doorgesneden. Op een dag kwamen een paar jehova's getuigen bij haar aan de deur met een nieuw nummer van hun tijdschrift, dat in werkelijkheid niets nieuws te bieden had. Het waren zelfbewuste arianen[1], mensen die niet alleen de goddelijkheid van Christus ontkennen, maar ook geen kennis en ervaring hebben van de Geest als persoonlijke aanwezigheid van God. Ze boden Rose een simplistisch geloof aan: een geloof waaruit het mysterie van de Drie-eenheid was verwijderd. En in haar geestelijke leegheid hapte Rose toe, de jehova's hadden direct beet.

In een lang gesprek met Rose en twee van haar leidslieden namen mijn zoon Mark en ik op een middag alle christologische teksten met hen door. Zij kenden die teksten, maar ze zeiden hen niets. Het gesprek liep dan ook op niets uit. Aan het eind van de middag vroeg Mark hun echter naar hun beleving van de Heilige Geest. Ze wisten totaal niet wat ze moesten zeggen. De Heilige Geest was voor hen in het geheel geen persoon, maar alleen een soort 'invloed' van God ten behoeve van ons. Toen wij ons leven in de Geest beschreven, voelden ze zich merkbaar ongemakkelijk, en ons gesprek werd al snel beëindigd. We hadden niet alleen een terrein betreden waar ze geen van te voren gerepeteerde antwoorden over bezaten, maar er ontbrak blijkbaar een essentieel element in hun bekering: de uitstorting van de Heilige Geest in hun leven, de

Geest die 'Abba, Vader' roept tegen Jehova.
Door dit gesprek raakte ik ervan overtuigd dat Rose en vele anderen niet alleen in de val liepen van dit hedendaagse arianisme omdat de Drie-eenheid een mysterie is (de meeste mensen willen God graag reduceren tot iets wat hun verstand kan bevatten en dus beheersen). Zij zijn ook in de steek gelaten door de kerk, die de Geest blijft behandelen als niet meer dan een onderdeel van de geloofsbelijdenis en de christelijke dogmatiek, en niet als een vitale realiteit in het leven van de gelovigen.
De jehova's getuigen hebben wat dat betreft steun van een groot aantal theologen. Sommigen daarvan ontkennen hoe dan ook dat Paulus trinitariër was. Andere, ook zeer orthodoxe theologen, zijn zeer terughoudend om een woord als Drie-eenheid te gebruiken bij het beschrijven van het nieuwtestamentische getuigenis. Gedeeltelijk is dit een kwestie van begripsverwarring. 'Drie-eenheid' is een term van latere theologen, die dit woord gebruikten om uit te drukken dat de kerk geloofde in één God die zij kende als een eenheid van drie goddelijke Personen[2]. Daarom wordt vaak gezegd dat als het Nieuwe Testament ergens 'trinitarisch' is, het dat alleen op een basale manier is. Het is in geen geval hetzelfde uitgewerkte trinitarisme als uit latere tijd, zoals ten tijde van het Concilie van Chalcedon[3]. Dit ligt echter zo voor de hand, dat het onnodig lijkt om het telkens weer te herhalen. Het nadeel van deze voorzichtigheid is dat de voortdurende herhaling zich uiteindelijk vast gaat zetten. Zulke wetenschappelijke bezwaren leiden maar al te vaak tot feitelijke ontkenning.
We moeten ons dan ook afvragen of onze problemen met de Drie-eenheid niet gedeeltelijk te wijten zijn aan de kerk zelf, waar de Geest niet als persoon maar als goddelijke invloed of kracht wordt gezien. Het is per slot van rekening maar een kleine stap van het zien van de Geest als een 'wazige, langwerpige schim' naar een binitarische opvatting.[4] Zoals ik al eerder opmerkte lijkt de geloofsbelijdenis voor veel christenen in de praktijk veel op: 'Ik geloof in de God de Vader en de Zoon, maar ben minder zeker van de Heilige Geest'. De Geest is 'Gods schim' geworden, een onzichtbare en bijna onmerkbare 'invloed' van God, niet bepaald 'God, God en nog eens God'.
In dit hoofdstuk willen we laten zien dat Paulus trinitariër was tot in het diepst van zijn geloofsbeleving en theologie, en dat dit trinitarisme van invloed is op onze eigen verhouding tot God.

# Paulus en de Drie-eenheid

Paulus' beleving en opvatting van de Geest als Gods persoonlijke aanwezigheid brengen ons onvermijdelijk in diep theologisch vaarwater. Waar het ons nu om gaat, is *hoe* God is in zijn essentiële drievuldige wezen. Hoe kan God Vader, Zoon en Geest zijn, één van wezen, terwijl de Personen toch onderscheiden zijn? Wij zijn geneigd om iemand pas als een echte trinitariër te beschouwen als hij een passende formule weet te bedenken als antwoord op deze vraag.

Als we de vraag zo stellen passeren we Paulus echter en meten we trinitarisme af aan latere maatstaven. Wij houden ons met deze vraag bezig omdat Paulus, die op en top monotheïst was, er geen moment aan twijfelde dat 'de Here uw God één is', en brieven schreef aan zijn gemeenten waaruit duidelijk blijkt dat hij God *ervoer* en waarbij hij die ervaring op een fundamenteel trinitarische manier uitdrukte.

Dat hij niet ingaat op de theologische haken en ogen die dit trinitarisme voor een monotheïstische jood met zich meebracht, wijst er opnieuw op dat de brieven van Paulus veeleer praktische dan theologische geschiften zijn. Paulus schreef niet aan een studie over God, maar wilde gemeenten opbouwen en heikele kwesties aan de orde stellen, die voortkwamen uit het zijn van Gods volk in een heidense omgeving. Hij was te veel missionair-pastoraal bezig om zich te kunnen overgeven aan de luxe van reflectieve theologie. Daarom bevestigt, bekrachtigt en vooronderstelt Paulus de Drie-eenheid op allerlei manieren. En de bekrachtiging dat de ene God die wij kennen en ervaren als de Vader, Zoon en Heilige Geest, elk van elkaar onderscheiden, toch één God is, was precies de reden dat de latere kerk zich met de vraag naar het hoe ging bezighouden.

Deze bekrachtiging kwam in de eerste plaats voort uit Paulus' ervaring van de opgestane Christus als 'Heer', de oudtestamentische aanduiding van God. Hij spreekt over Christus als de Zoon van God (Gal 4:6-7, 2 Kor 8:9) aan wie hij allerlei zaken toeschrijft die het jodendom reserveert voor God alleen. In tegenstelling tot het heidense polytheïsme stelt Paulus: 'Voor ons nochtans is er maar één God, de Vader, uit wie alle dingen zijn en tot wie wij zijn, en één Here, Jezus Christus, door wie alle dingen zijn, en wij door Hem' (1 Kor 8:6). Aan het einde der tijden, als de dood definitief overwonnen zal zijn door onze opstanding, zal de Zoon zich onderwerpen aan de Vader, 'opdat God zij alles in allen' (1 Kor 15:28).

Gezien deze uitspraken kan het weinig twijfel lijden dat de vroege kerk uiteindelijk een binitarische formule had gevonden als het niet tot de trinitarische was gekomen. Dat het een Drie-eenheid is geworden in plaats van een twee-eenheid, kwam door de persoonlijke ontmoetingen met God door de Geest, zoals in de vorige twee hoofdstukken is beschreven. Waar het ons nu om gaat is wat Paulus' opvattingen waren over de Geest, aangezien de Drie-eenheid een uitdrukking is van de christelijke overtuiging dat God één wezen is in drie *Personen*, maar ook één God in *drie* personen, onder wie God de Heilige Geest. De vraag is daarom: had Paulus een trinitarisch geloof, ook al gebruikte hij niet de woorden uit een latere tijd om God te beschrijven? Analyse van het paulinische materiaal wijst erop dat hij dit inderdaad had.[5]

## De Geest en de Drie-eenheid

De kern van de theologie van Paulus is zijn 'evangelie', en dat is in essentie een evangelie van *verlossing*: God heeft een volk gered voor zijn naam door het bevrijdende werk van Christus en het praktische werk van de Geest. Alleen Paulus' ontmoeting met de reddende God, als Vader, Zoon en Heilige Geest, verklaart de verandering in zijn taalgebruik en zijn opvattingen over God.[6] In dit licht, en in het licht van de vele teksten die dit, met gebruikmaking van trinitarische terminologie, ondersteunen, kunnen deze teksten dienen als uitgangspunt voor de bestudering van de Drie-eenheid bij Paulus.

We hebben te maken met twee groepen teksten: verscheidene expliciet trinitarische (2 Kor 13:14, 1 Kor 12:4-6, Ef 4:4-6) en een groot aantal passages waar Paulus de 'verlossing in Christus' in trinitarische termen uitdrukt, soms bijna in de vorm van een geloofsbelijdenis, maar altijd op een niet-reflectieve, vanzelfsprekende manier.

### *De trinitarische teksten*

De opmerkelijke genade-formule van 2 Korintiërs 13:14 biedt ons langs verschillende wegen de theologische sleutel tot Paulus' beeld van de verlossing en van God zelf.[7] Dat deze genade-formule een gelegenheidsformule was en niet bedoeld voor algemene toepassing, maakt hem alleen maar belangrijker bij het begrijpen van Paulus. Wat hij hier als gebed zegt, komt als zeer vanzelfsprekend naar voren: niet als iets wat hij wil aantonen, maar als iets wat hij als bekend veronderstelt, als een aan den lijve ondervonden realiteit van het christenleven.

Ten eerste worden de kernpunten samengevat van wat voor Paulus het allerbelangrijkste was: het evangelie met zijn gerichtheid op de verlossing in Christus, die door het geloof voor joden en heidenen in gelijke mate bereikbaar is. Dat de *'liefde Gods'* het fundament is van Paulus' visie op de verlossing, zien we ook uitgedrukt in passages als Romeinen 5:1-11, 8:31-39 en Efeziërs 1:3-14. De *'genade des Heren Jezus Christus'* is de concrete uitdrukking van die liefde. Door het lijden en sterven van Christus ten bate van zijn geliefden heeft God hun op een bepaald moment in de geschiedenis verlossing geschonken.

De *'gemeenschap des Heiligen Geestes'* maakt dat die liefde en genade bij voortduring aanwezig is in de levens van de gelovigen en de gemeente. Door de *koinonia* ('deelname aan' of 'gemeenschap van') *des Heiligen Geestes* (let op de volledige naam) brengt God de mens niet alleen tot een intieme en bestendige verhouding met Hemzelf als de God van genade, maar zorgt Hij er ook voor dat zij deelhebben aan alle weldaden van die genade en verlossing. Hij doet dat door bij hen in te wonen in hun huidige bestaan en door hun de uiteindelijke eschatologische heerlijkheid te garanderen.

Ten tweede dient deze tekst ook als sleutel tot Paulus' opvattingen over God, die radicaal zijn beïnvloed door de dubbele realiteit van Christus' dood en opstanding en de uitstorting van de Geest. Toegegeven, Paulus bekrachtigt hier niet de goddelijkheid van Christus en de Geest. Wat hij wel doet, is het in één gebed gelijkstellen van de activiteit van de drie goddelijke Personen (om de terminologie uit een latere tijd te gebruiken), waarbij God de Vader als tweede wordt genoemd. Dat geeft aan dat Paulus in alle betekenissen van dat woord een echte trinitariër was, dat hij geloofde dat de ene God zowel Vader, Zoon als Geest is, en dat wie omgang heeft met Christus en de Geest net zoveel omgang heeft met God als wanneer men omgang heeft met de Vader. Deze genade-formule maakt een fundamenteel onderscheid tussen God, Christus en de Geest, maar vat ook in een paar woorden samen wat overal in zijn brieven te lezen valt, namelijk dat de 'verlossing in Christus' het gezamenlijke werk is van God, Christus en de Geest.[8]

Dezelfde trinitarische implicaties hebben 1 Korintiërs 12:4-6 en Efeziërs

4:4-6. In de eerste passage dringt Paulus er bij de Korintiërs op aan om hun blikveld te verbreden en de rijke verscheidenheid aan manifestaties van de Geest in hun midden te herkennen (in plaats van zich alleen maar bezig te houden met het spreken in tongen). Hij begint in de verzen 4-6 met het vaststellen dat verscheidenheid overeenkomt met het karakter van God en daarom het bewijs vormt voor de werkzaamheid van de ene God in hun midden. Het gegeven van de Drie-eenheid wordt dus voorondersteld, en dat is, juist omdat het zo spontaan, vrij en onopzettelijk wordt uitgedrukt, des te veelzeggender.

In Efeziërs 4:4-6 is dezelfde combinatie als in 2 Korintiërs 13:14 te vinden: een soort geloofsbelijdenis, uitgedrukt in de onderscheiden activiteiten van de drievuldige God. De basis voor christelijke eenheid is de ene God. Het ene lichaam is het werk van de ene Geest (vgl. 1 Kor 12:13), door wie wij, ook in ons huidige eschatologische bestaan, vanuit 'de ene hoop' kunnen leven omdat de Geest 'een onderpand is van onze erfenis' (Ef 1:13-14). Dit is allemaal mogelijk gemaakt voor ons door de ene Heer, in wie allen één geloof hebben en van welk geloof allen getuigenis hebben gegeven door één doop. De bron van al deze realiteiten is de ene God zelf, 'die is boven allen en door allen en in allen.'

Deze laatste frase legt opnieuw de nadruk op de eenheid van de ene God, die uiteindelijk verantwoordelijk is voor alle dingen: het verleden, het heden en de toekomst. Deze formulering brengt ook het handelen van de Geest en de Zoon onder bij het handelen van God. Tegelijkertijd is de hele passage een bevestiging in de vorm van een belijdenis van het feit dat God *ervaren* wordt als een drievuldige realiteit. Juist op basis van deze ervaring en deze woorden handhaafde de latere kerk het bijbelse fundament door dit alles onder te brengen in een expliciet trinitarische formule. De woorden van Paulus, die de werking van de Geest insluiten, vormen een deel van dat fundament.

### *Verlossing in Christus als het werk van de Drie-eenheid*

Dat het werk van de Drie-eenheid fundamenteel is voor Paulus' opvatting van het evangelie wordt ook aangetoond door de vele teksten die de verlossing uitdrukken in minder expliciete, maar even duidelijke impliciete trinitarische termen. Dit geldt met name voor passages als Romeinen 5:1-8, 2 Korintiërs 3:1-4:6, Galaten 4:4-6 en Efeziërs 1:3-14 (vgl. Titus 3:4-7).

Als voorbeeld kan Romeinen 5:1-8 dienen. Zoals overal speelt de Geest een vitale rol in de ervaring van Paulus en zijn gemeenten van Gods verlossende genade. Voor Paulus was de 'liefde Gods' geen pure abstractie. De liefde van God, het meest essentiële onderdeel van zijn karakter en de absolute voorwaarde voor ons bestaan, vond de gulste en kostbaarste uitdrukking in Christus' dood voor zijn vijanden (v. 6-8) en werd daardoor de basis voor de vrede met God en voor de toegang tot zijn genadige aanwezigheid. Een dergelijke liefde is echter niet enkel en alleen een feitelijke historische gebeurtenis. Door de aanwezigheid van de Geest is Gods liefde, die in Christus compleet is uitgedrukt, een realiteit die *ervaren* wordt in de harten van de gelovigen. *Dit* is het wat de Geest zo rijkelijk 'in onze harten heeft uitgestort'.
Als we niet op zo'n manier op zo'n cruciaal punt worden 'overvallen' door God zelf, dan is al het andere verloren. Dan zullen we zonder vrede zijn, verachtelijk voor God, zonder echte hoop, en het huidige lijden opvatten als een reden om te klagen en te wanhopen, in plaats van om te 'roemen'. Wat dit voor ons allemaal anders maakt, is niet alleen het gegeven van de liefde van God – hoewel dat in bepaalde opzichten ook al voldoende zou zijn – maar ook het feit dat Gods liefde werkzaam is geworden in de *ervaring* van de gelovige. Gods liefde is met gulle hand uitgestort als een aan den lijve ervaren realiteit, door de aanwezigheid van de Heilige Geest, die God eveneens overdadig heeft uitgestort in onze harten.[9]

Naast deze grootse en bekende teksten van Paulus stellen ook veel andere teksten de verlossing voor als het gezamenlijke werk van de drievuldige God, zoals samengevat in 2 Korintiërs 13:14:[10]

— 1 Tessalonicenzen 1:4-5; de liefde van God heeft de uitverkiezing werkelijkheid gemaakt door het evangelie (het nieuws over Christus) en heeft kracht gekregen door de Heilige Geest.
— 2 Tessalonicenzen 2:13; Gods volk is door de Here 'geliefd' (door zijn dood), omdat God het heeft uitverkoren om verlost te worden door het heiligmakende werk van de Geest.
— 1 Korintiërs 1:4-7; Gods genade is in Christus geschonken, die de kerk rijkelijk bedeeld heeft met gaven van de Geest.
— 1 Korintiërs 2:4-5; Paulus' prediking van de gekruisigde Christus (v.2)

kwam met 'betoon van geest', zodat het geloof van de Korintiërs zou 'rusten op kracht van God'.

— 1 Korintiërs 2:12; wij hebben 'de Geest uit God' ontvangen zodat we 'weten, wat ons door God [in het kruis] in genade geschonken is.'
— 1 Korintiërs 6:11; God is het impliciete werkwoordssubject van de goddelijke passiva (ze zijn afgewassen, geheiligd, gerechtvaardigd, in de naam van Christus en door de Geest).
— 1 Korintiërs 6:19-20; de gelovige is 'gekocht en betaald' (door Christus, vgl. 7:22-23) om een tempel te zijn voor Gods aanwezigheid door de Geest.
— 2 Korintiërs 1:21-22; God is degene die gelovigen 'bevestigt' in een verlossing die bewerkstelligd is door Christus, het 'ja' van God 2 Kor 1:19-20, bekrachtigd door het schenken van zijn Geest als onderpand.
— Galaten 3:1-5; de gekruisigde Christus (v.1, refererend aan 2:16-21) is de gelovigen 'voor ogen geschilderd' door de Geest, die God hun schenkt (v. 5).
— Romeinen 8:3-4; God heeft zijn Zoon gestuurd om dat te doen wat de wet niet kon, namelijk het garanderen van de verlossing, en de Geest om te doen wat de wet ook niet kon, namelijk het bewerkstelligen van goed gedrag in het leven van de gelovigen.
— Romeinen 8:15-17; de door God gegeven Geest dient als bewijs van het 'zoonschap', en daardoor van het mede-erfgenaam zijn van Christus, die het allemaal mogelijk maakte.
— Kolossenzen 3:16; de rollen zijn omgedraaid: de boodschap van Christus 'wone rijkelijk in u', terwijl God, van wie de verlossing komt, dank gebracht wordt 'met psalmen, lofzangen en geestelijke liederen'.
— Efeziërs 1:17; de God van onze Here Jezus Christus geeft hen de Geest van wijsheid en openbaring, zodat zij ten volle het werk dat Christus voor hen volbracht heeft begrijpen.
— Efeziërs 2:18; door (de dood van) Christus (v. 14-16) hebben jood en heiden samen toegang tot God in één Geest, die beiden gelijkelijk hebben ontvangen.
— Efeziërs 2:20-22; Christus is de hoeksteen van de nieuwe tempel, de plaats waar God woont; namelijk 'in de Geest'.
— Filippenzen 3:3; de gelovigen dienen (God) door de Geest Gods en kunnen daarom roemen in het heilzame werk van Jezus Christus.

De betekenis hiervan is dat verlossing in Christus niet simpelweg een theologische waarheid is, die berust op Gods voorgaande handelen en het historische werk van Christus. Verlossing is een aan den lijve ervaren realiteit, die door de Persoon van de Geest in ons leven is gekomen. Men kan simpelweg geen christen zijn in de paulinische zin zonder het werk van de Drie-eenheid. We zullen hier in hoofdstuk 8 gedetailleerder op ingaan. Voor dit moment houden we het bij een aantal conclusies over de Drie-eenheid en de implicaties voor ons huidige bestaan in Christus.

## Conclusies en implicaties

De eindconclusie van dit alles is tweevoudig. Om even terug te komen op het voorgaande hoofdstuk: Paulus zou zich ten eerste niet herkennen in het taalgebruik en de theologische opvattingen van degenen die zeggen dat hij de Geest identificeerde als de opgestane Christus. Paulus dacht aan de ene God, die verlossing bracht door het gezamenlijke werk van de drie goddelijke Personen: de Vader, de Zoon en de Geest. Waar het werk van de drie elkaar overlapt, past Paulus zijn taalgebruik aan, juist omdat de verlossing voor hem het werk was van de ene God.

Ten tweede: hoewel in de trinitarische omschrijvingen en opvattingen van Paulus, die aan de basis zouden staan van de latere trinitarische formules, de Geest nooit 'God' genoemd wordt en Paulus niet schijnt te worstelen met de filosofische en theologische implicaties ervan, zijn er ook geen aanwijzingen dat hij geen onderscheid zag tussen de drie goddelijke Personen en hun verschillende rollen.

Dat alleen de Geest de bedoelingen van God kent (de 'diepten Gods' zoals Paulus het noemt) en dat God de bedoelingen van de Geest kent, wijst niet enkel op een 'functioneel trinitarisme' (een Drie-eenheid wat de werkzaamheid betreft), maar komt dicht bij een 'ontologisch trinitarisme' (een Drie-eenheid ook in wat het wezen betreft). Dit geldt ook voor het duidelijke bewijs van eenheid tussen de Geest en Christus – Paulus ontvangt de *Geest van Jezus Christus* als hij bijstand nodig heeft – ondanks het duidelijke onderscheid tussen Christus en de Geest.

Wat betekent dit trinitarisme nu voor ons? Verschillende dingen. Ten eerste betekent het dat de Geest weer een plaats moet krijgen in de Drie-eenheid. In onze geloofsbelijdenissen en formulieren is Hij daar nooit uit verdwenen, maar wel in het dagelijkse geloofsleven van de kerk. Een paulinische christen zijn betekent de Geest serieus nemen als degene in wie de eeuwige God voor altijd aanwezig is bij zijn volk.

Ten tweede is de Drie-eenheid van God, waartoe dus ook de Heilige Geest behoort, de grond van zowel de eenheid als de verscheidenheid in onze geloofsgemeenschap. Hoewel we op dit punt terugkomen in hoofdstuk 6, zij hier alvast gezegd dat de Drie-eenheid de grond is voor de zo gewenste eenheid in de kerk. God zelf – Vader, Zoon en Heilige Geest – is één God, en wij zijn met ons allen zijn ene volk. Degene die die eenheid brengt, is volgens Paulus in Efeziërs 2 en 3 (vgl. 1 Kor 12:13) niemand anders dan de Geest.

Tegelijkertijd is volgens 1 Korintiërs 12:4-6 de Drie-eenheid ook de grond voor de duidelijke verscheidenheid binnen die eenheid in de kerk. Hoe trinitarischer we zijn in ons denken en voelen, hoe sterker we deze diversiteit moeten onderstrepen en de eenheid moeten nastreven.

Ten slotte: hoewel Paulus dit punt niet uitdrukkelijk noemt, maakt de drievuldige natuur van God ook duidelijk dat God een fundamenteel *relationeel* wezen is. Dit is een van de specifieke bijdragen van Johannes aan het Nieuwe Testament, met name als het gaat om de verhouding tussen de Vader en de Zoon. Hoewel Paulus dit niet zo nadrukkelijk naar voren brengt als Johannes, zegt hij in 1 Korintiërs 2:10-11 en Romeinen 8:26-27 op een bijna terloopse manier hetzelfde over de verhouding tussen de Geest en de Vader. De Geest, die ons de 'diepten Gods' openbaart (het kruis als Gods wijsheid) doet dat omdat alleen Hij Gods bedoelingen kent. En de Geest is onze pleitbezorger, die in ons bidt zoals God dat wil, omdat de Geest en de Vader elkaars bedoelingen kennen. Dit geeft ons niet alleen vertrouwen in ons bidden, maar zou ons er ook voortdurend aan moeten herinneren dat de ene God als een drievuldige God in een eeuwige verhouding tot Zichzelf bestaat. De relationele implicaties hiervan voor ons, zowel ten aanzien van God als ten aanzien van elkaar, moeten een belangrijk onderdeel zijn van ons leven in de Geest, dat we samen leiden als een leven met toekomst in een postmoderne wereld.

# Noten

1. Arius was een bisschop uit Alexandrië die in het begin van de vierde eeuw beweerde dat er een tijd was dat Christus niet bestond. Hij zag Christus als een goddelijk wezen, dat geschapen was en (dus) niet volkomen één is met God. De jehova's getuigen ontdekten pas na tientallen jaren dat zij eigenlijk arianen waren. Sindsdien zijn ze gestopt met het getuigen van het 'Koninkrijk' zoals ze vroeger deden, en richten zich in plaats daarvan met volle inzet op hun anti-trinitarische arianisme.
2. Zelfs ons woord 'persoon' brengt allerlei problemen met zich mee. Gedeeltelijk komt dat doordat het afkomstig is van een Latijns woord dat niet precies dezelfde betekenis heeft als ons woord persoon. In onze betekenis impliceert het bijvoorbeeld een vorm van zelfbewustzijn, zodat het begrip 'drie Personen' zou wijzen op drie verschillende en onderscheiden uitdrukkingen van zelfbewustzijn, terwijl noch het Griekse woord *hypostasis*, noch het Latijnse *persona* die betekenis insluiten.
3. Het Oecumenisch Concilie van de vijfde eeuw waarop de orthodoxe formulering van de Drie-eenheid werd overeengekomen, die nog steeds in de rooms-katholieke en protestantse traditie wordt gebruikt.
4. Pinnock ('Concept, p. 2'): 'Moderne christenen zijn er vaak al heel tevreden mee als ze trinitarisch van opvatting, maar binitarisch in de praktijk zijn.' Hij stelt vast dat hetzelfde is gezegd door A.M. Hunter (*Interpreting Paul's Gospel*, Londen: SCM, 1954, p. 112 ) en F.C. Synge ('The Holy Spirit and the Sacraments,' *Scottish Journal of Theology* 6 [1953] p. 65).
5. Zie over deze kwestie, en met name over Paulus als trinitariër: 'What about the Trinity?' van David Ford in: Frances Young en David Ford, *Meaning and Truth in 2 Corinthians* (Grand Rapids: Eerdmans 1987) p. 255-260.
6. Zie ook Pinnock, 'Concept' p. 116-118, die eveneens opmerkt dat de latere uitdrukking van het trinitarische geloof gegroeid was uit een zodanige ontmoeting met de ene God in zijn verlossende werk.
7. Zie voor een grondige analyse van deze tekst: *GEP*, p. 362-365.
8. Om nog even terug te komen op een kwestie uit hoofdstuk 3: be-

krachtigingen als deze sluiten ook elke mogelijkheid uit dat Paulus de opgestane Christus identificeerde met de Geest.

9. Zie *GEP*, p. 777-784 over Titus 3:5-6. Van alle herinneringen die ik heb aan de pinkstergemeente, waarin ik ben grootgebracht (die in veel opzichten verschilt van die van vandaag) heeft deze specifieke uitdrukking van pinkster-spiritualiteit waarschijnlijk de sterkste indruk op mij gemaakt. Dit waren mensen – vaak arme en soms lijdende mensen – wier ervaring van de Geest door de Geestesdoop hun de zekerheid had gegeven van Gods liefde en hun eigen toekomstige heerlijkheid. De gospelliederen waarmee ik opgroeide, waren hiervan een voortdurende bekrachtiging. Voor een buitenstaander leek het misschien dat we luchtkastelen bouwden en de werkelijkheid ontvluchtten (vgl. Robert Mapes Anderson, *Vision of the Disinherited,* 1979, herdruk Peabody, Mass.: Hendrickson, 1992), maar in werkelijkheid drukten we alleen uit wat Paulus en zijn gemeenten volgens ons ervoeren: dat God van ons houdt, hoewel het oppervlakkig gezien soms anders lijkt. Het was ook onze beleving van de Heilige Geest, die de liefde van God in onze harten uitstortte, die ons daarvan zo zeker maakte.
10. Zie voor een complete lijst van relevante teksten (die in *GEP* allemaal zijn geanalyseerd): *GEP*, p. 48, n. 39.

Hoofdstuk 5

# Het begin van het einde

## De Geest als bewijs van de 'aanwezige toekomst'

*De aanwezigheid van God door de Geest maakt de gelovigen tot een door-en-door eschatologisch volk, dat, in afwachting van de voleinding, het leven van de toekomst al leidt in het heden.*

Kort geleden vroeg een van de studenten op een koffie-uurtje op Regent College aan mij: 'Als u zou terugkeren naar de pastorie, wat zou u dan doen?' (Hij bedoelde: hoe zou u het aanpakken? Waar zou u de nadruk op leggen?) Mijn antwoord kwam direct: 'Hoe lang het ook zou kunnen gaan duren, ik zou met alle macht proberen om de plaatselijke gelovigen iets terug te geven van het zelfbeeld van de nieuwtestamentische gemeenten, die zichzelf zagen als een eschatologische gemeenschap.' Ik legde uit waarom, en hoe dat er vandaag de dag uit zou kunnen zien.

'En ik heb niet de illusie dat dat makkelijk zal zijn', ging ik verder.

Wat ons waarschijnlijk het meest van de nieuwtestamentische kerk onderscheidt, is het radicaal eschatologische perspectief vanwaaruit de gelovigen toen alles wat God had gedaan door Christus en de Geest, bekeken.

Eschatologie heeft te maken met de eindtijd en verwijst in de eerste plaats naar de joodse verwachting dat God door zijn Messias een einde zal maken aan de 'huidige tijd'. Die zou worden opgevolgd door de 'komende tijd', die aangekondigd zou worden door de opstanding uit de doden en de gave van de beloofde Heilige Geest. Deze verwachting ziet er schematisch als volgt uit:

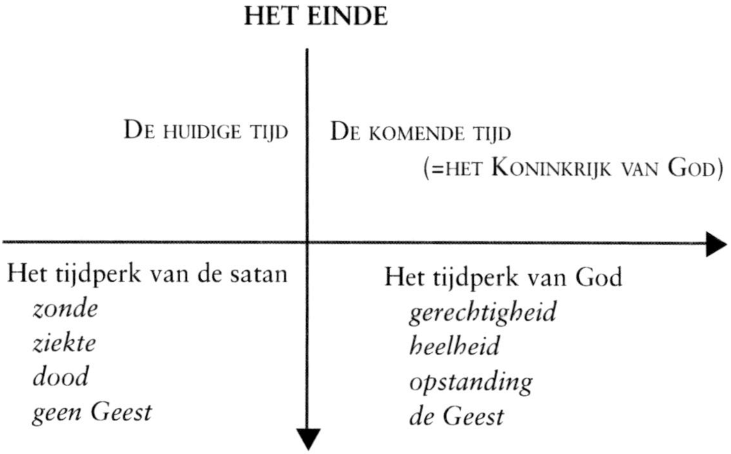


**Figuur 1**

Dit beeld van de eindtijd kreeg een bijzondere draai, die het leven van de vroege christenen in alle opzichten zou bepalen. De uitgestorte Geest was cruciaal voor die nieuwe opvatting. De eerste christenen geloofden dat de vervulling van de beloften uit het Oude Verbond was begonnen met het werk van Christus en hun ervaring van de Geest. In hun visie leefden ze al in het begin van de eindtijd. Dit nieuwe perspectief – dat allesbepalend voor hen was – ziet er schematisch uit als in figuur 2.

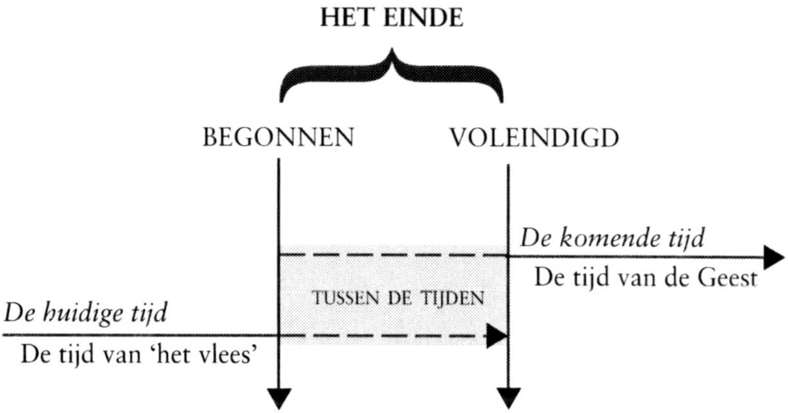


**Figuur 2**

De eerste aanleiding voor dit nieuwe perspectief was Jezus' eigen verkondiging van het Koninkrijk – als een voorhanden zijnde realiteit, al lag de gebeurtenis zelf nog in de toekomst. Het waren echter de opstanding van Christus en de gave van de beloofde Geest die de opvattingen van de vroege kerk totaal veranderden, niet alleen over Jezus maar ook over het volk van God. In plaats van de verwachting van hun joodse voorouders, dat de eindtijd iets was wat nog moest gebeuren, zagen de eerste gelovigen dat de toekomst al in gang was gezet. De opstanding van Christus markeerde het begin van het einde, het keerpunt der tijden. Het einde was echter alleen nog maar net begonnen. Ze waren nog steeds in afwachting van de beslissende gebeurtenis, de tweede komst van hun Messias Jezus, waarbij ze de opstanding en transformatie van hun lichaam zouden beleven. Ze leefden 'tussen de tijden'; *nu reeds* was de toekomst begonnen, maar *nog niet* volkomen vervuld. Dit *nu reeds/nog niet*-perspectief, waarin zij zichzelf zagen als reeds in het einde der tijden levend, hoewel de tijd nog voleindigd moest worden, is het eschatologische kader dat allesbepalend was: voor hun levenswijze, hun denken, en hun opvatting over hun eigen plaats in een wereld die volgens hen ten einde liep.

## Het eindtijdperspectief van Paulus

Dit nieuwe perspectief op de eindtijd[1] bepaalt Paulus' theologische zienswijze: hoe hij denkt en spreekt over Christus, verlossing, de kerk, ethiek, het heden, de toekomst en andere zaken. Dit is zowel expliciet als impliciet merkbaar, en dat laatste in een grote variatie. Zo zegt hij tegen de Korintiërs (1 Kor 10:11)'... ons, over wie het einde der eeuwen *gekomen is*.' Bij een andere gelegenheid vertelt hij hun dat de dood en opstanding van Christus al een oordeel betekenen voor de huidige tijd (2 Kor 5:14-15), die 'bezig [is] te verdwijnen' (1 Kor 7:31). Met de komst van Christus is een nieuwe orde aangebroken; alle dingen zijn nieuw geworden (2 Kor 5:17). Het is niet langer mogelijk om de dingen te bezien vanuit het perspectief van het 'vlees', dat wil zeggen vanuit de oude orde. De dood en opstanding van Christus en de gave van de Geest betekenen zowel de dood van het oude als een radicaal nieuw gevormd leven in het heden. Voor Paulus is de verlossing in Christus daarom een fundamenteel eschatologische realiteit. Dit betekent allereerst dat Gods definitieve verlossing van zijn volk al had plaatsgevonden in Christus. In een soort goddelijke 'tijdsverschuiving' is de toekomstige veroordeling die wij allen ten volle verdienen, van de toekomst overgebracht naar het verleden, en ondergaan door Christus (Rom 8:1-3). Daarom zijn wij 'behouden' (Ef 2:8). Omdat onze uiteindelijke verlossing nog niet helemaal verwerkelijkt is, kan hij er ook over spreken als iets dat op dat moment aan de gang was ('die behouden worden' 1 Kor 1:18) of als iets dat nog voltooid moet worden ('zullen ... behouden worden', Rom 5:9). De 'verlossing' is zowel al aanwezig (Ef 1:7) als toekomstig (Ef 4:30). Dat geldt ook voor ons 'zoonschap' (Rom 8:15 en 23) en de rechtvaardiging uit het geloof (dat is de gave van de gerechtigheid, Rom 5:1 en Gal 5:5).

Door dit kader ziet Paulus de kerk als een eindtijd-gemeenschap, waarvan de leden in het heden leven, maar gewaarmerkt zijn met de eeuwigheid. Wij leven als vreemden op deze aarde (Fil 3:20). Ethisch leven doen we daarom niet door aan een stelsel van leefregels te gehoorzamen. Gesteund door de Geest leven we nu, in het heden, het leven van de toekomst, het leven dat God zelf karakteriseert. Dat is de reden dat Paulus bijvoorbeeld zaken uit de eindtijd aanvoert als reden voor de gelovigen om niet hun recht te zoeken voor wereldse rechtbanken (1 Kor 6:1-4). Hun hemelse burgerschap maakt van hun klachten onbenulligheden. Zij zouden in de merkwaardige positie komen dat zij recht zoeken bij de mensen die zijzelf uiteindelijk zullen berechten.[2] Gelovigen hebben geproefd van het komende leven; de volledige en uiteindelijke verwerkelijking van de toekomst is zo zeker, dat Gods nieuwe volk 'hemelse radicalen' worden, omdat ze leven in het *nu reeds* maar *nog niet* van het heden.

Omdat dit eschatologische perspectief Paulus' visie zo diepgaand bepaalt, is onze eerste taak om te kijken naar de cruciale rol die de Geest speelt bij de 'verlossing in Christus'. We zullen dan zien hoe zijn opvattingen over de Geest zijn levenstaak, namelijk het binnenhalen van de heidenen in het volk van God, beïnvloeden.

## De Geest als bewijs en garantie voor de toekomst

Paulus ontleende zijn *nu reeds/nog niet* perspectief aan twee ervaringen uit het begin van zijn leven in Christus: zijn ontmoeting met de opgestane

Christus op weg naar Damascus ('Ik heb de Heer gezien', vertelt hij de Korintiërs) en het ontvangen van de Geest. In de tijd dat hij nog geen christen was, waren de opstanding uit de dood en de gave van de Geest de twee belangrijkste gebeurtenissen die het einde der tijden aangaven. Ze waren beide nu in gang gezet.

Vanuit zijn joodse wortels zag Paulus de opstanding uit de dood als de laatste en beslissende gebeurtenis op Gods aardse kalender, het onomstotelijke bewijs voor het volkomen aanbreken van de eindtijd.[3] Voor Paulus had de opstanding al plaatsgevonden toen Christus was opgestaan uit de dood, waarbij Hij de aanzet gaf tot de uiteindelijke overwinning op de dood en onze opstanding garandeerde. De opstanding van Christus maakt onze opstanding zowel noodzakelijk als onontkoombaar. Onontkoombaar, omdat zijn opstanding de eerste stap, de eersteling was die het hele proces in werking zette. Noodzakelijk, omdat de dood niet alleen onze vijand is, maar ook die van de God die leven geeft aan al wie leeft (1 Kor 15:20-28). Gelovigen leven daarom wat de twee opstandingen betreft tussen de tijden. We zijn al 'opgestaan met Christus', en dat garandeert onze toekomstige lichamelijke opstanding (Rom 6:4-5, 8:10-11).

De gave van de Geest is het finale bewijs dat de beloften van God voor de eindtijd zijn vervuld. Paulus kan noch zijn ervaring van de Geest, noch zijn perceptie van die ervaring los zien van het perspectief van de vervulde belofte en de verlossing als *nu reeds/nog niet*. Vanuit zijn joodse wortels zag hij heel goed dat de Geest deel uitmaakte van de belofte voor de toekomst. Zoals in hoofdstuk twee al werd gezegd, gaven Jeremia en Ezechiël een eschatologische achtergrond aan de beloften van het Nieuwe Verbond. Dit perspectief werd een vast onderdeel van de latere joodse eindtijdverwachtingen op basis van Joël 2:28-30: 'Daarna zal het geschieden, dat Ik mijn Geest zal uitstorten op al wat leeft.'

Dit is de reden dat de Geest zo cruciaal is voor Paulus' visie op het christelijke bestaan. De gave van de uitgestorte Geest betekende dat het messiaanse tijdperk al was begonnen. De Geest is dus het centrale element in zijn veranderde perspectief,[4] waarvan de sleutel is dat de Geest zowel het zekere bewijs is dat de toekomst al is aangebroken, als een absolute garantie voor de uiteindelijke voleinding.

*De Geest als onderpand, eerste gave, en zegel*

De tweevoudige rol van de Geest (bewijs van, en garantie voor de toekomst) komt op verschillende manieren naar voren in de brieven van Paulus; het duidelijkst in de drie metaforen voor de Geest die alleen door hem worden gebruikt. Die zijn: de Geest als onderpand, als eerste gave, en als zegel. Alle drie de metaforen zijn uiterst toepasselijk. Ze kunnen de Geest aanduiden als het huidige bewijs van toekomstige dingen, als de garantie voor de uiteindelijke heerlijkheid, maar ook als allebei tegelijk.

1. De metafoor onderpand, die drie keer voorkomt (2 Kor 1:21-22; 5:5; Ef 1:14) wordt in het Nieuwe Testament uitsluitend gebruikt door Paulus, en Paulus gebruikt haar uitsluitend voor de Geest. Het woord komt vaak voor in Griekse handelspapyri als aanduiding van de eerste betalingstermijn (vandaar onderpand).[5] Als zodanig is het zowel een bevestiging van de contractuele verplichting als een garantie voor het nakomen ervan. Voor Paulus dient deze metafoor daarom in drie gevallen om het *nu reeds* en het *nog niet* van onze huidige staat aan te geven.

Dit wordt met name duidelijk in Efeziërs 1:14, waar Paulus de 'Heilige Geest der belofte' het 'onderpand van onze erfenis' noemt. Men kan het aan deze woorden ten grondslag liggende *nu reeds/nog niet* nauwelijks over het hoofd zien. Aan de ene kant komen het 'Heilige Geest der belofte' en 'onze erfenis' rechtstreeks voort uit de eschatologische verwachtingen van de joodse traditie. Aan de andere kant is deze 'vervulde belofte' ook de garantie voor onze toekomstige erfenis. De Geest dient daarom als Gods onderpand in ons leven, het zekere bewijs dat de toekomst het heden is binnengedrongen, en de stellige garantie dat de toekomst helemaal werkelijkheid zal worden.

2. Ook de metafoor van de eerste gave (van een oogst) of eersteling, die Paulus in Romeinen 8:23 gebruikt, toont de rol van de Geest in het veranderde eschatologische perspectief van Paulus goed aan. Deze metafoor, die daarvoor werd gebruikt voor de opstanding van Christus als de garantie voor onze eigen opstanding (1 Kor 15:20, 23), weerspiegelt op een speciale manier de spanning tussen ons huidige bestaan als *nu reeds/nog niet* en de garantie voor onze zekere toekomst.

Vooral de bredere context van Romeinen 8:14-30 is het bestuderen waard. Met de Geest in een leidende rol roert Paulus in de verzen 15-17 het dubbelthema aan van onze huidige positie als kinderen (die daardoor met Christus mede-erfgenamen zijn van de heerlijkheid van de Vader) en de zwakte en het lijden in ons huidige bestaan in afwachting van die heerlijkheid. Dit zijn de twee thema's die in de verzen 18-27 worden voortgezet. Door de Geest zijn we al aangenomen als Gods kinderen, maar wat er *nu reeds* is, is er tegelijkertijd *nog niet*. Daarom verwachten wij door dezelfde Geest, die voor ons als eerste gave of eersteling fungeert, onze definitieve aanname als kinderen, in de vorm van de verlossing van ons lichaam. De eerste schoof koren is Gods belofte aan ons van de uiteindelijke oogst. Daarom speelt de Geest een sleutelrol in ons huidige bestaan, als bewijs en garantie dat de toekomst er al is én nog moet komen.

3. De derde metafoor, zegel, komt drie keer voor als directe verwijzing naar de Geest (2 Kor 1:21-22, Ef 1:13, 4:30). Letterlijk heeft een zegel betrekking op een stempel in was of klei, dat het eigenaarsschap of de echtheid aanduidt, en de garantie van de eigenaar met zich meedraagt. In Efeziërs 1:13 en 4:30 is het zegel een metafoor voor de Geest, door wie God zijn gelovigen met een teken als zijn eigendom heeft aangemerkt.

In tegenstelling tot onderpand is dit beeld niet specifiek eschatologisch. Toch is deze ondertoon duidelijk aanwezig, met de nadruk ofwel op het heden, of op de toekomst. In 2 Korintiërs 1:21-22 dient de gave van de eschatologische Geest in het leven van de Korintiërs als zegel, dat hen zowel aanduidt als Gods eigendom als dat het het apostelschap van Paulus legitimeert. Zo bestempelt God de heidense ontvangers van de brief aan de Efeziërs in vers 1:13 als zijn eigendom, door hen te verzegelen met de Heilige Geest. Tegelijkertijd wordt de garantie voor de toekomst in deze metafoor expliciet uitgedrukt in Efeziërs 4:30 ('door wie gij verzegeld zijt *tegen de dag der verlossing*').

Deze metaforen dienen voor ons als uitgangspunt bij het doordringen in Paulus' denkwereld. De Geest is het bewijs dat de eschatologische beloften van het joodse erfgoed van Paulus vervuld zijn. Tegelijkertijd maakt de Geest als Gods krachtgevende aanwezigheid het Gods volk mogelijk om niet alleen in afwachting van de voleinding het heden te doorstaan, maar om dat ook met verve ('geest'driftig, als u wilt) te doen. Dat is mogelijk omdat de toekomst net zo zeker is als de aan den lijve ervaren aanwezigheid van de Geest. Vandaar het belang van het dynamische en wezenlijke karakter van de komst van de Geest in het leven van de gelovige en de kerk.

*De Geest en de opstanding*

Wat vooral naar voren komt bij de '*nog niet*-kant' van Paulus' eschatologie is de lichamelijke opstanding van de gelovigen. Ook hier zien we weer dat de Geest een beslissende rol speelt in Paulus' opvattingen. Die rol is echter niet, zoals soms wordt beweerd, alleen maar uitvoerend.[6] De inwonende Geest dient als het goddelijke onderpand van onze toekomstige lichamelijke opstanding. Dat wil zeggen dat de Geest onze opstanding niet *tot stand* brengt, maar *garandeert*. Omdat de uiteindelijke opstanding plaatsvindt in het domein dat boven alles wordt gekarakteriseerd door de aanwezigheid van de Geest, ziet Paulus een nauw verband tussen de Geest en de natuur van het opgestane lichaam. Hierover moeten een paar dingen worden opgemerkt.

Ten eerste: zowel de opstanding van Christus als die van ons, wordt altijd uitgedrukt als een handeling van God, en soms toegeschreven aan Gods macht.[7] De duidelijkste uitdrukking van de rol van de Geest hierbij is te vinden in Romeinen 8:11. Paulus zegt hier *niet* zoals sommigen willen lezen: '...indien de Geest die Christus heeft opgewekt in u woont,' maar: '... indien de Geest *van Hem* (God), die Jezus uit de doden heeft opgewekt, in u woont'. Paulus wil zeggen dat als de Geest in ons woont – dat wil zeggen de Geest van dezelfde God die Christus heeft opgewekt – dan zegt dat iets belangrijks over onze eigen toekomst. De aanwezigheid in *ons leven* van de Geest van de God die Christus heeft opgewekt, garandeert ook het toekomstige leven van onze sterfelijke lichamen, hoewel ze nog steeds voorbestemd zijn ten dode (vers 10).

Paulus voegt hier nog een frase aan toe die in twee verschillende vormen is overgeleverd. De ene, die overgenomen is door de NBG, luidt vertaald in het Nederlands: 'door zijn Geest die in u woont'. Hoewel deze lezing duidelijk spreekt van bemiddeling, is die aantoonbaar secundair.[8] Zowel de handschriften als het eerste beginsel van de tekstkritiek (namelijk dat de versie die het beste verklaart hoe de andere variant is ontstaan, de juiste is) ondersteunen een versie die luidt: 'vanwege de Geest die in u woont.'

Het gaat er Paulus kort gezegd om dat wij er zeker van kunnen zijn dat onze lichamen, hoewel ze voorbestemd zijn voor de dood, weer leven zullen ontvangen, *vanwege* de Geest die in ons woont. Uit dit tekstgedeelte blijkt, zoals uit alle teksten over dit onderwerp, dat de Geest onze toekomst, inclusief de lichamelijke opstanding, garandeert.

Dat is ook de duidelijke betekenis van de metaforen onderpand in 2 Korintiërs 5:5 en eerste gave in Romeinen 8:23. In beide gevallen geven deze metaforen aan dat de aanwezigheid van de Geest in onze levens de zekere garantie is dat wij het 'zoonschap: de verlossing van ons lichaam' zullen verwerven. Hoewel er weinig op tegen is om de Geest de functie van bemiddelaar toe te kennen bij deze verwerkelijking van de toekomst, bedoelt Paulus toch iets anders, namelijk dat de Geest zowel het bewijs als de garantie is voor de toekomst, inclusief de uiteindelijke totstandkoming van die toekomst.

Dit leidt tot een tweede opmerking, namelijk over het karakter van onze verloste lichamen, omdat Paulus in 1 Korintiërs 15:44-48 erop staat ze 'geestelijke lichamen' te noemen. Deze uitdrukking verwijst niet naar hun substantie, hoewel Paulus ze wel wilde afzetten tegen onze huidige lichamen die bestaan uit materiële substantie.[9] In plaats daarvan wil hij ons huidige bestaan tegenover het hemelse plaatsen. Het toekomstige lichaam is 'bovennatuurlijk,' geschikt voor het uiteindelijke leven met de Geest, ongehinderd door de huidige zwakheden.

Als zijn woorden niet worden bepaald door zijn opponenten uit Korinte, spreekt Paulus over de twee modi van ons lichamelijke bestaan als het 'vernederd lichaam' dat God zal veranderen zodat het gelijkvormig wordt aan 'zijn [Christus'] verheerlijkte lichaam' (Fil 3:21). Het 'verheerlijkte lichaam' is zijn Geestelijke lichaam, het lichaam dat bovennatuurlijk getransformeerd is om te bestaan in het uiteindelijke domein van de Geest. De verlossing van het lichaam heeft dus te maken met de verandering van het huidige lichaam in een 'Geestelijk lichaam', een totale transformatie waardoor het helemaal ingericht is voor het leven dat nog komt, en waarvoor de aanwezigheid van de Geest de garantie is.

Tenslotte merken we nog op dat de levensbeschouwing van Paulus niet doortrokken is van het Griekse dualisme tussen lichaam en geest. De Grieken beschouwden het lichaam als een tweederangs omhulsel van de geest, dat werd geminacht en onderdrukt, en afgeworpen zou worden als de gelovige het ware inzicht had bereikt. Blijkbaar waren dit ook de opvattingen van de Korintiërs, die Paulus in zijn brieven aan hen twee keer bestrijdt.

Voor hen betekende leven in de Geest een vorm van extase, een leven dat bevrijd was van lichamelijke zwakheden, een bewijs dat men eindelijk verlost was van het aardse bestaan in zijn geheel. Voor Paulus betekende de Geest echter de kracht om te leven mét die lichamelijke zwakheden en een lichaam dat onderhevig was aan verval. Daarom bevestigt hij in 2 Korintiërs 5:5 nog eens zijn opvattingen uit 1 Korintiërs 15:35-58, dat de aanwezigheid van de Geest betekent dat deze vergankelijke lichamen ook gewaarmerkt zijn met eeuwigheid; ze zijn voorbestemd voor de opstanding en de transformatie tot een lichaam dat gelijkvormig is aan het verheerlijkte lichaam van Christus. Volgens Paulus heeft God ons 'daartoe bereid'. De Geest, waarvan de Korintiërs een triomfalistische opvatting hebben (ze beschouwen de Geest als iets wat hen boven de aardse zorgen en problemen verheft), is volgens Paulus de garantie, het onderpand van God, dat onze aardse lichamen voorbestemd zijn voor een Geestelijke (verheerlijkte) toekomst.

De strekking van deze tekst moeten we telkens weer laten horen bij extreme vormen van het hellenistische dualisme, dat het lichamelijke ontkent ten gunste van de ziel. God heeft ons als complete mensen gemaakt, en Hij heeft ons in Christus ook geheel verlost. In de christelijke visie is er geen tweedeling tussen lichaam en geest, die zou kunnen leiden tot hetzij toegeven aan het lichamelijke (omdat het toch niet van belang is), hetzij het kastijden van het lichaam om de ziel te zuiveren.

Deze heidense visie op het lichamelijke is op een subtiele manier binnengeslopen in de christelijke theologie. Dat uit zich bijvoorbeeld in de neiging die sommigen hebben om 'zielen te redden' en daarbij de materiële noden over het hoofd te zien. Niet de onsterfelijkheid van de ziel, maar de opstanding van het lichaam is het christelijke geloofsgetuigenis, dat gebaseerd is op de openbaring uit het Nieuwe Testament. Deze overtuiging leidt niet tot plat materialisme, maar tot een 'holistische' opvatting van verlossing. Deze wordt ondermeer gesteund door de scheppingsleer – de lichamelijke en de geestelijke orde zijn beide goed omdat God beide heeft geschapen – en door de verlossingsleer, volgens welke de *hele* gevallen schepping, dus inclusief het lichaam, in Christus is verlost en in afwachting is van de definitieve verlossing. Het duidelijke bewijs dat het lichaam ook ingesloten is bij die definitieve verlossing, is de aanwezigheid van de Geest, die ons niet leidt naar een valse, hellenistische spiritualiteit, maar naar een bijbelse visie zoals hierboven wordt beschreven.

## De Geest en de heidenzending

Gedeeltelijk als voorbereiding op het volgende hoofdstuk moeten we tot slot nog even stilstaan bij de rol van de Geest in Paulus' werk: de beloofde aansluiting van de heidenen bij het eschatologische volk van God, iets wat hij zag als zijn levenstaak. Op basis van het werk van Christus en de uitstorting van de Heilige Geest vormen niet-joden en joden samen één volk van God, en zijn zij niet meer gebonden aan de Tora; dat is de achtergrond van het meningsverschil in Galatië en Rome, en – onuitgesproken – in Efeze. Het duidelijkst komt dit naar voren in Romeinen 15:5-13, waar de theologische discussie in deze brief wordt afgerond. De eschatologische beloften van God ten aanzien van de heidenen, uitgedrukt in de oudtestamentische teksten die Paulus aanhaalt in de verzen 9-12, worden vervuld als joden en niet-joden 'eendrachtig uit één mond de God en Vader van onze Here Jezus Christus [...] verheerlijken.' De rol van de Geest in deze vervulling is cruciaal in het betoog in Romeinen en wordt elders uitdrukkelijk geformuleerd in twee sleutelpassages.
De belangrijkste in dit verband is Galaten 3:14, waar de belofte van de Geest wordt vergeleken met de zegen van Abraham, hoewel in de oudtestamentische tekst de Geest niet genoemd wordt. Omdat de zegen van Abraham de vorm had van een belofte, gebruikt Paulus dit woord in het betoog in Galaten 3 telkens als verwijzing naar de zegen van het verbond met Abraham. Een voor dit betoog cruciale stelling van Paulus is dat de vervulling van deze beloofde zegen voor de heidenen bestaat uit het door hen ervaren van de Geest als een levende en dynamische realiteit. De zegen van Abraham is daarom niet simpelweg 'rechtvaardiging door geloof', maar heeft betrekking op het leven van de toekomst, dat nu zowel voor joden als heidenen beschikbaar is. Het is verworven door de dood van Christus, maar wordt in praktijk gebracht door het dynamische werk van de Geest – door het geloof.
Ook in Efeziërs 1:13-14, waar Paulus zijn heidense lezers rechtstreeks aanspreekt, verzekert hij hen ervan dat ook zij verzegeld zijn door God als zijn eigendom, door hen de 'Heilige Geest der belofte' (de Heilige Geest die aan Israël beloofd was) te geven. Door datzelfde teken garandeert God ook dat jood en heiden dezelfde erfenis zullen krijgen, omdat de Geest Gods onderpand is voor onze (joden en heidenen samen) erfenis. Met een subtiele en betekenisvolle verschuiving in voornaamwoor-

den beweegt Paulus zich van 'wij' (de joden) die het erfdeel hebben ontvangen, naar 'gij' (de heidenen) die verzegeld zijn met de 'Heilige Geest der belofte', weer terug naar de Geest als Gods onderpand voor 'onze' (joden en heidenen samen) uiteindelijke erfenis.

Dit is eschatologisch taalgebruik. De Geest als vervulling van de belofte bevestigt dat Gods toekomstige verlossing nu aangebroken is. Joden en heidenen hebben samen het erfdeel ontvangen, waarop ze nu geduldig wachten. Ergens anders zegt Paulus: ' ... niet hij is een jood, die het uiterlijk is' (Rom 2:28). Ook de ware besnijdenis (die Gods volk als zodanig identificeert) is geen kwestie van het afsnijden van de voorhuid, maar is 'naar de Geest, niet naar de letter.' Ook dit heeft voor Paulus te maken met een eschatologische vervulling, in dit geval van Deuteronomium 30:1-6, waar de belofte wordt gedaan van een vernieuwd volk wier harten God zal besnijden.

Dit geldt ook voor de woorden van hoop. In Efeziërs 4:1-3 wil Paulus dat zijn lezers 'de eenheid des Geestes' (van joden en heidenen als het ene volk van God) bewaren. In vers 4 voegt hij daar aan toe dat dit ene lichaam, dat wordt gevormd door de ene Geest, ook leeft in de 'ene hoop uwer roeping', omdat de heidenen door de Geest met de joden medeerfgenamen zijn van de uiteindelijke erfenis (1:13-14). En in Romeinen 15:13 stelt Paulus vast dat Christus de vervulling is van Jesaja 11:10 (Hij is degene op wie de heidenen nu hun hoop stellen) waarna hij bidt dat zijn voornamelijk heidense lezers 'overvloedig zijn' in de hoop, 'door de kracht des Heiligen Geestes'. De Geest is zo de sleutel tot de *huidige vervulling* van de *eschatologische* opname van de heidenen in het volk van God.

Op grond van al deze tekstbewijzen en die uit hoofdstuk 2, mogen we concluderen dat de Geest de sleutel is tot de toekomstverwachting van Paulus en de vroege kerk. Door de aanwezigheid van de Geest hebben de gelovigen kunnen proeven van het leven dat zal komen, en zijn ze gericht op de voleinding. 'Want in die hoop zijn wij behouden', zegt Paulus tegen de Romeinen (8:24); door de kracht van de Geest zijn wij 'overvloedig in de hoop' (Rom 15:13). En voor de eerste christenen was 'hoop' een vervuld woord, dat wil zeggen dat het niet zozeer een wens uitdrukte, als wel absolute zekerheid.

Ondanks de aanwijzingen van het tegendeel neemt deze zekere en vurig verwachte toekomst bij Paulus niet de eerste plaats in. Die is gereserveerd voor de Geest als de demonstratie dat die toekomst nu al in gang is gezet. Dit zien we met name in het kernpunt van zijn theologie: God heeft door Christus en de Geest al een volk voor zijn naam bijeen geroepen, dat in het huidig bestaan gezamenlijk het leven van de toekomst zal leiden, in afwachting van de voleinding.

## Noten

1. Het standaardwerk over deze kwestie is: G. Vos, *The Pauline Eschatology* (1930; herdruk Grand Rapids: Baker, 1979), met name p. 1-61. Dit boek was zijn tijd ver vooruit.
2. Voor een volledige behandeling van deze tekst en het eschatologische kader dat de reactie van Paulus bepaalde, zie Fee, *The First Epistle to the Corinthians* (NICNT, Grand Rapids: Eerdmans, 1987) p. 228-248.
3. Dat Paulus dit perspectief nooit uit het oog verloor, wordt het duidelijkst aangetoond in 1 Kor 15:20-28. Als Christus de gelovigen opwekt uit de dood, betekent dat het einde van de dood zelf. Christus zal dan alles aan de Vader, die alles in allen is, overdragen. Zie Fee, *1 Corinthians*, p. 746-760.
4. F.F. Bruce noemt dit in *The Epistle to the Galatians* (NIGTC, Grand Rapids: Eerdmans, 1982, p. 232) terecht het meest uitgesproken kenmerk van Paulus' leer van de Heilige Geest.
5. Zie J. H. Moulton en G. Milligan, *The Vocabulary of the Greek Testament Illustrated from the Papyri and Other Non-Literary Sources* (Londen: Hodder & Stoughton, 1914-1930) p. 79; vgl. de behandeling van 2 Kor 1:21-22 in *GEP* 287-296.
6. Hoewel aan deze visie theologisch niets problematisch is, en dat inderdaad zo zou kunnen zijn, kan iets dergelijks niet worden afgeleid uit wat Paulus expliciet zegt. Voor de tegengestelde mening en de tegenargumenten, zie *GEP* p. 553-554 en p. 808-810.
7. Zie 1 Tes 1:10; 1 Kor 6:14, 15:15; 2 Kor 4:14, 13:4; Gal 1:1; Rom 4:24, 6:4, 8:11, 10:9; Kol 2:12, Ef 1:20 en de teksten waarin de opstanding van Christus wordt uitgedrukt in een goddelijk passivum (1 Tes 4:14, 1 Kor 15:12, 20; 2 Kor 5:15; Rom 4:25, 6:9, 7:4, 8:34).

8. Zie over deze kwestie *GEP*, p. 543, n. 205 en 552, n. 231 over Rom 8:10-11.
9. Voor de exegetische fundering van deze uitspraak: *GEP*, p. 263-271.

Hoofdstuk 6

# Een volk voor zijn naam

## De Geest en het volk van God

*Voortbordurend op het werk van Christus roept de Geest een nieuw samengesteld volk van God in het leven, waarvan Hij een volk voor zijn naam maakt.*

Iemand zit thuis alleen voor de televisie. Hij kijkt naar een christelijke zender waarop een preek te zien is en wordt opgeroepen om tot geloof te komen. Hij reageert door 'Christus te aanvaarden'. De enige kerk die deze persoon bezoekt is echter die van de televisie. Een binding met een plaatselijke groep gelovigen heeft hij niet. De vraag luidt: is deze persoon gered? Ik zou zeggen: dat weet God alleen, maar deze manier van verlossing valt geheel buiten het referentiekader van het Nieuwe Testament.[1]
Tot het moderne 'trinitarisme' behoort naast het relativisme en secularisme zeker ook het individualisme. Aansluitend bij het belang dat in de Bijbel aan het individu wordt gegeven, maar toegesneden op een niet-bijbels, materialistisch wereldbeeld, leidde de Verlichting tot een totaal individualistische visie op het bestaan in het moderne westen, een visie die nog nooit zo overheersend is geweest als vandaag de dag. Het individu is alles; het ondergeschikt maken van individuele belangen aan het algemeen belang is bijna een moderne ketterij, die ten koste van alles bestreden moet worden. Het individu is god; narcistisch eigenbelang en egocentrisme zijn het belangrijkste in het leven.
Helaas heeft met name het Noord-Amerikaanse christendom, dat de bijbelse nadruk op de betekenis van het individu onderkende, zich ook enigszins laten meeslepen door de maatschappelijke variant van deze nadruk. Dit is zo sterk het geval dat elke verwijzing naar de bijbelse nadruk op het volk van God als een gemeenschap van gelovigen wordt beschouwd als een bedreiging van onze betekenis als individuen. De vi-

sie van Paulus is echter geheel anders.
We hebben al opgemerkt dat Paulus' opvatting van verlossing in Christus zowel continuïteit als discontinuïteit kent ten opzichte van zijn joodse wortels. Continuïteit, het onderwerp van dit hoofdstuk, zien we in het verlangen van God om 'een volk voor zijn naam'[2] te vergaderen, een volk dat het verbond met Abraham zal vervullen (Gen 12:2-3). Discontinuïteit, het onderwerp van het volgende hoofdstuk, zien we in het feit dat het volk van God niet langer een 'nationale' grondslag heeft, maar gebaseerd is op individuele toetreding door geloof in Christus Jezus en de gave van de Heilige Geest, gesymboliseerd door de doop[3].
Paulus kan er niets aan doen: zijn aandacht en zorg zijn altijd gericht op het volk als geheel. Hoewel iedereen individueel toetreedt wordt verlossing zelden of nooit gezien als een een-op-een verhouding met God. Uiteraard is een een-op-een verhouding met God inbegrepen, maar verlost zijn betekent vooral deel-zijn van het volk van God. Wat dit betreft had de derde-eeuwse kerkvader Cyprianus gelijk: er is geen redding buiten de kerk, omdat God een *volk* wil redden voor zijn naam, niet een als los zand aan elkaar hangende groep individuen. Daarom zullen we ons nu bezighouden met het belangrijkste doel van de verlossing: leden van een eschatologisch volk zijn, die tezamen nu al het leven van de toekomst leiden in afwachting van de voleinding.

## Paulus en het volk van God

De aanspreekvorm die Paulus het meest gebruikt voor de geadresseerden van zijn brieven is 'heiligen'. Dit betekent niet dat het uitzonderlijke christenen waren, zoals de heilige Franciscus, of zoals je van iemand zegt: 'Mijn tante Betty is een echte heilige.' Paulus bedoelt simpelweg het volk van God in een bepaalde stad of regio. Met deze omschrijving gebruikt hij doelbewust een term voor Gods volk uit zijn joodse erfgoed: 'heiligen' verwijst naar het 'heilige volk' van God – uitverkoren, vrijgekocht en nu verzameld voor God bij de Sinai om zijn plan met de wereld uit te voeren (Ex 19:5-6). Hetzelfde woord wordt weer gebruikt in het eschatologische visioen in Daniël 7:18 voor de 'heiligen des Allerhoogsten', die 'het koningschap zullen bezitten tot in eeuwigheid'. In de visie van Paulus is dit visioen vervuld door Christus en de Geest.

Zo zijn alle woorden die Paulus gebruikt als aanduiding van het nieuw gevormde volk van God afkomstig uit het Oude Testament. Ze zijn Gods 'volk'[4] omdat ze door God 'verkoren'[5] zijn. Zij die leven volgens de regel van 'noch besneden zijn, noch niet-besneden zijn', zijn het 'Israël Gods' (Gal 6:16) – en alleen zij. De meest voorkomende aanduiding is 'de kerk' (*ekklesia*), een begrip dat Paulus ontleende aan de Septuaginta, die het woord *ekklesia* vaak gebruikt als vertaling van het Hebreeuwse *qahal*, dat meestal staat voor 'de vergadering van Israël'. Dit overvloedige gebruik van volk-terminologie maakt duidelijk dat Paulus de kerk niet alleen zag als in één continue lijn met het oude verbondsvolk, maar ook als de ware opvolger van dat volk.

Een van de essentiële elementen van die continuïteit is de gemeenschapsvorm van Gods volk. God koos geen individuele Israëlieten uit om een verbond mee te sluiten, maar een *volk* dat zijn naam zou dragen en er zou zijn tot zijn doel. Hoewel individuele Israëlieten hun positie in Israël konden verspelen, had dit geen invloed op Gods plannen met het volk als zijn volk. Dit ging zelfs nog op toen de meerderheid verstek liet gaan en het volk teruggebracht was tot een 'rest'. Dit restant was echter nog steeds Israël: uitverkoren, bemind en verlost door God.

Dit is ook het gezichtspunt van Paulus. Hoewel iedereen individueel toetreedt, is de kerk als geheel het object van Gods verlossende werk in Christus. God kiest en verlost een volk voor zijn naam.

Misschien zijn de duidelijkste illustraties daarvan wel twee passages uit 1 Korintiërs (5:1-13 en 6:1-11). Paulus spreekt daar over tamelijk ernstige zonden van bepaalde individuen. In beide gevallen richt Paulus zijn zwaarste geschut niet op de individuele zondaren, maar op de gemeente, omdat die er niet mee wist om te gaan. In 5:1-13 wordt de man niet eens aangesproken – hij moet simpelweg uit hun midden worden verwijderd – terwijl zijn partner helemaal niet wordt genoemd. Alles wordt de gemeente aangerekend: aan de ene kant haar arrogantie en aan de andere kant dat zij verzuimde om op te treden.

Zo ook in 6:1-11. In dit geval richt Paulus zich uiteindelijk rechtstreeks tot de klager (vv 7-8a) en zijn pleitbezorger (vv 8b-11), maar pas nadat hij de gemeente de les heeft gelezen, omdat zoiets kon gebeuren in Gods eschatologische gemeenschap zonder dat er tegen werd opgetreden. Waar het in deze gevallen om gaat is de kerk zelf en haar rol als Gods vrijgekochte en verloste alternatief voor de stad Korinte.

Het belang dat Paulus hecht aan het feit dat God een volk wil redden voor zijn heerlijkheid wordt verder gedemonstreerd door de frequentie van een van de gewoonste, maar vaak over het hoofd geziene uitdrukkingen bij Paulus, namelijk *allelon* (elkander). *Alles* wordt *allelon* gedaan. De gelovigen zijn leden van elkander (Rom 12:5, Ef 4:25), dienen elkaar op te bouwen (1 Tes 5:11, Rom 14:19), moeten voor elkander zorgen (1 Kor 12:25), elkander liefhebben (1 Tes 3:12, 4:9; 2 Tes 1:3; Rom 13:8), het goede najagen jegens elkander (1 Tes 5:15) elkander in liefde verdragen (Ef 4:2), elkaars moeilijkheden verdragen (Gal 6:2), vriendelijk, barmhartig, vergevingsgezind jegens elkander zijn (Ef 4:32, vgl. Kol 3:13), elkander onderdanig zijn (Ef 5:21), de ander uitnemender achten dan zichzelf (Fil 2:3, vgl. Rom 12:10), in broederliefde elkander genegen zijn (Rom 12:10) en onderling eensgezind zijn (Rom 12:16).
God verlost niet alleen individuen en maakt hen niet alleen klaar voor de hemel, maar vormt ook een *volk* temidden waarvan Hij kan wonen, een volk dat in de levens Gods leven en karakter weerspiegelt. Deze visie op verlossing zien we in alle brieven van Paulus; het duidelijkst in zijn verwijzingen naar de Geest, die een sleutelrol speelt bij het vormen van Gods volk, maar ook bij hun onderlinge betrokkenheid en hun geloofsbeleving.

## De Geest en de geloofsgemeenschap

We zullen in de volgende hoofdstukken zien dat het vernieuwende en transformerende werk van de Geest begint in het individuele leven in Christus. Hetzelfde geldt voor de geloofsgemeenschap. De gemeenschap van Gods volk heeft haar leven als één lichaam te danken aan haar gemeenschappelijke, overvloedige ervaring van de Geest. De vraag die Paulus in 1 Korintiërs 12:13 beantwoordt, is niet hoe mensen gelovig worden – hoewel dat wel inbegrepen is – maar hoe zij samen, joden en heidenen, slaven en vrijen, het ene lichaam van Christus vormen. Het antwoord van Paulus luidt dat zij allemaal gelijkelijk gedoopt zijn in één realiteit, de Geest, en allen gelijkelijk gedrenkt zijn met één en dezelfde realiteit, de Geest, om zo één lichaam in Christus te vormen.
Zo beschrijft Paulus in 2 Korintiërs 3:1-3 de gemeenschap van gelovigen als zijn aanbevelingsbrief, omdat zij 'geschreven' zijn met 'de Geest van

de levende God'. Hoewel hij andere beeldspraak gebruikt, maakt Paulus hier opnieuw duidelijk dat de Geest er verantwoordelijk voor is dat zij het volk van God in Korinte zijn geworden.

Tot stand gebracht en vormgegeven *door* de Geest, zijn deze vroege gemeenten een soort gemeenschap van de Geest geworden. Het begrip gemeenschap (*koinonia*) heeft een brede betekenis bij Paulus. Het begint als gemeenschap met God door Christus (1 Kor 1:9), die op zijn beurt de gelovigen moet brengen tot broederschap met elkaar. In de trinitarische zegenbede van 2 Korintiërs 13:14 kiest Paulus voor *koinonia* om de werking van de Geest te beschrijven. Hoewel dit begrip voornamelijk verwijst naar 'het deelhebben aan de Geest zelf' hebben ze dit deelhebben gemeenschappelijk, waardoor ook de gemeenschap die door de Geest wordt geïnitieerd en gesteund, is ingesloten. Ook in Filippenzen 2:1-4 ligt het gemeenschappelijk deelhebben aan de Geest (vgl. 1:27 'vaststaan in één Geest') gedeeltelijk ten grondslag aan Paulus' oproep tot eensgezindheid en liefdebetoon. Zo ligt de onderlinge liefde die door de Geest teweeggebracht wordt, aan de basis van een oproep aan de gelovigen in Rome om hem te steunen met hun gebeden (Rom 15:30, vgl. Kol 1:8).

Voor Paulus is het feit dat zowel joden als heidenen deel uitmaken van Gods volk het opmerkelijkste aspect van deze nieuwgevormde gemeenschap. Door de dood van Christus heeft God de oude vooroordelen aan beide kanten overwonnen (Ef 2:14-18). De verwondering van Paulus over dit aspect klinkt door de hele Efezebrief heen. De verzen 1:13-14 gaan dan ook niet over individuele bekeringen, maar Paulus verheugt zich hier omdat de heidenen ('ook gij') in Christus samen met de joden deelhebben aan Gods erfenis. Dit werd gegarandeerd door het verbazingwekkende feit dat zij de beloofde Heilige Geest hadden ontvangen als zegel en onderpand van die erfenis.

Deze door de Geest gesmede eenheid is ook waar het in Efeziërs 2:18 om draait. Zoals de dood van Christus het 'ene lichaam' mogelijk maakte doordat alles wat jood en heiden scheidde was afgeschaft, zo hebben beide nu door Christus '*in één Geest* toegang tot de Vader'. Joden en niet-joden zijn door de Geest tot één lichaam gevormd (vgl. 4:4) en doordat ze samen wonen in één Geest hebben ze gemeenschappelijk, als één volk, toegang tot de aanwezigheid van God.

## Paulus' metaforen voor de gemeenschap van de Geest

De centrale rol van de Geest in Paulus' visie op de geloofsgemeenschap komt met name tot uitdrukking in de drie belangrijkste metaforen voor de kerk: familie, tempel, lichaam. De eerste twee drukken ook de continuïteit met het Oude Testament uit.

*De familie van God*

Dit beeld, dat maar twee keer expliciet voorkomt (Ef 2:19, 1 Tim 3:15; vgl. 2 Kor 6:18) vloeit automatisch voort uit Paulus' verwijzingen naar God als de Vader, de gelovigen als broeders en zusters en de apostel als een soort huismeester (zie 1 Kor 4:1-2). De beeldspraak zelf wordt niet verder uitgewerkt. Wat belangrijk is, is de rol van de Geest als verantwoordelijke voor, en bewijs van, het feit dat de gelovigen leden worden van de familie van God.

Het beeld duikt het eerst op in Galaten 4:4-6, waar Paulus het leven onder de wet afzet tegen het leven in geloof, het leven in de Geest. Iemand die leeft onder de wet is vergelijkbaar met een zoon die nog niet volwassen is; formeel kan hij het hele landgoed wel bezitten, maar toch is hij niet beter af dan een slaaf. Gelovigen zijn geen slaven meer (ook niet van de 'wereldgeesten'), maar 'zonen'[6] met alle rechten vandien, wat wordt bewezen door hun ervaring van de Geest, met name wanneer die uit hun harten roept: '*Abba*, Vader.'[7]

Het primaire bewijs dat wij Gods 'zonen' zijn, is dat de Geest vanuit ons binnenste spreekt met de woorden van Jezus, de Zoon. De rol van de Geest wordt nog aangescherpt in de parallel in Romeinen, waar ons bewustzijn dat wij 'zonen' zijn, te danken is aan de Geest, die 'getuigt met onze geest, dat wij kinderen Gods zijn' (Rom 8:16). Paulus voegt daar nog aan toe: 'Zijn wij nu kinderen, dan zijn wij ook erfgenamen: erfgenamen van God, en mede-erfgenamen van Christus.' Ook het vaak voorkomen van *adelphoi* (broeders en zusters) in de rest van het Nieuwe Testament om 'de heiligen' aan te geven, kan het best worden verklaard op basis van de door de Geest geïnspireerde roep tot God in Jezus'eigen woorden.

*Gods tempel*

Deze metafoor, die vier keer verwijst naar de kerk,[8] werd behandeld in hoofdstuk 2. Het is een zeer toepasselijk beeld voor de Geest, omdat het verwijst naar de tempel (*naos*) in Jeruzalem, de aardse verblijfplaats van de levende God. De aanwezigheid van de Geest onder Gods nieuw gevormde volk betekent dat God weer verblijf heeft gekozen in de vergaderde gemeente. De tempel wordt gevormd *door* de Geest; zo is het ook de woning *van* de Geest. Hoewel Paulus deze beeldspraak in 1 Korintiërs 6:19 op de individuele gelovige toepast, duiden de herhaalde verwijzingen naar de gemeenschap van gelovigen op de primaire bedoelingen van Paulus.

*Het lichaam van Christus*

Met dit beeld, dat verscheidene keren opduikt in zijn brieven,[9] wijst Paulus op twee dingen: de noodzaak van eenheid en *tegelijkertijd* verscheidenheid in de geloofsgemeenschap, beide het werk van 'een en dezelfde Geest' (1 Kor 12:11).

In de eerste plaats veronderstelt en bepleit dit beeld de *eenheid* binnen het volk van God. Dat wordt volmaakt helder in Efeziërs 4. De kerk, die zowel uit joden als uit heidenen, vormt één lichaam (Ef 2:16). De kern van de vermaning die begint in 4:1 en wordt voortgezet tot aan het eind, is dat zij zich moeten beijveren om de eenheid des Geestes te bewaren (4:3). De basis voor die vermaning is God als Drie-eenheid, zoals uitgedrukt in de verzen 4-6. Dit tekstgedeelte begint met het aan elkaar verbinden van het ene lichaam en de ene Geest. Ook de zonden die opgesomd worden in de verzen 25-31 zijn 'zonden van tweedracht'. Door aan die zonden toe te geven, bedroeven zij de Heilige Geest (v. 30), die van hen één lichaam heeft gemaakt en door wiens voortdurende aanwezigheid dit lichaam tot wasdom moet komen. Daarom moeten zij vervuld worden met de Geest (5:18) om de juiste wijze van aanbidding (19-20) en goede onderlinge verhoudingen te verzekeren (5:21-6:9).

Hoewel de achterliggende bedoelingen van Paulus in 1 Korintiërs 12:12-26 anders zijn, benadrukt hij ook hier de eenheid in de Geest. De eerdere lichaam-beeldspraak in 10:16-17 en 11:29 met de verwijzing naar het brood van de tafel van de Heer, was gericht op hun behoefte aan eenheid. Als de beeldspraak terugkeert in 12:12 worden eenheid en verscheidenheid gelijkelijk benadrukt. In twee verzen (vv. 13 en 14) die beide met 'want' beginnen, voert Paulus eerst aan dat zij in hun verscheidenheid (jood, Griek, slaaf, vrije) allen één lichaam zijn vanwege de gemeenschappelijke ervaring van de Geest (v. 13). Aansluitend bij vers 14 en de toepassing daarvan (vv. 15-20), die beide de verscheidenheid van het lichaam benadrukken, dringt Paulus er in de tweede toepassing (vv. 21-26) op aan dat er geen verdeeldheid onder hen is. Dit brengen met name de door de hele brief genoemde onderscheidingen in herinnering. De Geest heeft hen tot één lichaam gemaakt; het ware Geestelijk leven zal die eenheid in stand houden.

Ook in Filippi, waar het gekrakeel en 'ijdel eerbejag' de eenheid bedreigden, vermaant Paulus zijn lezers om speciaal in de strijd tegen heidense opponenten 'vast te staan in één Geest' (1:27). Deze vermaning is gebaseerd op hun gemeenschappelijk deelhebben aan de Geest (2:1).

Eenheid in het lichaam betekent dat gelovigen 'wandelen door de Geest' niet dat zij elkaar 'bijten en vereten' (Gal 5:15-16). Het vereist ook dat een heterogene groep mensen hun diversiteit ondergeschikt maakt aan het eenheid-brengende werk van de Geest. Homogene of uniforme gemeenten en kerken liggen totaal buiten het referentiekader van Paulus. Zulke gemeenten en kerken kunnen de eenheid van de Geest waartoe Efeziërs 2 en 4 en 1 Korintiërs 12 oproepen, immers nooit in stand houden. God heeft door zijn Geest een radicaal nieuwe eschatologische gemeenschap gevormd tot *één* lichaam, dat de verschillen in ras (jood en heiden) en sociaal-economische status (slaaf en vrije) overstijgt.

Ten tweede is de Geest ook verantwoordelijk voor het in stand houden van de noodzakelijke en heilzame *diversiteit* in de kerk. Dit is het belangrijkste punt van de uiteenzetting in 1 Korintiërs 12. Het buitenproportionele belang dat de Korintiërs toekenden aan het spreken in tongen als bewijs voor een volledig uitgegroeid geloof, behoefde *theologische* correctie (hst. 12 en 13), voordat het specifieke misbruik werd gecorrigeerd (hst. 14). Daardoor keert dit thema in elke paragraaf van hoofdstuk 12 (behalve vv. 21-26) terug: de noodzaak van verscheidenheid bij het opbouwen van de gemeenschap. De drie-enige God is zelf een voorbeeld van deze eenheid-in-verscheidenheid (vv. 4-6). Met name de Geest is verantwoordelijk voor het tonen van die diversiteit onder hen, speciaal door de vele manifestaties van zijn aanwezigheid, 'gegeven tot welzijn van allen' (vv. 7-11). Een lichaam kan niet uit één lid bestaan (v. 14), dat zou iets wanstaltigs opleveren (vv. 15-20). De Geest, die verantwoordijk is voor het feit dat zij één lichaam zijn, is ook de grondslag voor de vele ledematen die een lichaam nodig heeft om te functioneren.

Kenmerkend genoeg is de lichaam-beeldspraak in Efeziërs met de zorg om eenheid, primair gericht op *verhoudingen* binnen de kerk. In 1 Korintiërs 12 ligt het accent echter voornamelijk op de kerk als *een gemeenschap die samengekomen is om te aanbidden.* Dit geldt ook voor de tempelbeeldspraak in 3:16-17. Dit verschil in gerichtheid wordt veroorzaakt door de verschillende gebreken van de vergaderde gemeenten. De eerste gelovigen hadden geen gebouwen die ze 'kerk' noemden, ze gingen niet 'naar de kerk.' Ze *waren* de kerk, en op bepaalde tijden en plaatsen waren ze verzameld *als* de kerk (1 Kor 11:18). Als Gods tempel, bewoond door zijn Geest, vormden ze een machtige broederschap, die gekenmerkt werd door werken van de Geest (1 Kor 12:7) zoals wonderen (Gal 3:5) en profetische uitingen (1 Tes 5:19-20, 1 Kor 14:24-25; buitenstaanders riepen uit dat God onder hen was)

Deze nadruk op de vergaderde gemeenschap is de essentie van Paulus' opvattingen over de *charismata* ('gaven der genade'), met name in 1 Korintiërs 12-14. We zullen deze nader onderzoeken in de hoofdstukken 13 en 14.

Samengevat betekent 'verlost zijn' volgens Paulus: deel worden van het *volk* van God, waarvan de leden door de Geest zijn toegetreden tot Gods *familie*, waardoor ze met elkaar verbonden zijn als één *lichaam*, dat door de samenkomsten in de Geest wordt omgevormd tot Gods *tempel.* God is niet simpelweg bezig individuen te redden en hen voor te bereiden op de hemel, maar Hij vormt een volk voor zijn naam, een volk waaronder Hij kan wonen en waarvan de leden door hun leven *samen* Gods leven en karakter in al zijn eenheid en verscheidenheid weerspiegelen. Hoe dit volk zal samenleven en hoe het eruit zal zien, wordt in de hoofdstukken 9 en 10 behandeld.

Maar eerst moeten we bekijken hoe 'de heiligen' nu worden gevormd. Wat nieuw is voor Paulus en de anderen is dat het volk van God nu wordt gevormd op basis van Christus en de Geest. We treden ieder voor zich toe tot dat volk. Dit toetreden is boven alles ook het werk van de Geest.

# Noten

1. Deze visie wordt mij vaak aanbevolen, met name door mensen uit mijn oude kring van de opwekkingsbeweging. Zij citeren dan teksten als Rom 10:9: 'Want indien gij met uw mond belijdt, dat Jezus Heer is, en met uw hart gelooft, dat God Hem uit de doden heeft opgewekt, zult gij behouden worden'. Deze tekst gaat echter uit van de christelijke gemeente als de plaats waar zo'n belijdenis plaatsvindt, op zijn minst bij de doop. Een vroege christen zou niets hebben begrepen van een gelovige wiens verlossing niet werd bekroond door de doop, die identificatie met zowel Christus als zijn volk betekent.
2. Deze specifieke uitdrukking komt niet als zodanig voor in het Oude Testament. Het is een variatie op de gangbare uitdrukking voor de tempel als 'een huis voor de naam des Heren', die gebaseerd is op het motief dat Israël een volk is dat geïdentificeerd wordt door en genoemd is naar de naam van Jahwe zijn God. Zie bijvoorbeeld Num 6:27, Dt 28:10, 2 Sam 7:23, 2 Kr 7:14, Jes 43:7, Jer 14:9, Dan 9:19.
3. Vgl. D. Ewert, *The Holy Spirit in the New Testament* (Harrisburg: Herald, 1983), p. 168. Ook hij wijst erop dat wie begint bij het individu, de feiten geen recht doet, maar wie het individu buiten beschouwing laat, geen recht doet aan Paulus' theologie. Dat deze kwestie niet adequaat wordt behandeld, is een van de zwakten van het boek van Horton, *What the Bible Says about the Holy Spirit* (Springfield, MO: Gospel Publishing House, 1976). Het is kenmerkend voor de piëtistische traditie in alle verschijningsvormen (de bewegingen uit de kerkgeschiedenis met een sterke gerichtheid op de individuele geloofsbeleving) dat zij de Schrift leest als was die in de eerste plaats geschreven voor de individuele gelovige.
4. Grieks *laos*; zie 2 Kor 6:16-18, Tit 2:14. Hoewel dit woord niet vaak voorkomt bij Griekse schrijvers, was *laos* het woord dat de Septuaginta-vertalers gebruikten voor het Hebreeuwse *'am*. Dit is het meest gebruikte woord in het Oude Testament voor de speciale relatie tussen Israël en hun God; het komt meer dan tweeduizend keer voor. De vertalers kozen waarschijnlijk voor *naos* omdat het meer gebruikelijke woord *ethnos* door de Grieken gebruikt werd

om zichzelf als volk aan te duiden, op dezelfde manier als *'am* in het Hebreeuws. Daardoor had *ethnos* voor joden de betekenis 'heidenen' gekregen; het werd ook in die betekenis gebruikt door de Septuaginta-vertalers. Die hadden echter een ander woord nodig om zichzelf aan te duiden (De Septuaginta is een Griekse vertaling van het Oude Testament, die gemaakt werd in de derde eeuw v.Chr. Hij werd gebruikt door gelovigen in Grieks sprekende gemeenschappen. De Septuaginta werd op een gegeven moment zozeer beschouwd als de Bijbel van de christenen dat de joden hem niet meer gebruikten. Er werden in de tweede eeuw n.Chr. daarom tenminste drie andere joods-Griekse vertalingen gemaakt.)

5. Grieks *eklektos* en verwante woorden; zie 1 Tes 1:4, 2 Tes 2:13, Kol 3:12, Ef 1:4, 11. Net als in het Oude Testament verwijst dit woord niet naar een individuele uitverkiezing, maar naar een volk dat door God is uitgekozen voor zijn doeleinden. Wie is toegetreden, en daardoor behoort tot het uitverkoren volk van God, is in die zin ook uitverkoren.
6. Hoewel 'kinderen' misschien een modernere vertaling zou zijn, houd ik het hier graag op 'zonen' omdat het hele tekstgedeelte een taalspel is rond dit woord. Door de Zoon zijn we geadopteerd als zonen, wat bewezen wordt doordat wij de eigen woorden van de Zoon voor zijn Vader gebruiken.
7. Zie voor de betekenis van deze uitroep voor de individuele gelovige: hoofdstuk 8, p. 102-103.
8. Zie 1 Kor 3:16-17, 2 Kor 6:16, Ef 2:19-22, 1 Tim 3:15-16.
9. Zie 1 Kor 10:16-17, 11:29, 12:12-27; Rom 12:4-5; Kol 1:18, 3:15; Ef 1:23, 2:16, 4:3-16, 5:23. Een recente studie over deze beeldspraak van Paulus is G. L. O. R. Yorke, *The Church as the Body of Christ in the Pauline Corpus: A Re-examination* (Lanham, Md.: University Press of America, 1991). De hoofdconclusie is ongetwijfeld juist, namelijk dat Paulus geen 'mystiek lichaam van Christus' kende waaraan gelovigen deelhebben. Paulus gebruikt dit beeld in alle opzichten figuurlijk en neemt daarbij het menselijk lichaam als uitgangspunt.

## Hoofdstuk 7

# Bekering: het toetreden (1)

## De Geest en het horen van het evangelie

*Hoewel 'een volk voor Gods naam' het doel is van de verlossing in Christus, treden we ieder afzonderlijk toe tot deze gemeenschap. Bijna elk aspect van dit toetreden is het werk van de Geest, beginnend met het verkondigen en openbaren van het evangelie.*

Aan het eind van de achtste eeuw bekeerde Karel de Grote zich tot het christendom. Met deze overgang werd het hele Frankische volk massaal gedoopt tot christen. De vraag is nu: waren al deze mensen verlost? En mijn antwoord is weer: dat weet God alleen, maar waarschijnlijk zijn ze niet allemaal verlost, want ook deze vorm van verlossing gaat het nieuwtestamentische referentiekader verre te buiten. Het is tenslotte niet de doop die iemand tot gelovige in Christus maakt, maar de aanwezigheid van de Heilige Geest in zijn leven.

Het doel van de verlossing in Christus is een volk voor Gods naam. Wat dat betreft is er sprake van continuïteit met het Oude Verbond. Discontinuïteit is er echter wat de manier betreft waarop dit volk wordt gevormd, en wel op twee manieren: (1) door de dood en opstanding van Christus en het werk van de Geest, en (2) door de individuele toetreding van mensen uit 'alle volk en stam en taal en natie' (Op 14:6).

Het verlossende werk van Christus begint in de harten van de individuele gelovigen, zoals het werk van de Geest duidelijk maakt. Deze nadruk op het individu is tenslotte niet pas het resultaat van de Renaissance en de Reformatie (hoewel beide soms hebben geleid tot een onzalige en onbijbelse gerichtheid op het individu). Het belang van het individu voor God is al te vinden in het Oude Testament, zoals iedereen die lang met de Psalmen heeft geleefd, uit ervaring weet. In het geval van Paulus volgt de herwaardering van het individuele – als de manier waarop men toetreedt – in de eerste plaats uit zijn veranderde eschatologische perspectief, dat een plaats zag voor joden én heidenen, en op dezelfde gronden. We richten onze aandacht nu op dit individuele aspect van de verlossing in Christus: wat het betekent voor de gelovige om toe te treden tot het volk van God – en hier doemt bij Paulus levensgroot het werk van de Geest op.

We moeten ook voor ogen houden dat voor Paulus de verlossing in Christus zowel het toetreden (waarover dit en en het volgende hoofdstuk gaan) als het binnenblijven (het onderwerp van de hoofdstukken 9 en 10) betekent. Dat wil zeggen dat verlost worden te maken heeft met geloof in Christus, en daarmee met trouw[1] aan Christus. Bij deze trouw aan Christus, die ons door de Geest continu transformeert tot gelijkenis met God, is ons hele leven in het geding. Men treedt toe om binnen te blijven, en verlossing is volgens Paulus het hele proces, en niet alleen het beginpunt. Deze vier hoofdstukken (7-10) horen daardoor bij elkaar als één hoofdstuk in het verhaal van God, en daarom is in elke hoofdstuktitel steeds het woord bekering opgenomen. De kerk heeft te lang bekering opgevat als aanduiding van alleen het beginpunt. Bijbels gezien is bekering echter het tot discipelen maken van voormalige heidenen zoals wijzelf (zelfs als we in een christelijk gezin zijn geboren, moeten we in dit opzicht worden bekeerd). De Heer zei niet: gaat dan henen en maak bekeerlingen, maar: ‘Gaat dan henen, maakt al de volken tot mijn discipelen’. Op de lange termijn zijn alleen discipelen bekeerlingen.

Maar bekering heeft een beginpunt, en daar houden wij ons nu mee bezig. In dit hoofdstuk kijken we naar de rol van de Geest voorzover die meer buiten de gelovige ligt (hoewel niets zo absoluut is); in het volgende hoofdstuk bekijken we hoe de gelovige zelf dit beginpunt ervaart.

## De Geest en het toetreden

De ervaring van de verlossing bestaat uit verschillende onderdelen: het horen van het evangelie, geloof, verschillende beelden van bekering, de gave van de Geest en de doop met water. De Geest speelt een centrale rol in het grootste deel van dit proces, behalve bij de doop, wat begrijpelijk is omdat Paulus de doop beschouwde als de menselijke respons op een daaraan voorafgaande goddelijke activiteit.

*Het horen van het evangelie*

Voor Paulus begint het christelijke leven met het horen van het evangelie, dat zowel aan het geloof voorafgaat (Rom 10:14) als daarmee gepaard gaat (1 Tes 2:13, 2 Tes 2:13-14, Ef 1:13). 'Hoe geloven in Hem, van wie zij niet gehoord hebben? Hoe horen zonder prediker? En hoe zal men prediken zonder gezonden te zijn?' vraagt Paulus in Romeinen 10:14-15. Deze visie op het horen van het evangelie verklaart gedeeltelijk Paulus' eigen zendingsdrang. Onze aandacht richt zich hier echter op de rol van de Geest bij het horen van het goede nieuws van God.

Twee dingen spelen hier een rol: (1) het evangelie als Gods Woord (1 Tes 2:13) en daardoor de waarheid die moet worden geloofd, c.q. waarop moet worden vertrouwd[2] (2 Tes 2:13, 1 Tim 2:4), en die als zodanig is geopenbaard door de Geest; en (2) de tweeslag prediking-respons, die eveneens het werk is van de Geest.

*De Geest en de prediking*

In 2 Korintiërs 3:8 stelt Paulus zijn eigen bediening tegenover die van Mozes, en indirect tegenover die van de predikers van een 'andere Jezus'. Hij verwijst daarbij naar zijn eigen bediening als de 'bediening des Geestes', dat wil zeggen de bediening van het Nieuwe Verbond, die wordt bekrachtigd door de Geest en als resultaat heeft dat anderen de Geest ontvangen.

Paulus benadrukt dat zo'n bediening ondanks de aardse verschijningsvorm gepaard gaat met een veel grotere heerlijkheid dan destijds bij het Oude Verbond van Mozes. Uit de context blijkt dat deze veel grotere heerlijkheid het werk is van de Geest, die ons in de nabijheid van de levende God brengt. Hij doet dat door 'de bedekking' weg te nemen die de mens verhindert Gods heerlijkheid op het aangezicht van Christus Jezus te aanschouwen, en daardoor getransformeerd te worden tot hetzelfde beeld van heerlijkheid.

Paulus verwijst regelmatig naar zijn eigen succesvolle werk als zijnde het directe gevolg van het werk van de Geest. Tot dit werk behoorde niet alleen het overtuigen van de waarheid van het evangelie, maar ook het geven van tekens en het doen van wonderen, wat allemaal resulteerde in veranderende levens. De eerste verwijzing naar de Geest in de brieven van Paulus (1 Tes 1:5-6) laat dit al zien. Paulus begint zijn bemoediging van deze nieuwe – en lijdende – christelijke gemeenschap door hen te herinneren aan twee dingen die met de Geest verbonden zijn: zijn eigen evangelieprediking en de aard van hun bekering.

Ze waren geen volgelingen van Christus (v.5) geworden op basis van Paulus' evangelieprediking alleen, maar omdat die prediking gepaard ging met de kracht van de Geest en een diepe overtuiging (waarschijnlijk zowel van de kant van Paulus toen hij predikte, als bij hen zelf toen ze luisterden). Of bij de kracht van de Heilige Geest toen ook begeleidende wonderen en tekens hoorden, is niet bekend (maar ik denk het wel; volgens Rom 15:18-19 was dit regelmatig het geval). De ontvangst van het evangelie bij de Tessalonicenzen ging gepaard met 'zware verdrukking', maar ook met de 'blijdschap des Heiligen Geestes' (v.6); die onblusbare vreugde die de Geest schenkt aan wie de levende en waarachtige God hebben leren kennen (v.9).

Hetzelfde zien we in 1 Korintiërs 2:1-5. Bij de verdediging van zijn bediening in Korinte tegen zijn opponenten (vgl. 4:1-21; 9:1-2) snijdt Paulus zijn eerste prediking in die stad aan. Zowel de inhoud (1:18-25) als de vorm (2:1-5) waren destijds niet gebaseerd op de overtuigingskracht van retorica en menselijke wijsheid. Toch was zijn prediking veel werkzamer dan wijsheid en retorica, omdat die gepaard ging met een demonstratie van de kracht van de Geest, die werd aangetoond door de bekering van de Korintiërs zelf (vgl. 2 Kor 3:3). Dit was het geval, voegt Paulus eraan toe, opdat hun geloof zou berusten op de kracht van God in plaats van op menselijke wijsheid.

Deze en de volgende passage maken duidelijk dat volgens Paulus bekering begint met de door de Geest bekrachtigde verkondiging, die door dezelfde Geest een plaatsvindt in het hart van de toehoorder om daar de innerlijke overtuiging van de waarheid van het evangelie en afkeer van de zonde te brengen zoals in 1 Korintiërs 14:24-25.

Maar de rol van de Geest in de prediking van Paulus was niet beperkt tot een 'zalving', een onderstreping van Paulus' woorden, die door die hulp de innerlijke overtuiging van de waarheid van het evangelie teweegbrachten. In Romeinen 15:18-19 benadrukt hij dat zijn prediking, van Jeruzalem tot Illyrië aan toe, een werkzame combinatie was van woord *en* daad, 'door de kracht des Geestes'. Met 'woord' verwijst hij naar zijn

prediking, met 'daad' naar 'tekenen en wonderen door de kracht des Geestes'.
Voor Paulus was dit dubbelvertoon van kracht (begeesterde woorden en krachtige daden) de fundering van zijn visie op de rol van de beloofde Geest. Dat wil zeggen: hij pleit nooit voor deze begeestering, en hij staat evenmin toe dat iemand zijn bediening of zijn geloof op die basis voor authentiek verklaart (2 Kor 5:13). Maar hij zou ook geen begrip hebben voor een aanwezigheid van de beloofde Geest *zonder* die dubbele uitdrukking van kracht. We hebben tenslotte te maken met de Geest van God, de huidige eschatologische vervulling van Gods begeesterende aanwezigheid. Het zou nooit bij Paulus opkomen dat de verkondiging van het evangelie *niet* gepaard zou gaan met wonderen, of dat men in een veel latere tijd deze twee machtsmanifestaties zou kunnen beschouwen als elkaar uitsluitend. Voor Paulus is dit de gewoonste zaak ter wereld. Zo kan hij over zijn bediening in het algemeen tegen de Kolossenzen zeggen: 'Hiervoor span ik mij ook in, onder zware strijd, naar zijn werking, die in mij werkt met kracht' (1:29), waarmee hij bedoelt: door de kracht van de Geest.
Wat geldt voor zijn eigen bediening, geldt volgens Paulus ook voor de verkondiging van het evangelie in het algemeen. 'En neemt ... het zwaard des Geestes', maant hij in Efeziërs 6:17, 'dat is het woord van God' (de waarheid over Christus) in een wereld waarin de wereldse machten nog steeds aan het werk zijn. Daarom dringt hij er bij hen op aan dat zij deelhebben aan een 'be-Geesterde' verkondiging van Christus.
Deze visie op de verhouding tussen de Geest en de bediening vormt ook de achtergrond van drie aan Timoteüs gerichte passages (1 Tim 1:18, 4:14, 2 Tim 1:6-7; vgl. v. 14). Paulus roept daarin Timoteüs' ervaring van het geroepen zijn tot de bediening in herinnering. Afhankelijk van de context beklemtoont elke tekst weer een ander aspect van die ervaring.
1. De 'gave Gods' van Timoteüs (charisma) verwijst in de eerste plaats naar de Geest (2 Tim 1:6-7), maar ook breder naar de gaven van een bediening die ontstond door de Geest (1 Tim 4:14). Deze ervaring is daardoor iets dat in Timoteüs plaatsvond. Hij beleefde een door de Geest gestuurde en geschonken roeping, waardoor hij uitverkoren werd tot de bediening van het evangelie.
2. Deze ervaring vond echter plaats in een bepaalde gemeenschap, aan-

gezien er ook sprake is van profetische uitingen die hem betroffen (1 Tim 1:18, 4:14). Paulus verwijst in 1:18 naar de inhoud van deze roepingswoorden van de Heer, die middels anderen in de gemeenschap werden gesproken, als middel om Timoteüs een hart onder de riem te steken bij de moeilijke situatie in Efeze.

3. De oudsten reageerden op dit werk van de Geest door de handen op te leggen (4:14, 2 Tim 1:6; vgl. dezelfde manier van doen in Hnd 13:1-3). De gave op zichzelf was geen gevolg van het opleggen van hun handen, het was eerder een daad van bevestiging en erkenning van het voorbereidende werk van de Geest. De Geest als een ervaringswerkelijkheid is duidelijk de sleutel tot deze uitingen.

## Openbaring door de Geest

Dat Paulus ervan overtuigd was dat zijn boodschap gepaard ging – en zou gaan – met de kracht van de Geest, kwam deels door zijn overtuiging dat de essentie van het evangelie tot hem was gekomen door het werk van de Geest. Zowel 1 Korintiërs 2:10-16 als Efeziërs 3:5-7 bevestigen dat zijn eigen inzicht in het evangelie afkomstig was van een openbaring door de Geest.

Deze openbaring bestond uit een tweevoudige onthulling van het raadsel van God. Ten eerste heeft volgens 1 Korintiërs 2:6-16 de Geest onthuld wat daarvoor verborgen was, en nog steeds verborgen is voor degenen zonder de Geest. Alleen door de Geest (v. 10) konden hij en zijn bekeerlingen begrijpen wat het menselijk verstand niet kon bevatten (v. 9), namelijk dat God in zijn wijsheid had besloten om ons gevallen mensenras te verlossen door de kruisdood van Christus. Paulus' prediking van het kruis kwam dan ook met woorden die 'door de Geest geleerd' waren (v. 13), 'zodat wij het geestelijke met het geestelijke vergelijken' (dat is, wat door de Geest geleerd wordt, weergeven met woorden die voortkomen uit de Geest). De Geest hebben betekent op deze manier dus niet: afhankelijk zijn van menselijke oordelen, maar: de 'zin van Christus' hebben (vv. 15-16; vgl. 7:25, 40).

Essentieel voor het betoog van Paulus is dat ieder die de Geest heeft ontvangen ook de openbaring moet kennen. Zijn probleem met de Korintiërs was dat zij zichzelf beschouwden als mensen van de Geest, en toch het kruis inruilden voor menselijke wijsheid en retorica. Vandaar de vitale rol van de Geest, die aan hen die God liefhebben onthult wat daarvoor verborgen was (1 Kor 2:9-10), namelijk wat God ons in Christus zomaar heeft gegeven (v. 12).

Het is geen duistere en geheime wijsheid die door de Geest wordt geopenbaard, maar de inhoud van het evangelie, het 'raadsel' van God. Op dit punt is de openbaring door de Geest hard nodig, omdat hier inzicht nodig is dat het menselijke verstand nooit kan bereiken. Het evangelie op zijn diepzinnigste punt staat haaks op menselijke wijsheid. God heeft ons gevallen ras verlost door middel van iets uiterst tegenstrijdigs: een gekruisigde Messias. Zonder de Geest, de enige die God kan doorgronden, heeft de mens geen schijn van kans om ooit 'de verborgen wijsheid Gods' die 'geen oog heeft gezien en geen oor heeft gehoord en wat in geen mensenhart is opgekomen' te begrijpen. De Korintiërs hadden dit moeten erkennen, juist omdat ook zij de Geest hadden ontvangen. Zij liepen echter in de val van een valse 'geestelijkheid', die hen leidde in de richting van 'alleen maar heerlijkheid', waardoor zij wegliepen voor het discipelschap dat gekenmerkt wordt door het kruis (zie hoofdstuk 12).

In de tweede plaats behelst het 'geheimenis', de verborgen wijsheid die nu door de Geest is onthuld, volgens Efeziërs 3:2-13 het feit 'dat de heidenen mede-erfgenamen zijn, medeleden en medegenoten van de belofte in Christus Jezus' (v. 6). Omdat deze woorden ook de essentie van Galaten en Romeinen weergeven, is het geen verrassing dat Paulus hier over deze zaken spreekt als 'geopenbaard door de Geest'. Voor Paulus zijn zowel de openbaring van het samen in Christus zijn van joden en heidenen, als het feit zelf (1:13-14, 2:18, 22) het werk van de Geest. Dat ook de heidenen ingesloten waren, moest blijkbaar bevestigd worden door de openbaring die alleen de eschatologische Geest kon geven, aangezien de meeste joden in afwachting waren van deze vervulling aan het eind, maar dan eerder in termen van naties dan individuen.

Niet het feit dat de heidenen ook ingesloten waren in de beloofde zegeningen van God voor de eindtijd maakte deze openbaring noodzakelijk – dat werd door iedereen geaccepteerd -, maar het feit dat zij er zonder de Tora bij hoorden (dat wil zeggen: zonder zich te onderwerpen aan de voorschriften van de joodse wet) en op dezelfde gronden als de joden, zodat God in Christus een nieuwe mensheid had gevormd uit deze twee volken (Ef 2:14-15). Dit inzicht kon alleen worden bereikt door de openbaring van de Geest, door de gezamelijke beleving van de Geest (1 Kor 12:13) en door een juist begrip van wat Christus en de Geest hadden gedaan (Ef 3:5).

Een ander aspect van de openbaring dat verbonden is met het horen van het evangelie, zien we in 1 Korintiërs 14:24-25. Hier verschijnt de openbaring in de vorm van profetische uitingen in de kring der gelovigen, terwijl er ongelovigen bij aanwezig zijn. In dit geval wordt 'het verborgene' van het hart van de ongelovige onthuld, waardoor hij (blijkbaar) tot berouw en bekering komt.

We moeten hier even stilstaan bij het feit dat in een weergave van Paulus' theologie, die zich richt op de rol van de Geest daarin, niets terug te vinden is van de menselijke noodsituatie die die verlossing noodzakelijk maakte. Dit komt doordat Paulus niet de Heilige Geest, maar de kwade geest satan aan het werk zag in degenen wiens geesten hij 'met blindheid heeft geslagen, zodat zij het schijnsel niet ontwaren van het evangelie der heerlijkheid van Christus, die het beeld Gods is' (2 Kor 4:4). Gelovigen kunnen de heerlijkheid zien omdat de Geest de bedekking (of in dit geval de blinddoek) heeft verwijderd. De passage uit 1 Korintiërs geeft in elk geval gedeeltelijk aan hoe de Geest dit doet: door profetische uitingen die binnendringen in het hart van de gelovige en het openlegt voor allen. De 'openbaring' heeft in dit geval waarschijnlijk te maken met de zondigheid van de ongelovige, die hem of haar er vervolgens toe brengt ook te luisteren naar de 'grotere' openbaring die in Christus heeft plaatsgevonden. Zo'n openbaring door de profetische Geest dient voor gelovigen als het zekere teken van Gods liefde en aanwezigheid onder hen (1 Kor 14:22). Dit is allemaal het werk van de Geest.

Uit dit alles is duidelijk dat de bekering van de individuele gelovige begint met een soevereine daad van God, die uitgevoerd wordt door de Heilige Geest. Zoals Paulus zegt: 'Hoe zullen zij dan Hem aanroepen, in wie zij niet geloofd hebben? Hoe geloven in Hem, van wie zij niet gehoord hebben? Hoe horen zonder prediker? En hoe zal men prediken zonder gezonden te zijn?' (Rom 10:14-15). Gods werk gaat er duidelijk aan vooraf.

In het goddelijke mysterie der dingen is ons geloof (of vertrouwen) het scharnierpunt tussen ons toetreden tot en het horen van het evangelie. Ons vertrouwen, het punt waarop het externe intern wordt, is op de een of andere geheimzinnige manier het werk van de Geest, die tegelijk oorzaak en gevolg is. Dat wil zeggen dat de Geest zowel degene is die de aanzet geeft tot ons geloof, als degene die ontvangen wordt door datzelfde geloof. Dat is de uitgangspositie van het volgende hoofdstuk.

## Noten

1. Het ene woord *pistis* drukt voor Paulus beide uit: geloof en vertrouwen. Daarom behoort *pistis* ook tot de vrucht van de Geest (Gal 5:22) en dient het als verwijzing naar ons antwoord op Gods verlossende genade.
2. Het Griekse woord *pisteioo/pistis* kan worden vertaald met 'geloof' of 'vertrouwen'. Het woord 'geloof' is eigenlijk te beperkt omdat het de nadruk legt op wat er in onze hoofden gebeurt. In het Griekse woord is dat ook inbegrepen, maar betekent het dat men *vertrouwt* op wat men 'gelooft'.
3. Over deze kwestie – zowel over de joodse achtergrond als over de paulinische toepassing – zie: M. Bockmuehl, *Revelation and Mystery in Ancient Judaism and Pauline Christianity* (WUNT 2/36; Tübingen: J.C.B. Mohr [Paul Siebeck], 1990). Mij gaat het op dit punt om openbaring voorzover het verwijst naar het horen en begrijpen van het evangelie door Paulus en zijn gemeenten. In overeenstemming met Paulus' visie op de verlossing als allesomvattend, dus zowel betrekking hebbend op het toetreden als op het erbij blijven horen, wordt de openbaring deel van het christelijke leven, omdat Gods volk door de Geest kennis kan nemen van Gods wil voor hun ethische leven. Zie de verdere behandeling hiervan in de hoofdstukken 9 en 10.

Hoofdstuk 8

# Bekering: het toetreden (2)

## De Geest aan de toegangspoort

*Toetreden begint met het horen van het evangelie, wordt bevestigd door geloof, en gaat gepaard met de ervaring van het ontvangen van de Heilige Geest.*

'Hoe voel je je nu?' werd aan Trevor gevraagd nadat hij het evangelie aanvaard had en Christus had gevraagd in zijn leven te komen. 'Fantastisch', antwoordde hij, 'ik voel me een nieuw mens.' 'Dat is mooi', was het antwoord, en direct daarop volgden de eerste waarschuwende woorden die hij zou moeten horen als jonge gelovige in Christus: 'Vertrouw niet op je gevoel. Jouw verlossing is niet gebaseerd op hoe je je voelt, maar op de waarheid van wat Christus voor je heeft gedaan. Je zult moeten leren om op zijn woord te vertrouwen, want dat gevoel zal niet altijd blijven.'

Voor ons is dit een gewoon gesprek, vol wijze en ware woorden. Maar het valt moeilijk voor te stellen dat Paulus zo'n gesprek had met *zijn* nieuwe bekeerlingen. In Galaten 3:1-5, waar hij hen bemoedigt om te blijven in het geloof in Christus en niet verstrikt te raken in de 'werken der wet', beroept hij zich niet primair op het evangelie, maar op hun ervaring van de Geest, door wie zij de eerste stappen op het pad van het discipelschap hebben gezet. Dat is geen beroep op een gevoel, maar op iets wat zij allemaal gemeenschappelijk hadden: de aan den lijve ondervonden bekering tot Christus door de komst van de Geest.

Hoewel hij deze begrippen niet zou hebben gebruikt, heeft bekering voor Paulus een subjectieve en een objectieve dimensie. Aan de ene kant hebben dood en opstanding van Christus de eeuwige verlossing gebracht voor de gelovigen. Deze objectieve, historische boodschap wordt overgedragen met behulp van verschillende stijlfiguren, die elk een aspect van de nieuwe verhouding tussen de gelovige en God beklemtonen (verlossing, verzoening, wassing, rechtvaardiging, geboorte, adoptie). Bij het begin van de bekering wordt deze objectieve, historische werkelijkheid een objectieve *persoonlijke* werkelijkheid voor de gelovige. Zoals Thomas van Aquino dichtte:

> Ogen, mond en handen raken U niet aan,
> Door 't gehoor slechts wordt Gij in 't geloof verstaan.
> Wat Gij, Heer, gezegd hebt, neem 'k als waarheid aan;
> Nooit kan hoger waarheid naast dit woord bestaan.

Maar voor Paulus heeft het beginpunt van de bekering ook een subjectieve, persoonlijk ervaren dimensie, die een aantal radicale veranderingen in de gelovige tot gevolg heeft; de Geest is het essentiële element van die dimensie. Zoals H. B. Swete zei: 'Zonder de uitstorting van de Geest zou het zenden van de Zoon zonder resultaat zijn gebleven; zonder het uitzenden van de Zoon, zou de Geest niet kunnen worden uitgestort.'[1] Dat Paulus de Geest een sleutelrol toekende bij de subjectieve kant van de bekering kan op verscheidene manieren worden aangetoond, te beginnen met ons vertrouwen in Christus.

## De Geest en geloof

De verhouding tussen de Geest en het geloof bij Paulus is niet gemakkelijk vast te stellen.[2] Hij zegt in Galaten 3:2-5 dat de gave van de Geest te danken is aan het geloof. Strikt logisch geredeneerd zou dat betekenen dat het geloof aan het ontvangen van de Geest voorafgaat. Aan de andere kant wordt het geloof in 1 Korintiërs 12:8 en 13:2 beschouwd als een van de bewijzen van de werking van de Geest. Deze passages zouden we nog terzijde kunnen schuiven omdat ze verwijzen naar de ongebruikelijke gave van de Geest die gepaard gaat met het wonderbaarlijke, maar dat kunnen we moeilijk beweren van het geloof dat de vrucht is van de Geest (Gal 5:22). Hier verwijst geloof naar het verlossende geloof dat zich uit in de vorm van trouw. Ook in 2 Korintiërs 4:13 verwijst Paulus naar de 'Geest des geloofs' van de psalmist, die ons tot geloof brengt.
Dit is voor mij aanleiding om aan te nemen dat geloof als het werk van de

Geest ons ertoe brengt de Geest, die door datzelfde geloof tot ons komt, te ontvangen en te beleven. Hoewel het niet goed rijmt met onze logica, is de Geest dus zowel de oorzaak als het gevolg van geloof. Ditzelfde nauwe verband tussen de Geest en het geloof wordt ook verondersteld in Galaten 5:5, waar Paulus erop aandringt dat *wij* in tegenstelling tot *hen* (de joods-christelijke onruststokers) 'door de Geest uit het geloof de gerechtigheid, waarop wij hopen' verwachten. Het object van het geloof is, zoals altijd, Christus. De Geest is het middel waardoor dit geloof wordt gesteund.

Wat dit allemaal betekent, gebruikmakend van de conclusie van hoofdstuk 7, is dat voor Paulus zowel het aanvaarden als het prediken van het evangelie, inclusief het horen dat tot geloof leidt, het werk van de Geest is. In dit opzicht kan men met recht zeggen dat geloof ook het gevolg is van het voorafgaande werk van de Geest in het leven van degene die gelovig wordt, aangezien 'wij dezelfde Geest des geloofs' hebben (2 Kor 4:13). Het is ook duidelijk uit het feit dat geloof in de zin van overtuiging nog niet alles blijkt te zijn.

## De cruciale rol van de Geest bij de bekering[3]

Dat er iets gebeurt bij iemand die zijn vertrouwen op Christus stelt, is niet alleen maar een vanzelfsprekendheid uit de opwekkingsbeweging; het is de juiste interpretatie van Paulus, die al zijn brieven schreef voordat er een tweede generatie was die opgroeide als kinderen van gelovige ouders. De eerste generatie, aan wie deze brieven waren gericht, bestond merendeels uit bekeerde heidenen. Paulus' eigen ontmoeting met Christus betekende in de eerste plaats een vervulling van zijn eschatologische verwachtingen, veel meer dan de bekering tot een ander geloof. Zijn bekering kende ook een sterk ervaringselement. Deze ervaringsdimensie van het overgaan tot een christelijk leven was voor hemzelf vanzelfsprekend en ook aanwezig bij degenen tot wie hij predikte.

*De Geest als het beginpunt*

'Hebt gij de Geest ontvangen ten gevolge van werken der wet, of van de prediking van het geloof? Zijt gij zo onverstandig? Gij zijt begonnen met de Geest, eindigt gij nu met het vlees?' Met deze vraag confronteert Paulus de Galaten (3:2-3), die op het punt stonden zich door joodse christenen te laten overtuigen dat ze besneden moesten worden. Merk op dat Paulus het niet op onze manier formuleert: bent u verlost of gerechtvaardigd? Zijn vraag sluit precies aan bij het ervaringskarakter van hun ontvangst van de Geest. Dat maakt de in de tegenwoordige tijd gestelde vraag van vers 5 duidelijk: 'Die u de Geest schenkt en krachten onder u werkt, doet Hij dit ten gevolge van werken der wet, of van de prediking van het geloof?' Voor Paulus is de Geest het cruciale element van het *hele* christelijke leven. Daarom staat of valt zijn betoog met het oproepen van hun ervaring van het beginpunt: de bekering door de Geest.

De Geest speelt dezelfde vitale rol in andere passages waarin Paulus de bekering van zijn lezers tot Christus beschrijft aan de hand van wat er gebeurde met de gelovige (1 Kor 12:13, Ef. 1:13-14, Tit 3:5-7). We zien het ook in allerlei andere teksten waarin hij hen bijna terloops herinnert aan hun begin in Christus. God gaf hun bijvoorbeeld zijn Geest (Rom 5:5) , zalfde hen met de Geest (2 Kor 1:21), stortte de Geest rijkelijk over hen uit (Tit 3:6) en verzegelde hen met de Heilige Geest (Ef 1:13, 4:30). Gelovigen hebben de Geest ontvangen (1 Kor 2:12, 2 Kor 11:4), zijn behouden door het heiligende werk van de Geest (2 Tes 2:13, Rom 15:16), in hun hart besneden door de Geest (Rom 2:29) en zijn aan Christus 'gehecht' zodat zij één g/Geest met Hem worden (1 Kor 6:17). Net als 'door de naam van Christus' zijn gelovigen 'gewassen, geheiligd en gerechtvaardigd' door de Geest van onze God (1 Kor 6:11). Volgens de analogie met Ismaël en Isaäk uit Galaten 4:29 was de eerste 'verwekt naar het vlees', terwijl de laatste (de gelovige uit Galatië) verwekt was naar de Geest.

Titus 3:4-7 is ook nog op een andere manier belangrijk, omdat Paulus hier de bekering beschrijft in een vorm die op een geloofsbelijdenis lijkt. Opmerkelijk is de belangrijke rol die de Geest speelt in deze formulering. De Geest wordt zelfs eerder genoemd dan het werk van Christus, doordat de nadruk ligt op wat er gebeurde met de gelovige. God heeft hem behouden door het wassen en het vernieuwende werk van de Geest, die God rijkelijk over hen heeft uitgestort door Christus de Verlosser.

Voor Paulus was daarom de ervaring van de Geest cruciaal bij een bekering, wat er daarbij verder ook gebeurde. En daarom is het alleen de Geest die Gods volk in het huidige eschatologische tijdperk als zodanig identificeert.

*De Geest als herkenningsteken van bekeerden*

Paulus onderscheidt drie keer gelovigen van niet-gelovigen aan de hand van het wel of niet hebben van de Geest (1 Kor 2:6-16, 12:3, Rom 8:9). De belangrijkste van deze drie teksten is 1 Korintiërs 2:6-16, waar hij het verschil tussen de 'ongeestelijke' en de 'Geestelijke' mens uiteenzet. De ongeestelijke mens is iemand die de Geest niet heeft en daarom niet in staat is te begrijpen wat God heeft gedaan door het kruis; het tegenovergestelde gaat op voor de gelovige. Zo kan ook niemand komen tot de primaire christelijke belijdenis, dat Jezus de Heer is, zonder de Heilige Geest (1 Kor 12:3). Uiteindelijk zegt hij zelfs ronduit: 'Indien iemand echter de Geest van Christus niet heeft, die behoort Hem niet toe' (Rom 8:9).

In een vroeger leven verdeelde Paulus de wereld in 'wij' en 'zij', joden en heidenen. De nieuwe indeling is die tussen hen die tot Christus behoren en hen die dat niet zijn. En wat de eersten onderscheidt, is dat zij de Geest hebben, terwijl de anderen dat niet hebben. Wat zij ook verder allemaal ook mogen zijn, het nieuwgevormde volk van God is in elk geval een volk van de Geest. Het is tot leven gekomen door de levengevende Geest (Gal 5:25, 2 Kor 3:3, 6), het wandelt door de Geest en het wordt geleid door de Geest. Voor Paulus betekent 'verlost worden' dan ook in de eerste plaats 'de Geest ontvangen'.

## De Geest en Paulus' beelden voor de verlossing

Hoe Paulus dit bekerende werk van de Geest zag, kunnen we aflezen aan de verschillende beelden die hij gebruikt om de verlossing te beschrijven. De meer gebruikelijke beelden worden zelden gebruikt met betrekking tot de Geest. 'Rechtvaardiging' wordt alleen met de Geest verbonden in 1 Korintiërs 6:11[4]; 'verlossing' en 'verzoening' in het geheel niet. De reden daarvoor ligt voor de hand: het zijn beelden die de objectieve kant van de verlossing beklemtonen. Ze hebben betrekking op de positie en verhouding van de gelovige tot God, en worden daarom alleen gebruikt als verwijzing naar het reddende werk van Christus. Als Paulus echter metaforen gebruikt om de verlossingservaring van de gelovige te benadrukken, noemt hij de Geest voortdurend.

*Aanname als kinderen*

We hebben in hoofstuk 6 al opgemerkt dat deze metafoor de sleutel vormt tot Paulus' visie op de kerk als de familie van God (Gal 4:5-6). Hier merken we op dat de verzen 5 en 6 samen een solide bewijs vormen van het onderscheid tussen de objectieve en subjectieve dimensies van bekering. In vers 5 verwijst Paulus naar de verlossingsdaad van Christus de Zoon aan het kruis, waardoor wij 'het recht van zonen' hebben verkregen. In vers 6 individualiseert hij dit werk door de Geest vanuit het hart van de gelovige te laten uitroepen: '*Abba* Vader', de woorden van de Zoon.

De manier waarop vers 6 begint, levert enige problemen op. Bij de overgang naar een nieuw punt (na de verzen 4-5) begint Paulus met te zeggen dat God de Geest van zijn Zoon naar hun harten uitgezonden heeft *omdat* zij zonen zijn. Dat lijkt alsof het ene (het objectieve feit van het zoonschap) aan het andere (de gave van de Geest) voorafging. Deze merkwaardige constructie is het gevolg van onze lezing van de tekst als was het een chronologische weergave van het verloop van een individuele bekering. Daar is echter in vers vijf geen sprake van. Paulus presenteert het werk van Christus hier als een objectieve en definitieve historische realiteit, waardoor Christus de 'aanname als kinderen' bewerkstelligde voor allen die ooit hun vertrouwen in Hem zouden stellen. De ervaring van de individuele gelovige volgt en is gebaseerd op het voorafgaande werk van Christus. De oorzaak-gevolgrelatie is die tussen het zoonschap dat wij door Christus' dood aan het kruis hebben verkregen, en het zoonschap dat in het leven van de gelovige tot werkelijkheid wordt door de Geest.

Dat Paulus weinig belang hechtte aan het precies ordenen van zaken, zien we ook in 3:2-5, waar alleen de Geest de sleutel is tot hun bekering. Hetzelfde gaat ook op voor de parallel in Romeinen 8:15-17, waar de Geest, en niet Christus, wordt genoemd als de verantwoordelijke voor de aanname als kinderen. Paulus wil in beide teksten de gelovigen er aan herinneren dat het feit dat zij de Geest hebben ontvangen hen tot kinderen maakt, en dat dit wordt bewezen door de uitroep '*Abba*'.

We moeten niet te snel voorbijgaan aan het belang van deze uitroep. *Abba* is min of meer brabbeltaal, vergelijkbaar met 'papa'; het was met *imma* ('mama') het eerste woord dat een Aramees kind leerde. Maar het was ook het woord dat kinderen van alle leeftijden bleven gebruiken als uitdrukking van intimiteit en de speciale band met hun vader. Aan brabbeltaal hoeft men niet per se te ontgroeien, integendeel: men moet er in groeien. Dat wij de geliefde kinderen van de eeuwige God zijn, is kennis die 'in onze harten uitgestort is door de Heilige Geest' (Rom 5:5), en door diezelfde Geest gemanifesteerd wordt door de levenslange uitroep tot God als onze hemelse *Abba*. Het uitroepen van '*Abba*' tot God, door de Geest van Gods Zoon, betekent dat onze relatie van absolute afhankelijkheid van God, die teloorging in de zondeval, door de Zoon is hersteld. Wij kunnen ons helemaal op Hem verlaten. De ervaring van de Geest brengt de gelovige niet alleen in een positie van rechtvaardiging voor God, maar zou hem ook moeten brengen tot een voortdurend besef van de privileges van het kind-zijn: een persoonlijke band en omgang met God zelf. Het 'voor Gods aangezicht' zijn door Christus en de Geest (2 Kor 2:17, Ef 2:18) was voor Paulus geen reden tot angst, maar tot vertrouwen.

*Wassen, wedergeboorte, leven geven*

Deze drie beelden behandelen we gezamenlijk, deels omdat ze in bepaalde gevallen in dezelfde tekst voorkomen, en deels omdat bepaalde vragen die ze oproepen, niet los van elkaar kunnen worden behandeld.
1. Het beeld van het wassen als het werk van de Geest komt het eerst voor in 1 Korintiërs 6:11. Vaak wordt in deze tekst een verwijzing naar de doop gezien, vooral omdat hij wordt gevolgd door de frase 'door de naam van de Here Jezus Christus en door de Geest van onze God', die als een doopformule wordt gezien. Deze interpretatie is echter niet alleen strijdig met het gebruik van dit begrip op andere plaatsen bij Paulus, maar ook met de structuur van de zin. De dubbele bepaling heeft betrekking op alle drie de werkwoorden.[5] Dat wil zeggen dat de frasen 'door de naam van de Here Jezus Christus' en 'door de Geest van onze God' samen de drie werkwoorden 'afwassen, heiligen, rechtvaardigen' bepalen. Hoewel deze uitdrukking indirect misschien verwijst naar de doop, ligt de nadruk in deze context op het beeld van het 'afwassen van de zonden', met name de zonden die in de verzen 9-10 opgesomd zijn. Voor ons van belang is dat de Geest speciaal wordt genoemd als het middel voor deze reiniging.
Het beeld komt opnieuw voor in Titus 3:5, nu samen met 'wedergeboorte' en 'vernieuwing'. Paulus noemt als het centrale element van de

verlossing letterlijk dat God 'ons gered [heeft] door het bad der wedergeboorte en der vernieuwing door de Heilige Geest'. Hoewel deze uitdrukking wel enige problemen met zich meebrengt, wijst alles erop dat hier niet verwezen wordt naar twee verschillende ervaringen (het bad der wedergeboorte en de vernieuwing door de Geest, dat is doop en belijdenis, of bekering en doop met de Geest) , maar naar één en dezelfde ervaring (een bad dat wedergeboorte en vernieuwing brengt, die beide worden bewerkstelligd door de Geest).[6]

Ook in de groep mensen die er zo over denken, bestaat echter verdeeldheid. Verwijst 'het bad der wedergeboorte' naar de doop met water of naar het afwassen van de zonden, en welke rol speelt de Geest bij dit bad? Nogmaals, waarschijnlijk is het een toespeling op de doop, maar het feit dat Paulus hier beeldspraak gebruikt en niet het woord 'doop', betekent dat hij de nadruk wil leggen op het beeld, en niet op de letterlijke gebeurtenis van de doop. De laatste woorden, 'door de heilige Geest', vormen de sleutel tot het geheel. Verlossing wordt niet bereikt door de doop – die opvatting is verre van Paulus – maar door het werk van de Geest, die in dit geval wordt voorgesteld als een 'wedergeboorte' (vgl. Joh 3:3) of een 'vernieuwing' van het leven van de nieuwe gelovige.

2. De twee uitdrukkingen 'wedergeboorte' en 'vernieuwing' liggen dichtbij het concept van regeneratie (herstel) door de Geest, dat we vinden in de brieven van Paulus. Hoewel het woord niet vaak voorkomt, is het idee erachter Paulus niet vreemd. We beginnen aan de christelijke levensweg nadat we het leven hebben gekregen van de Geest (zie hieronder). Dit nieuwe leven wordt eveneens voorgesteld als vernieuwing (vgl. Rom 12:2, Kol 3:10).

Essentieel voor Paulus' visie op het christen worden is daarom dat wij niet alleen in een nieuwe objectieve verhouding tot God komen te staan (verlost, vergeven, gewassen, gerechtvaardigd), maar ook dat we 'gewassen zijn' door de Geest, wat wedergeboorte en vernieuwing met zich meebrengt. Door de Geest reinigt God mensen van hun bestaande zonden. Door de Geest transformeert hij hen ook tot zijn volk, 'herboren' en 'vernieuwd' om Gods gelijkenis te tonen in hun levens.

Volgens Paulus heeft er een radicale verandering plaatsgevonden bij het begin van de bekering. Het betekende een totale heroriëntatie van het hele leven. Deze heroriëntatie is rechtstreeks verbonden met het werk van de Geest. Theologisch zouden we dit een wedergeboorte kunnen noemen, hoewel dit beeld niet centraal staat in Paulus' eigen visie. Omdat hij altijd primair gericht was op het werk van Christus, maakte de nieuwe gelovige volgens hem 'dood en opstanding' mee (2 Kor 5:14, Gal 5:24, Rom 6:1-6, Kol 2:20-3:4), en betekende bekering het ervaren van de 'leven-gevende Geest'.

3. Wat er verder ook allemaal over God in het Oude Testament gezegd wordt, het belangrijkste is dat Jahwe de levende en levengevende God is. Dat God leeft en leven geeft is de grondslag van het bijbelse geloof. Voor de visie van Paulus op bekering is cruciaal dat de Geest die de gelovigen ontvangen, niemand anders is dan de 'Geest des levens' (Rom 8:2, 6), die 'leven geeft' aan hen die zich wenden tot Christus (2 Kor 3:6). Voor Paulus is het oude (vlees, zonde, het houden van de Tora) 'gekruisigd' (Gal 5:24). We zijn opgewekt met Christus om in een 'nieuwe staat des Geestes' (Rom 7:6) te leven. 'Zo is dan wie in Christus is een *nieuwe schepping*' (2 Kor 5:17), roept Paulus uit. 'Het oude is voorbijgegaan, zie, het nieuwe [het leven naar de Geest] is gekomen.'

Daarom is bekering vanuit het perspectief van Paulus ook het wandelen in een 'nieuwe staat des levens' . Vandaar dat hij zegt, aansluitend bij zijn stelling dat het vlees gekruisigd is met Christus: 'Indien wij door de Geest leven [na onze kruisiging met Christus], laten wij ook door de Geest het spoor houden' (Gal 5:25). Voor Paulus bestaat er niet zoiets als een gelovige die *niet* tot leven – nu en voor eeuwig – is gebracht door de komst van de levengevende Geest. Dit leven komt tot uitdrukking als het radicaal nieuwe leven in God, geschonken door de Geest.

In de visie van Paulus op bekering als het werk van de Geest, is daarom geen plaats voor de 'witgewassen' zondaar, iemand die nog steeds zondig is, maar toch voor God gerechtvaardigd. Bij de enige manier die Paulus kent om tot Christus te komen, wordt het leven van de gelovige overgenomen door de levengevende Geest, die het verlossende werk van het kruis voortzet en ons van binnenuit verandert, door een 'vernieuwing van ons denken' (Rom 12:2). Alle metaforen van Paulus voor het 'ervoor' en 'erna' (dood/leven, oude mens *(anthropos)*/nieuwe mens; licht/donker, etc.) verwijzen naar de radicale transformatie van het leven die door de Geest tot stand wordt gebracht. Ook de volgende metafoor is daar op gericht.

*Heiliging*
Paulus gebruikt het woord heiliging in de eerste plaats als een metafoor voor bekering, en niet als een verwijzing naar een werk van genade dat *volgt* op de bekering. Dit is het duidelijkst te zien in 2 Tessalonicenzen 2:13 waar Paulus verwijst naar de verlossingservaring van de Tessalonicenzen, die teweeggebracht werd 'in heiliging door de Geest en geloof in de waarheid'.
Deze beeldspraak is afkomstig uit de joodse liturgische traditie, waarin rituelen en liturgische voorwerpen opgedragen werden aan God, dat wil zeggen apart werden gesteld om alleen nog voor Gods heilige doeleinden te dienen; deze voorwerpen werden dan geheiligd. Dezelfde betekenis heeft deze metafoor in Romeinen 15:16, waar zij speciaal verwijst naar de heiden-bekeerlingen onder de bediening van Paulus. De joodse christenen in Rome moeten diegenen die door God zijn 'geheiligd door de heilige Geest' niet beschouwen als onrein (omdat ze niet besneden zijn). Dat de heidenen de Geest hebben ontvangen was Gods ultieme daad om voor Zichzelf een geheiligde offergave samen te stellen uit zowel joden als heidenen.
Paulus gebruikt dezelfde beeldspraak als verwijzing naar de bekering van de Korintiërs (1 Kor 6:11) ook om te benadrukken dat het gedrag dat zij voorheen vertoonden, op gespannen voet staat met bekering en het daarbij horende heiligende werk van de Geest: 'En sommigen uwer zijn dat geweest ..., maar gij zijt geheiligd ... door de naam van de Here Jezus Christus en door de Geest van onze God.'

Aan de hand van deze metaforen, zalving, zegel, onderpand en eersteling (zie hoofdstuk vijf) kunnen we veilig de volgende conclusies trekken:
1. De grote verscheidenheid aan beelden geeft aan dat één beeld niet genoeg is. Het werk van Christus dat door de Geest toepassing vindt in de bekering, heeft te veel facetten om door één beeld gedekt te worden. Bijna altijd is de keus van de metafoor verbonden met de existentiële situatie waarnaar wordt verwezen in de context. Zo verwijst verzoening naar Gods toorn die wij over ons afgeroepen hebben, en verlossing naar onze slavernij in de zonde, rechtvaardiging naar onze schuld tegenover Gods wet, heiliging naar het feit dat wij onheilig zijn, en reiniging naar ons onrein zijn.
2. De metaforen sluiten meestal aan bij de nadruk van het moment. Het

gaat dus om de context, niet om de exacte chronologie of verhoudingen bij de bekering.
3. Er bestaat geen christelijke bekering zonder de komst van de Geest in het leven van de gelovige als het ijkpunt. Hoewel ze op verschillende manieren wordt uitgedrukt, is de aanwezigheid van de Geest een constante.
Hiermee is echter nog niet alles gezegd. Betekent wat in dit hoofdstuk te berde wordt gebracht dat degenen, die tot geloof zijn gekomen zonder duidelijk aantoonbare ervaring van de aanwezigheid van de Geest, tekortschieten in bijbels geloof? Beslist niet! Iedereen die op Christus vertrouwt, heeft de Geest ontvangen, ook als dat wat rustiger in zijn werk ging. De betekenis van dit hoofdstuk voor de hedendaagse gelovige is dat de Geest, en de Geest alleen, ons leven niet alleen op het spoor zet van Christus, maar ook vertelt waar het in een christenleven uiteindelijk om gaat.
Dat de komst van de Geest in de paulinische gemeenten uiterlijk duidelijker zichtbaar was dan bij ons vaak het geval is, heeft waarschijnlijk veel te maken met hun verwachtingen. Voor sommigen van ons speelt misschien ook een rol dat zij christenen zijn van de tweede generatie. Er wordt immers wel gezegd dat God geen kleinkinderen heeft.
Wanneer *ervaren* wij de Geest? Deze duidelijk zichtbare toetreding tot het volk van God is in grote delen van de wereld nog steeds gebruikelijk. We kunnen met vertrouwen stellen dat wij, hoewel we niet op die manier zijn begonnen, toch net zo goed een leven kunnen leiden waarin de Geest duidelijk ervaren wordt. In dat opzicht is de Geest niet veranderd.
We moeten nog iets meer zeggen over de rol van de Geest bij de verlossing in Christus, omdat Paulus niets zou begrijpen van een bekering zonder het 'opgroeien in Christus.' Voor hem was de Geest het cruciale bestanddeel van een leven in Christus. Dus: hoe ziet iemand die bekeerd is eruit? Wat betekent het om een Geestelijk mens te worden, iemand die niet alleen begint met de Geest, maar ook wandelt in de Geest? Dat is het onderwerp van de volgende twee hoofdstukken.

## Noten

1. Zie H. B. Swete, *The Holy Spirit in the New Testament* (1910, herdruk Grand Rapids: Baker, 1964) p. 206.

2. Zie *GEP* over 1 Kor 12:8, 13:2; 2 Kor 4:13, Gal 3:1-5.
3. Het tekstmateriaal is rijk en gevarieerd. Zie bijv. *GEP* over 1 Tes 1:4-6; 2 Tes 2:13; 1 Kor 2:6-3:1; 6:11, 19-20; 2 Kor 1:21-22, 3:1-18, 11:4, 13:13[14]; Gal 3:1-5, 4:6, 5:5-6, 5:13-6:10; Rom 5:5, 7:4-6, 8:1-30, 14:16-18, 15:13; Ef 1:3-14, 4:1-6, 30; Fil 3:3, Tit 3:4-7.
4. Verwijzend naar de respons van de gelovige, vgl. Rom 14:17, hoewel de verbinding hier alleen indirect is (zie *GEP*, p. 620-621 en n. 449).
5. Zie de analyse van dit vers in *GEP*, p. 127-132.
6. Zie *GEP*, p. 777-784.

## Hoofdstuk 9

# Bekering: in de Geest blijven (1)

## De Geest en paulinische ethiek

*De Geest vervult, door een nieuw volk te vormen voor Gods naam, de bedoeling van de wet, en staat boven en tegenover het 'vlees' doordat Hij ons in staat stelt rechtvaardig te leven.*

Ik ben opgegroeid in een kerk waar termen als 'eeuwige zekerheid' en 'eens behouden altijd behouden' werden afgekeurd. Mensen die zo geloofden, zo werd mij voorgehouden, wakkerden bewust of onbewust gemakzuchtig geloof en goedkope genade aan; mensen die in Christus geloven omwille van hun behoud, maar daarvan niets laten zien in hun leven. Zij waren voor eeuwig 'veilig in Jezus' armen', dus waarom zouden ze zich druk maken over hun levenswijze? Pas later leerde ik dat dergelijk taalgebruik een populaire verdraaiing is van Calvijns denken over het behoud van de heiligen. Calvijn geloofde (en terecht) dat God zijn geheiligde mensen, zijn heiligen, kracht geeft om te volharden tot het einde en dat zij in die zin veilig zijn, voor eeuwig. Helaas bood hetgeen soms doorging voor calvinisme vaak een valse zekerheid voor *on*gelovigen, mensen die een paspoort voor de hemel wilden hebben zonder zich te laten inburgeren.[1]

Niets is verder verwijderd van Paulus' visie. Behoud heeft te maken met gered zijn en gered blijven. Behouden worden betekent horen bij het volk van God door de Geest, en behouden zijn betekent het leven leiden van iemand die behouden is. De Geest heeft ons opgewekt een hemels leven te leiden op aarde, ook door de Geest; wandelen in de Geest, geleid door de Geest, zaaiend in de Geest. De Geest die het geloof in ons plant waardoor wij geloven (2 Kor 4:13) is dezelfde waarvan een van de vruchten in ons leven het geloof is (Gal 5:22), wat voor nu betekent 'door de

Geest het spoor houden'. Rechtvaardigheid die slechts facultatief is, is ondenkbaar.

Wat betekent het dan om als het volk van God te leven in de christelijke gemeenschap en de wereld? Daarover gaat de ethiek, daarover gaat dit hoofdstuk. Zeker, leven in de Geest houdt veel meer in dan alleen maar ethisch gedrag. Het hele leven onder het Nieuwe Verbond wordt nu geleefd in en door de Geest; inclusief de eredienst, onze relatie met God en het leven van alledag. Maar omdat ethisch leven vaak centraal staat in zijn brieven, en omdat hij in dit verband vaak de Geest noemt, gaat dit hoofdstuk vooral over Paulus' opvatting van christelijke ethiek als een leven in de Geest.[2]

## De Geest en ethisch leven

Voor veel mensen is een christelijke levenswijze een tamelijk rechtlijnige aangelegenheid. Zij lezen Paulus' verschillende aanwijzingen (geboden) als een nieuw soort wet en doen hun best om zich eraan te houden, waarbij ze aan ieder gebod dezelfde waarde toekennen. Liefde voor de naaste en het dragen van een hoofddeksel, vergevingsgezindheid en vrouwen die moeten zwijgen in de kerk, seksueel puritanisme en spijswetten, ze hebben allemaal evenveel gewicht. Ook al zijn wij behouden door de genade, God verwacht van ons dat wij leven volgens zijn geboden op alle terreinen van ons leven. Maar een dergelijke opvatting is zowel te gemakkelijk als te zwaar, en getuigt bovendien van een slecht begrip van Paulus.

Om te beginnen is het te gemakkelijk, omdat het puur individualistisch is. Het is veel gemakkelijker om christen te zijn in het isolement, dan om vanuit je geloof te leven tussen al die andere onvolmaakte mensen uit wie Gods kerk bestaat. Bovendien is het te gemakkelijk, juist omdat de christelijke ethiek wordt omgezet in gemakkelijk te volgen gedragscodes, die niets te maken hebben met zorgen voor elkaar, maar met futiliteiten als eten en drinken. Tegelijkertijd is het te zwaar, want mensen met een dergelijke opvatting denken over ethiek in termen van de wet. Voor hen is vergeving een vergissing, en het liefhebben van vijanden een onmogelijke opgave. Een dergelijke ethiek gaat volledig voorbij aan de glorieuze vrijheid die Gods kinderen hebben gekregen om samen het leven van de toekomst te leven, bekrachtigd door de Geest.

Daarom worden in dit hoofdstuk twee kwesties uiteengezet. Ten eerste: christelijke ethiek is niet in de eerste plaats een individualistisch, persoonlijk soort heiligheid tussen mens en God. Het heeft veeleer te maken met leven in de Geest in de christelijke gemeenschap en de wereld. Wat het toetreden betreft, legt Paulus hier een zwaar accent op de gemeenschap. Het gaat hem om de plaatselijke kerk van Gods mensen in hun eigen woonplaats. Vandaar dat de meeste van zijn aanwijzingen in de tweede persoon meervoud zijn gesteld; hij heeft de hele gemeente in gedachten. Maar deze instructies zijn zo uitgedrukt dat ze worden ervaren en gehoorzaamd op individueel niveau. Bijvoorbeeld, het gebod om vervuld te blijven van de Geest in Efeziërs 5:18, is gericht aan een gemeenschap waarin gelovigen elkaar verschillende soorten liederen leren. Op een zeer natuurlijke wijze richt hij zich eerst tot de individuele gelovigen die gehoor moeten geven aan de vermaning, opdat de gemeenschap vervuld raakt van de Geest.

De tweede kwestie is dat ethiek te maken heeft met leven *in de Geest,* niet iets wat daarop lijkt terwijl het in werkelijkheid een voortzetting is van het leven onder de wet. Door ons te redden door Christus en de Geest heeft God een eschatologisch volk geschapen dat het toekomstige leven leeft in het heden, een leven dat een weerspiegeling is van het karakter van God, dat zich eerst openbaarde in Christus en vervolgens in zijn Geest. In de persoon van de hernieuwde openbaring van God, de Geest die zijn mensen tot leven heeft gewekt, leidt Hij hen nu op de wegen van gerechtigheid omwille van zijn naam.

Deze tweede kwestie heeft gedeeltelijk te maken met de rol van de wet in de paulinische ethiek. Want in zijn theologisch geworstel met 'werken der wet' en 'rechtvaardiging door genade' komt Paulus altijd weer terug op de Geest als de sleutel tot het probleem: wat betekent gerechtigheid voor ons gedrag, als gerechtigheid een uitvloeisel is van genade en los staat van de wet? Omdat wat Paulus over dit punt zegt voor veel mensen dubbelzinnig en vaag blijft, zullen we, wanneer we de ethiek van de Geest gaan bekijken, eerst dit probleem behandelen.

### *De Geest en het Nieuwe Verbond*

Hoewel het Gods aanwezigheid was die het volk Israël onderscheidde als Gods volk, was zijn identiteit als dat volk gebonden aan zijn gehoorzaamheid aan de Tora, de wet. Paulus werd voortdurend op de hielen gezeten door rondtrekkende joodse christenen die zijn kerken infiltreerden en beweerden dat ook gelovigen in Christus die bij Gods volk wilden horen, zich aan de Tora moesten houden. Integendeel, zo werpt Paulus tegen, de Geest en alleen de Geest onderscheidt mensen als behorend tot het volk van God onder het Nieuwe Verbond.

De mislukking van het vorige verbond, het verbond van de wet, bestond erin dat de Tora, hoewel ze 'geestelijk' was, in de zin dat zij geïnspireerd was door de Geest (Rom 7:14), en zij gekomen was met heerlijkheid (2 Kor 3:7), zij niet vergezeld ging van de krachtgevende Geest. Inderdaad, zij was geschreven op stenen tafels die voor Paulus haar dood-zijn symboliseerden, haar fundamentele machteloosheid om mensen te bevrijden. Het was een verbond van de letter geworden (slechts een reeks geschreven wetten die gehoorzaamheid vereisten) dat leidde tot de dood (Rom 2:29, 7:6, 2 Kor 3:5-6); en een sluier zoals die waarmee Mozes zijn gezicht bedekte om de heerlijkheid – 'die toch verdwijnen moest' – te bedekken, bedekt nu de harten van allen die uit de wet horen voorlezen (2 Kor 3:14).

Het Nieuwe Verbond daarentegen is door de levengevende Geest geschreven op 'tafelen van vlees in de harten' (2 Kor 3:3), haar ritueel, de besnijdenis, is naar de Geest en 'van het hart' (Rom 2:29). Het evangelie en de bediening ervan gaan gepaard met veel grotere en blijvende heerlijkheid: de bediening van de Geest zelf (2 Kor 3:8). Het beloofde Nieuwe Verbond heeft het oude vervangen en de gave van de Geest is het bewijs daarvan.

Van groot belang voor deze kijk op de zaak is Paulus' opvatting van de gave van de Geest als een vervulling van de belofte van het Nieuwe Verbond in Jeremia 31:31-34, die men in het licht van Ezechiël 36:26-37:14 was gaan lezen. De reden voor een nieuw verbond was dat het oude er niet in was geslaagd een wezenlijke gerechtigheid in de ware zin voort te brengen, een gerechtigheid die voortsproot uit een gehoorzaam hart en niet aan plichtsgetrouwe wetsbetrachting; alsof Gods volk kon worden geïdentificeerd door besnijdenis, het houden van bepaalde dagen en de spijswetten. Het Oude Testament laat er zelf geen twijfel over bestaan dat Gods bedoeling met de Tora was om zijn karakter te openbaren in de wijze waarop zijn volk aanbad en leefde[3] – vandaar de cruciale rol die de Geest moet spelen.

De Geest, die deel uitmaakt van de belofte van het Nieuwe Verbond, zou de gerechtigheid voortbrengen die het doel was van het vorige verbond, dat hierin echter had gefaald. De Geest wordt nu ervaren door zowel joden als heidenen, en wel geheel los van de Tora. Zo speelt de Geest als de eschatologische vervulling van het beloofde Nieuwe Verbond een centrale rol in Paulus' argumentatie wanneer het gaat over het opnemen van de heidenen, los van de Tora.[4]

*De Geest maakt een einde aan het 'moeten' naleven van de Tora*
De gave van de Geest in het Nieuwe Verbond als de *vervanging* van de Tora en de *vervulling* in het Nieuwe Verbond van de rechtmatige eisen van de Tora, is de sleutel tot een van de lastigste vragen bij het lezen van Paulus: hoe moeten we zijn visie op de wet opvatten?[5] Het eerste probleem waarop wij stuiten, komt voort uit de spanning die wij voelen bij veel van Paulus' eigen beweringen. Soms spreekt hij negatief over de wet, alsof deze uit de tijd is; maar dergelijke beweringen staan naast, en soms in dezelfde context als andere passages waarin hij de wet wel als goed ziet en als bevestigd door het geloof. De reden dat Paulus hier en op andere plaatsen ingewikkeld lijkt, heeft te maken met het feit dat hij voortgaat in de lijn van het Oude Testament, en er tegelijkertijd mee breekt.

Enerzijds zegt Paulus over de wet dat zij ons de zonde doet kennen (Rom 3:20, 7:7-12), of dat zij 'zondige hartstochten prikkelt' (7:5); of nog sterker, dat de wet 'erbij is gekomen, zodat de overtreding toenam' (5:20). Leven onder de wet is leven in een gevangenis, onder slavernij (Gal 3:23, 4:1). Nadat zij de overtredingen heeft doen toenemen, leidde zij tot veroordeling (2 Kor 3:9), en was niet in staat om er iets aan te doen (Rom 7:14-25, 8:3). Daarom leidt de wet uiteindelijk tot de dood, niet tot het leven (2 Kor 3:6, Gal 2:19, Rom 7:5, 9). Degenen die onderwerping aan de Tora voorstaan, behoren daarom tot de 'slechte arbeiders' (Fil 3:2), zij zijn vijanden van Christus die Paulus toewenst dat zij het dan maar helemaal goed doen en zichzelf laten castreren (Gal 5:12). Met de komst van Christus en de Geest is daarom de tijd van de Tora ten einde gekomen (Rom 10:4, Gal 5:18, 23). Al dergelijke passages benadrukken duidelijk de discontinuïteit.[6]

Aan de andere kant ziet Paulus de wet als 'heilig' en 'geestelijk' en haar geboden als 'heilig, rechtvaardig en goed' (Rom 7:12, 14). Het unieke voorrecht van de joden is dat 'hun de woorden Gods zijn toevertrouwd', (3:2, vgl. 9:4), en van die woorden zegt Paulus herhaaldelijk dat zij nog steeds gelden voor Gods volk. Zo stelt het geloof de wet niet buiten werking, maar bevestigt haar veeleer (3:31). De besnijdenis heeft geen betekenis meer, maar dat geldt niet voor de geboden van God (1 Kor. 7:19).

Hoe moeten wij dergelijke tegenstrijdigheden met elkaar rijmen? De traditionele manier was theologisch: de wet als middel om rechtvaardig te worden voor God heeft haar tijd gehad en is vervangen door het geloof in Christus. Maar deze opvatting doet weinig recht aan het Oude Testament; alsof gehoorzaamheid aan de wet in het Oude Testament een middel was om God gunstig te stemmen. De schrijvers van de Psalmen 19 en 119 dachten daar beslist anders over!

De oplossing ligt volgens Paulus in de rol van de Geest. Inderdaad, de ervaring van de beloofde eschatologische Geest, niet de rechtvaardiging door het geloof, vormt de kern van zijn argumentatie in de Galatenbrief, die helemaal gewijd is aan deze kwestie. De dood van Christus maakte een einde aan de vloek van de wet, dat men leven moest door 'de wet te doen' en dus niet 'door het geloof' (Gal 3:10-14). De gave van de Geest maakt de functie van de wet als dat wat Gods volk onderscheidt overbodig. 'Indien gij u echter door de Geest laat leiden, dan zijt gij niet onder de wet' (5:18). Tegen mensen die de vrucht van de Geest voortbrengen 'is de wet niet' (v. 23). Voor Paulus betekent de Geest dus duidelijk het einde van de Tora. Hoe? Omdat de Geest in staat is te doen wat de Tora niet vermocht, in termen van rechtvaardigheid, namelijk dat 'de eis der wet vervuld zou worden in ons, die niet naar het vlees wandelen, doch naar de Geest' (Rom 8:4).

Hierin is zowel de discontinuïteit als de continuïteit gelegen. In het tijdperk van de Geest is de continuïteit op het gebied van de gehoorzaamheid aan de Tora verbroken; het houden van de geboden als instrument om het volk van God te identificeren of een middel om een verhouding met God te verkrijgen. Paulus' breuk met deze joodse traditie is op dit punt absoluut en resoluut: 'Want besneden zijn betekent niets, en onbesneden zijn betekent niets, maar wél het houden van Gods geboden' (1 Kor 7:19). Ook al heeft het geen betekenis, joodse ouders mogen nog steeds hun zonen besnijden als ze dat willen, zolang ze maar begrijpen dat ze daarvoor niet bij het volk van God horen. Maar ook mag het,

omdat het niets betekent, niet worden opgelegd aan de heidenen, omdat men daarmee juist weer godsdienstige betekenis aan zou toekennen. De continuïteit is gelegen in het vervullen van de Tora door de Geest, die Gods volk leidt op Gods wegen; in een levenswijze waarin de oorspronkelijke bedoeling van de Tora tot uiting komt: een volk scheppen voor Gods naam. Een volk dat Gods gelijkenis in zijn karakter draagt, zichtbaar in zijn gedrag.
De vrucht van de Geest betekent niets anders dan dat de Geest in ons leven de gerechtigheid van God (de gerechtigheid die kenmerkend is voor God) voortbrengt. Wanneer dit gebeurt, is de Tora op een zodanige wijze vervuld dat zij voor alle praktische doeleinden overbodig is geworden. De Tora is echter, als deel van het Oude Testament, waarvan ons verhaal de voortzetting is, nooit overbodig. In deze zin zal zij net zolang standhouden als dit tussentijdse bestaan zal duren – niet als een weg tot rechtvaardigheid of als instrument om Gods volk te onderscheiden, maar als een weg die ons wijst op de rechtvaardigheid van God, die de Geest waarmaakt in ons leven als de huidige openbaring van de eschatologische toekomst.[7]

## De christelijke ethiek

Volgens 1 Korintiërs 7:19 heeft de besnijdenis geen betekenis, maar 'het houden van Gods geboden' wel. Laat Paulus nu de wet weer binnen door de achterdeur? Nee. Dit is gewoon zijn manier om te zeggen dat gerechtigheid als openbaring van Gods karakter in het leven van zijn volk niet facultatief is. De reden hiervoor ligt in de gave van de beloofde Geest die zowel het naleven van de Tora overbodig, als het vervullen van de rechtvaardige eisen van de Tora mogelijk heeft gemaakt. Het doel van de Tora, Gods eigen gerechtigheid te weerspiegelen in zijn volk, is precies wat de Geest kan waarmaken, en waarin de Tora faalde. Dit is de kern van de ethiek van de Geest. Alleen zaken die te maken hebben met God en zijn karakter worden als absoluut beschouwd, alle andere zijn *adiaphora*, bijzaken.
Paulus' houding ten opzichte van deze zaken komt duidelijk tot uitdrukking in Romeinen 14:17, de theologische uitweiding midden in zijn reactie op enkele praktische ethische kwesties. Hoe kunnen mensen die be-

paalde godsdienstige praktijken volgen als volk van God samenleven met mensen die dat niet doen, zodanig dat zij 'eendrachtig uit één mond de God en Vader van onze Here Jezus Christus [mogen] verheerlijken' (Rom 15:6)? Paulus antwoordt dat iemand die zich aan de voorschriften houdt, anderen die dat niet doen, niet moet veroordelen, en iemand die zich er niet aan houdt, wie het wel doen niet moet minachten (14:1-6). De reden? 'Want het Koninkrijk Gods bestaat niet in eten of drinken, maar in rechtvaardigheid, vrede en blijdschap, door de Heilige Geest' (Rom 14:17). Eten en drinken hebben geen betekenis; gerechtigheid, blijdschap en vrede betekenen alles.

Zo staat de Geest centraal in Paulus' ethiek, ten eerste omdat verlossing in Christus zonder rechtvaardigheid van de kant van Gods volk, onbestaanbaar is. Zij zijn niet verlost omdat zij recht hebben gedaan; dat is ondenkbaar omdat rechtvaardigheid als levenswijze het *gevolg* is van de bekrachtiging van de Geest, en geen voorwaarde om toegelaten te worden. Maar om precies diezelfde reden is een ethisch leven ook een vereiste, omdat zowel het toetreden als het behouden blijven het werk is van de Geest, en Paulus geen scheiding ziet tussen deze twee.

Ten tweede: de Geest is essentieel voor Paulus' ethiek omdat ware christelijke ethiek alleen kan bestaan als de Geest ons daartoe in staat stelt. Dat is de reden dat gehoorzaamheid aan de Tora niet werkt; het kan de mensen misschien godsdienstig maken, maar niet rechtvaardig in de zin van het weerspiegelen van de rechtvaardigheid van God in hun levens. 'Be-Geesterde' mensen hebben niet alleen het verlangen om God te behagen, zij zijn daartoe ook *in staat gesteld.*

Dit is ook de reden dat Geestelijke ethiek begint met een vernieuwing van het denken (Rom 12:1-2, vgl. Kol 1:9, Ef 1:17); alleen daardoor kunnen wij ontdekken wat Gods wil is en daar vervolgens naar leven. Het door de Geest vernieuwde verstand doet ons inzien dat de liefde boven alles gaat, en alleen met een dergelijk vernieuwd verstand kunnen we ontdekken hoe we het beste kunnen liefhebben. Er is een tijd om te spreken en een tijd om te zwijgen, een tijd om elkaars lasten te dragen en een tijd om daarvan af te zien omwille van de groei van de ander. Wij zijn afhankelijk van de Geest om te kunnen weten wat Gods wil is.

De passages in Kolossenzen en Efeziërs zijn in dit opzicht zeer betekenisvol. Hoewel de exacte aard van de dwalingen van de Kolossenzen waarop Paulus reageert, in mist blijft gehuld, is het wel duidelijk dat het te maken had met (1) een zich beroepen op dwalingen (wijsheid, zogenaamde filosofie, etc.) waarschijnlijk gebaseerd op visioenen en (2) een neiging tot een religieuze praktijk die een ascetisch ideaal benaderde ('nergens aankomen, niets proeven, niets doen'). Paulus reageert hierop in het begin van de brief (Kol 1:9-11) door te bidden voor de gelovigen in Kolosse dat zij 'met de rechte kennis van zijn wil vervuld [mogen] worden, in alle wijsheid en geestelijk inzicht', en wel opdat zij in de Here waardig mogen wandelen en Hem in alles behagen (vgl. Rom 12:1-2).

In plaats van hun christelijke regels te geven, geeft Paulus hun dus de Geest. Door de wijsheid en het inzicht van de Geest kunnen zij de regels achter zich laten en een leven beginnen te leiden van mensen die door de Geest 'vernieuwd worden tot volle kennis naar het beeld van hun Schepper' (Kol 3:10). Vervolgens wordt het karakter van de Schepper beschreven (v. 12) in bewoordingen die doen denken aan de 'vrucht van de Geest' in Galaten 5:22-23. Dit is een nieuwe vorm van openbaring, afkomstig van de Geest die Gods wil op zodanige wijze onthult dat ethisch leven een weerspiegeling is van Gods karakter.

Ethiek is daarom voor Paulus uiteindelijk puur en simpel een theologische kwestie, in de zin dat het te maken heeft met wat wij weten van Gods karakter. Alles heeft te maken met God, en met de openbaring van God in Christus en de Geest. Dus: (1) het *doel* (of het uitgangspunt) van christelijke ethiek is het vereren van God (1 Kor 10:31), (2) het *voorbeeld* voor een dergelijke ethiek is de Zoon van God, Christus zelf (1 Kor 4:16-17, 11:1, Ef 4:20), tot wiens evenbeeld wij bestemd zijn (Rom 8:29), (3) het *principe* is liefde, juist omdat liefde de essentie van Gods wezen is[8], (4) en de *kracht* is de Geest, de Geest van God.

Vandaar de cruciale rol van de Geest. Omdat de Geest van God de Geest van Christus is, en omdat de eerstgenoemde vrucht van de Geest de liefde is, stelt de Geest de gelovige niet alleen in staat tot ethisch gedrag, maar door zijn intrek te nemen in de gelovige, plant Hij ook het voorbeeld en het principe van dat gedrag in hem.

### *Wandelen in en door de Geest*[9]

De centrale rol van de Geest wordt zeer duidelijk uiteengezet in Galaten 5:13-6:10, waar Paulus met een reeks werkwoorden met de bepaling *pneumati* (in en door de Geest) de Galaten aanspoort om 'te eindigen' (Gal 3:3) met diezelfde Geest door wie zij waren bekeerd. Hij beveelt

hen te 'wandelen in de Geest', belooft hun dat wie zo wandelen 'niet zullen voldoen aan het begeren van het vlees' (v. 16); zulke mensen worden 'geleid door de Geest', getuigen daarvan met 'de vrucht van de Geest' (v. 22, 23), en zijn niet onder de Tora (v. 18, 23). Omdat zij 'leven door de Geest' (tot leven zijn gewekt door de levengevende Geest), kunnen ze niet anders dan 'door de Geest het spoor houden' (v. 25). Tenslotte zal alleen wie zo 'in de Geest zaait' uit de Geest 'eeuwig leven oogsten' (6:8).
Twee dingen worden duidelijk uit deze passage: dat de Geest de sleutel vormt tot ethisch leven en dat Paulus van de be-Geesterde mensen verwacht dat zij een veranderd gedrag aan de dag leggen. De eerste instructie, 'wandelen door de Geest,' is het basisgebod in Paulus' ethiek. Het werkwoord 'wandelen' werd in het jodendom algemeen gebruikt om te verwijzen naar de hele levenswijze. Paulus neemt dit over als het werkwoord dat hij het meeste gebruikt met betrekking tot ethisch gedrag (in totaal komt het 17 keer voor). Alle andere geboden vloeien voort uit dit ene gebod. Het eerste waaraan zulk wandelen te herkennen is, is dat het 'in liefde' is (Ef. 5:2, Gal 5:6), daarom staat liefde vooraan in de reeks eigenschappen die 'vrucht van de Geest' zijn (Gal. 5:22, vgl. 5:14, Rom 13:8-10).

Paulus benoemt in zijn brieven ook wat niet tot de Geestelijke ethiek behoort. Enerzijds is ethiek van de Geest niet gewoon een ideaal dat alleen bereikbaar is voor de weinigen die werkelijk geestelijk zijn, in tegenstelling tot degenen die nog 'in het vlees' zijn, dus aards. De kracht van de Geest is ieders eigendom. Paulus zou net zulke korte metten maken met een opvatting die mensen toestaat 'gerechtvaardigde zondaren' te zijn zonder de bijbehorende veranderingen in gedrag (zie hoofdstuk 7), als met een beroep op de hulpeloosheid van de kant van wie leven en wandelen door de Geest (zie hoofdstuk 11). Hij wil gewoon niets weten van een innerlijke strijd in de mens, waarbij het vlees voortdurend de boventoon voert.[10] Tenslotte is Geestelijke ethiek in eerste instantie niet een kwestie van individuele vroomheid, maar van ons gemeenschappelijk leven in de wereld.

Anderzijds is Geestelijke ethiek noch ethisch perfectionisme (een leven zonder zonde), noch triomfalisme (gemaakte glimlachen die een abonnement op 'overwinning onder alle omstandigheden' moeten uitdrukken). Leven in de Geest is ethisch realisme, het leven in het *nu reeds/nog niet* door de kracht van de Geest. Als iemand wordt betrapt op een overtreding haalt de rest van Gods geestelijke kinderen hem weer terug door de Geestelijke vrucht van de zachtmoedigheid (Gal 6:1-2). Als iemand door verzet tegen Paulus, droefheid heeft veroorzaakt bij Paulus en de gemeente, moet hij worden vergeven en zo weer op zijn plaats gezet (2 Kor 2:5-11).

Voor Paulus ligt de sleutel in de Geest als een dynamisch ervaren realiteit, zowel in het leven van de gelovigen (Gal 3:2, 4) als van de gemeenschap (3:5).[11] Paulus had hoge verwachtingen op dit punt, want voor hem en zijn gemeenten was de Geest niet alleen maar iemand waarin men geloofde, maar iemand die men ervoer als een tastbare en zichtbare realiteit. Ook al staat onze ervaring van de Geest op een lager pitje, we moeten de verleiding weerstaan om Paulus naar ons eigen beeld om te vormen en troost te zoeken in een Paulus die niet bestond. Zijn antwoord was: wandel in en door de Geest. Hij ging ervan uit dat zulk wandelen mogelijk was voor diegenen die al 'zoveel dingen hebben ervaren' van de Geest. Hij vertelt ons niet *hoe* we dat moeten doen, omdat hij een dergelijk dynamisch leven in de Geest bekend en mogelijk veronderstelde.

*De Heilige Geest*[12]

Hoewel Paulus gewoonlijk de term 'heiliging' gebruikt als hij het over de christelijke bekering heeft (zie hoofdstuk 7), komt het woord het meeste voor in gedeelten waar hij zich bezighoudt met het ongepaste (zondige) gedrag van zijn bekeerlingen.[13] In 1 Tessalonicenzen 4:3-8 behandelt hij bijvoorbeeld de kwestie van de seksuele losbandigheid van een groep voormalige heidenen, voor wie seksuele ontrouw niets met moraal te maken had. In Paulus' ogen is een dergelijk gedrag zowel een overtreding voor God als een onrecht jegens de medegelovigen. Zijn redenatie begint als volgt: 'Want dit wil God: uw heiliging' (v.3), en hij concludeert dat iemand die zijn voorschrift op dit punt afwijst, niet slechts iets menselijks afwijst, maar 'God, die u immers ook zijn *Heilige* Geest *geeft* [tegenwoordige tijd].' Dit verklaart het gebruik van het woord 'heiliging' wanneer hij hen herinnert aan hun bekering in 2 Tessalonicenzen 2:13, en ook zijn herhaalde nadruk op heiliging in 1 Korintiërs (zie 1:2, 30, 6:11).

Hier wordt gedeeltelijk duidelijk waarom de vroege kerk over de Geest sprak als de *Heilige* Geest. De vroege gelovigen zagen zichzelf als gewijd aan God, maar niet op een rituele wijze zoals in het oudtestamentische gebruik van de term 'geheiligd'. Zij waren eerder afgezonderd voor God, om zijn heilige volk in de wereld te zijn.[14] Vandaar de nadruk in 1 Tessalonicenzen 4:3-8.

Voor Paulus heeft heiligheid – dat betekent: wandelen met hulp van de *Heilige* Geest – twee aspecten. Aan de ene kant betekent het zich onthouden van bepaalde zonden, en wel volledig. Omdat in Christus gelovigen zowel voor de zinnen (het vlees) als voor de wet dood zijn, moeten zij ook dienen 'in de nieuwe staat des Geestes' (Rom 7:6). Zij moeten hun oude levenswandel doden (Rom 6:1-18, 8:12-13, Kol 3:5-11), welk in Galaten 5:19-21 wordt geportretteerd als de 'werken van het vlees', wat verwijst naar het leven vóór en buiten Christus. Zo'n leven is niet langer een optie voor het nieuwe volk van God dat metterdaad een volk is geworden door de inwoning van de Geest van God. Paulus vat daarom het 'ter dood brengen' van de werkingen van het vlees op als het krachtgevende werk van de Geest (Rom 8:12-13).

Aan de andere kant verwijst heiligheid ook (specifiek) naar de Heilige Geest die leeft in de gelovigen en die het leven van Christus in en onder hen voortbrengt, met name in hun gemeenschapsleven. Wie anders doet 'bedroeft de Heilige Geest van God' (Ef 4:30), die hun door zijn aanwezigheid zowel eendracht als gemeenschappelijke groei heeft geschonken. Om die reden noemt Paulus het volk van God meestal 'de heiligen' (Gods *heilige* volk). Hun onderlinge relaties zijn anders en ze zijn daartoe in staat omdat zij bovenal Geestelijke mensen zijn; wat ze verder ook mogen zijn.

Wat we nu nog moeten behandelen met betrekking tot de christelijke bekering is hoe een bekeerd iemand eruit ziet, hoe heiligheid tot uitdrukking komt in het leven van de gemeenschap van gelovigen. Het antwoord op deze vraag is het onderwerp van het volgende hoofdstuk, en opnieuw is de Geest, de hernieuwde aanwezigheid van God, de sleutel tot onze omvorming naar Gods gelijkenis.

## Noten

1. Hier moet ik voor de volledigheid toevoegen, dat te veel gepreek

tegen 'eeuwige zekerheid' vaak heeft geleid tot onzekerheid. In mijn eigen woorden: velen plachten iedere zondag 'behouden' te worden omdat zij door de week hebben gezondigd. Deze even slechte theologie heeft voor meer godsdienstige neuroses gezorgd dan we misschien willen weten.

2. Over de kwestie van Paulus' ethiek: zie met name V.P. Furnish, *Theology and Ethics in Paul* (Nashville: Abindon, 1968); over de rol van de Geest in Paulus' ethiek: zie met name de duidelijke paragrafen in E. Käsemann: *Commentary on Romans* (Grand Rapids: Eerdmans, 1980) p. 324-325. Zie ook in *GEP* de verhandeling over 1 Tes 4:8, 2 Tes 2:13, 1 Kor 6:19-20, Gal 5:5-6, 13-15, 16-18, 19-23, 24-26, 6:1-3, Rom 6:1-8:39, 7:5-6, 14, 18, 8:1-2, 3-4, 5-8, 12-13, 13:11-14, 14:16-18, Ef 4:3-4, 30.
3. Zie onder meer het krachtige appèl van Jesaja 58.
4. Zie *GEP* over 2 Kor 3:1-4:6 (vgl. 11:4), Gal 3:1-4:7, 4:29, 5:1-6, 13-24, Rom 7:4-6, 8:1-30, Fil 3:2-3.
5. Voor een duidelijke inleiding over de kwestie van Paulus en de wet en de discussie daarover, zie vooral S. Westerholm, *Israel's Law and the Church's Faith: Paul and his Recent Interpreters* (Grand Rapids: Eerdmans, 1988) en F. Thielman, *Paul and the Law: A Contextual Approach* (Downers Grove: InterVarsity Press, 1994).
6. Een groot deel van de literatuur over Paulus en de wet komt voort uit de noodzaak om uit te leggen hoe een jood als Paulus er zulke on-joodse opvattingen over de Tora op na kon houden.
7. Voor exegese die tot deze conclusies leidt, zie *GEP*, 2 Kor 3:1-18, 3:4-6, 7-11, Gal. 3:1-5, 14, 4:4-7, 29, 5:5-6, 13-15, 18, 19-23, Rom 2:29, 7:5-6, 14, 18, 8:1-2, 3-4, 12:1-2, Fil 3:3.
8. Er zijn talloze bijbelteksten aan te halen met betrekking tot dit punt: Gal 5:13-14, 1 Kor 8:2-3, 13:4-7, Rom 13:8-10, Kol 3:14, Ef 5:2, 25.
9. Zie de discussie in *GEP* over Gal 5:13-6:10, 2 Kor 12:18, Kol 1:9-11, Ef 4:1-3.
10. Zoals we in hoofdstuk 11 zullen zien, heeft de hele argumentatie van Gal 5:13-6:10 te maken met de vraag of de Geest in staat is ons rechtvaardig te doen leven, terwijl we als begeesterde mensen nog steeds leven in een wereld die nog altijd wordt geregeerd door het perspectief van het vlees. Waar het om gaat in Gal 5:16 is *belofte*,

zoals in de vertaling van de Groot Nieuws Bijbel goed naar voren komt: 'als u zich in uw levenswandel laat leiden door de Geest, zult u geen gevolg geven aan zelfzuchtige verlangens.'

11. Zoals beschreven in de analyse in *GEP* van Gal 5:16, p. 427-434.
12. Zie de verhandeling in *GEP* over uiteenlopende teksten als 1 Tes 4:8, 2 Tes 1:11, 2:13, 1 Kor 6:11, Rom 15:16, Ef 4:30.
13. Behalve wanneer hij een toespeling maakt op het Nieuwe en het Oude Verbond, zoals in Rom 15:16. Daar heeft hij het over voormalige onheilige heidenen die nu geheiligd zijn door de Geest, zodat de joodse christenen hen niet mogen veroordelen op grond van hun gebrek aan rituele heiligheid, met name hun afwijzen van de besnijdenis en de spijswetten.
14. Vgl. A. W. Wainwright, *The Trinity in the New Testament* (Londen, SPCK, 1962) p. 22-23.

Hoofdstuk 10

# Bekering: in de Geest blijven (2)

## De vrucht van de Geest

*Het doel van de individuele bekering is dat wij de vrucht van de Geest voortbrengen, wat betekent dat we worden omgevormd naar het beeld van God, het beeld van Christus.*

'Je bent al een heel eind op weg, schatje!' Met deze woorden probeert een sigarettenadvertentie vrouwen te verleiden met dit levensgevaarlijke product. In deze leus ligt de belofte besloten dat ze door dit bepaalde merk sigaretten te roken er helemaal bij zullen horen in de moderne wereld. De advertentie zit er natuurlijk hopeloos naast, niet alleen door de denigrerende toon ten opzichte van vrouwen, maar ook door de impliciete boodschap over het doel van de reis. In de werkelijke reis naar het leven van de toekomst komen we een heel eind als we wandelen in de Geest. Dan worden we meer en meer omgevormd naar het beeld van Gods Zoon, onze Heer Jezus Christus.

Om met een ander beeld te spreken: hoe graag we ook zouden willen dat het anders is; als we bij onze bekering de Geest ontvangen, is dat niet het begin van de goddelijke volmaaktheid, maar een goddelijke 'infectie'! Wij zijn geïnfecteerd door de levende God zelf, in de persoon van zijn Geest, wiens doel het is ons door en door te infecteren met Gods eigen gelijkenis. Paulus noemt deze infectie de vrucht van de Geest. De komst van de Geest en de vernieuwing van ons verstand geeft ons een hemelse honger naar deze vrucht. De groei van deze vrucht is de lange reis van de christelijke bekering, is voortdurend in gehoorzaamheid te wandelen in dezelfde richting; het is allemaal het werk van de Geest in ons leven. Een leven op een lager niveau is geen reclame voor de toekomst!

In dit hoofdstuk wil ik in eerste instantie Paulus' opsomming van deze ‘vruchten’ in Galaten 5:22-23 aan een nader onderzoek onderwerpen. Een lijst die in feite een weerspiegeling is van Christus zelf, en dus ook een weerspiegeling van hoe Geestelijke mensen eruit zien. Maar eerst zullen we kort bekijken hoe breed Paulus het leven in de Geest opvat.

## Andere werken van de Geest

Paulus vat naast de ethische ‘vrucht’ allerlei andere zaken op als het werk van de Geest. De meeste daarvan horen bij het leven van de individuele gelovige. Zij onthullen de grote draagwijdte van Paulus’ kijk op het leven in Christus als geïnspireerd door de Geest.[1]

Wanneer wij bijvoorbeeld hoop ervaren, hoop op de zekere toekomst zoals hierboven beschreven in hoofdstuk 5, dan is dat geïnspireerd door de Geest (Gal 5:5, Rom 15:13). Op dezelfde wijze geeft Paulus in Romeinen 9:1 aan dat zijn zuivere geweten met betrekking tot wat hij van plan is te zeggen, het werk is van de Geest in zijn leven. In Romeinen 12:11 verwijst hij naar de Geest die werkzaam is in de geest van de gelovige, de bron voor godsdienstig enthousiasme. In Filippenzen 1:19 verwacht Paulus dat de combinatie van het gebed van de Filippenzen en de ‘bijstand van de Geest’ hem in staat zullen stellen het evangelie nooit te beschamen en, hetzij door zijn leven, hetzij door zijn dood, Christus te verheerlijken. En ook al beroemt hij zich niet op zijn apostelschap, de Geest is de sleutel tot zijn ‘vele gezichten en openbaringen’ (2 Kor 12:1, zie verder hoofdstuk 12).

Al deze teksten bewijzen alleen maar wat al gezegd is: dat Paulus’ opvatting van een leven in Christus door en door wordt beheerst door de Geest, dat de Geest het ene, absoluut onmisbare bestanddeel is van dat leven. In dit hoofdstuk ligt de nadruk echter op de ethische dimensie van dat leven zoals het wordt geïllustreerd door de vrucht van de Geest.

## De Geest en zijn vruchten

Voordat we naar de afzonderlijke vruchten gaan kijken, kan het zinvol zijn enkele algemene opmerkingen te maken naar aanleiding van de lijst van vruchten in de context van Galaten.

1. Hoewel Paulus zijn opsomming afzet tegen de voorafgaande werken van het vlees, doelt hij daarmee niet op passiviteit aan de kant van de gelovige. Tenslotte komt ethisch onderricht elders altijd tot stand via geboden die gelovigen aansporen tot gehoorzaamheid. We moeten het element van het wonderbaarlijke niet over het hoofd zien. In Paulus' ethiek wandelen we in de Geest (Gal 5:16) als we ons laten leiden door de Geest (v. 18). De Geest brengt de vruchten voort wanneer gelovigen voortdurend wandelen met hulp van de Geest.
2. De essentie van de vrucht is de navolging van het leven van Christus door de gelovige. Zoals we zagen in hoofdstuk 3, is de Geest in feite de Geest van Christus. Het hoeft ons daarom niet te verbazen dat veel van de woorden waarmee Paulus deze vruchten beschrijft, elders voorkomen met betrekking tot Christus. In Efeziërs 4:20 spreekt hij van ethisch leven als 'in Christus onderwezen'. De vrucht van de Geest is gewoon een andere manier om te spreken over ons 'voorbestemd zijn tot gelijkvormigheid aan het beeld van Gods Zoon' (Rom 8:29).
3. Het is misleidend om deze lijst de 'negenvuldige vrucht van de Geest' te noemen. De opsomming pretendeert niet uitputtend te zijn, maar karakteriserend, net als de voorafgaande opsomming van ondeugden in Galaten 5:19-21. Paulus besluit beide opsommingen met 'en dergelijke dingen', waarmee hij doelt op alle andere vergelijkbare ondeugden en deugden. Al zulk soort opsommingen, de beschrijving van de liefde in 1 Korintiërs 13:4-7 en de opsomming van de *charismata* (gaven van de Geest) in 1 Korintiërs 12:8-10 daarbij inbegrepen, zijn geschreven in een bepaald verband en moeten in hun context gelezen worden. In dit geval staan zij vermeld om het conflict in de gemeente van Galatië aan te pakken (zie Gal 5:15 en 26). Dit houdt tevens in dat een volledige bespreking van de vrucht van de Geest een breder kader nodig heeft, om bijvoorbeeld ook de 'vruchten' genoemd in Kolossenzen 3:12-13 (ontferming, nederigheid, vergeving) alsook specifieke toepassingen, zoals in Romeinen 12:9-21, daarin op te kunnen nemen.
4. Deze vruchten hebben een wijd bereik, inclusief verschillende levenshoudingen, deugden en gedrag. Ieder aspect van het christelijke leven, in het breedst mogelijke spectrum, is het werk van de Geest. Tot de vruchten behoren ook het ervaren van blijdschap en vrede binnen de geloofsgemeenschap; houdingen, zoals zachtmoedigheid, verdraagzaamheid en zelfdiscipline; en gedragingen, zoals liefde, vriendelijkheid, goedheid en

alle andere die hiermee overeenstemmen.
5. Een herhaling van wat aan het begin van hoofdstuk 9 is gezegd: deze lijst van Geestelijke vruchten is niet bedoeld als gedragsregel voor het christelijke leven. Omdat ware christelijke ethiek het gevolg is van wandelen en leven door de Geest, is er geen plaats voor de wet (Gal 5:23), en mogen wij Paulus' ethiek ook niet in een nieuwe wet veranderen. Deze vruchten zijn meer indicaties: zo zal iemand die is omgevormd naar Christus' gelijkenis eruit zien.
6. Om weer terug te keren naar ons uitgangspunt: de meeste van deze punten hebben niets te maken met het innerlijke leven van de individuele gelovige, maar met het gezamenlijke leven van de gemeente. Hoewel het waar is dat individuen moeten liefhebben, werken aan vrede en verdraagzaamheid, vriendelijkheid en goedheid moeten uitstralen, en zachtmoedig moeten zijn; in de paulinische ethiek karakteriseren deze deugden Gods verhouding met zijn volk. De Geest brengt in onze individuele levens vruchten voort met hetzelfde doel: opdat wij voor elkaar zijn zoals God voor ons is.
Een voorbeeld hiervan vinden we in Galaten 6:1 waar Paulus spreekt van de 'G/geest van zachtmoedigheid' als de drijfveer om een broeder of zuster die gezondigd heeft te helpen. Wanneer Paulus hen in 6:4 aanmaant zichzelf te 'toetsen' of 'onderzoeken', bedoelt hij niet dat ze zichzelf aan een zelfonderzoek moeten onderwerpen, of christelijk 'navelstaren', maar dat ze moeten nagaan of de vruchten van de Geest werkzaam zijn in ieder van hen, ten bate van de gemeenschap.
Dus is het bevel waarmee hij begint, 'wandelt door de Geest' (Gal 5:16), niet zo zeer gericht tot het individu in de zin van zijn of haar eigen persoonlijke leven in Christus, maar tot de christelijke gemeente waarin sommigen elkaar 'bijten en vereten' en zodoende hun vrijheid in Christus misbruiken als een 'aanleiding voor het vlees.' De tegenstelling tussen vlees en Geest in dit gedeelte heeft dan ook niets te maken met iemands persoonlijke geweten. Het heeft alles te maken met 'liefde, blijdschap, vrede, lankmoedigheid, vriendelijkheid, goedheid, en zachtmoedigheid' in de geloofsgemeenschap. Het zijn ethische richtlijnen voor gelovigen die leren samen te leven als Gods volk in een gevallen wereld.

## De afzonderlijke vruchten

Over het algemeen wordt er meer betekenis gehecht aan het enkelvoud van 'vrucht' in tegenstelling tot het meervoud van 'werken' dan de taal toestaat. Paulus dacht waarschijnlijk niet aan een dergelijke tegenstelling, noch ziet hij de werken als een veelvoud van afzonderlijke zaken en de vrucht als een eenheid met verschillende onderdelen. Het woord *karpos* ('vrucht') functioneert in het Grieks als een collectief enkelvoud, net als ons woord 'fruit'. In beide talen kan iemand spreken over 'het fruit in de mand' met betrekking tot verschillede soorten fruit. Hier gaat het ook om verschillende soorten.

*Liefde*

De vooraanstaande plaats die de liefde inneemt, is geen verrassing. Paulus heeft de liefde al eerder een ereplaats gegeven in zijn opsommingen (Gal 5:6, 13-14), een plaats die zij altijd inneemt in zijn ethiek[2] evenals in de rest van de Schrift. De reden hiervoor is dat in Paulus' theologie, voortspruitend uit zijn lange ervaring met het Oude Testament, dit woord de essentie omvat van het karakter van God, gezien in zijn relatie tot zijn volk.[3] Daarom bidt Paulus in zijn bede van de zegen van de Drievuldigheid in 2 Korintiërs 13:13, waarin de hoofdeigenschappen van de goddelijke personen tot uitdrukking komen, de bede namelijk dat 'de liefde Gods' met de Korintiërs mag zijn. Gods liefde voor zijn mensen is uitgestort in hun harten door de Geest (Rom 5:5). Voor Paulus vormt het zenden door God van zijn Zoon en de dood van deze Zoon aan het kruis het krachtigste bewijs van deze liefde (Rom 5:6-8). Gods liefde is vol lankmoedigheid en goedheid (zie hieronder) jegens zijn mensen, en komt uiteindelijk volledig tot uiting in de zelfopofferende dood van Christus ten behoeve van zijn vijanden.

Voor Paulus is dit echter geen theorie of abstracte realiteit; de Geest had deze liefde uitgestort in zijn hart. In dezelfde brief heeft hij al beschreven hoe Christus zijn intrek heeft genomen als degene die hem 'heeft liefgehad en Zich voor [hem] heeft overgegeven' (Gal 2:20). Het is duidelijk dat hij hier doelt op de 'wet van Christus' in 6:2, die achter de gebiedende wijs schuilt, waarmee wij begonnen in 5:13 ('dient elkander door de liefde'). Een dergelijke liefde is het directe resultaat van Gods liefde voor ons, die ons zo gul is geschonken in de Zoon die ons op dezelfde wijze liefhad en Zichzelf heeft gegeven voor ons en die nu in ons leeft. Liefde is dus niet iets wat iemand kan uitdragen of voelen op eigen houtje. Ook mogen we het niet devalueren tot 'een goed gevoel voor iemand hebben'. Hierbij draait men het tegenwoordig om: in plaats van zichzelf op te offeren voor anderen stelt men liefde gelijk met dat wat men doet of voelt voor iemand die bijdraagt aan zijn eigen zelfontplooiing. Liefde staat aan het begin van deze lijst van deugden tegenover de werken van het vlees juist omdat het zo'n duidelijke tegenhanger is van het egocentrisme van de meeste punten van de voorafgaande opsomming. Als vrucht van de Geest maakt liefde een einde aan 'twist, afgunst, uitbarstingen van toorn, zelfzucht, tweedracht, partijschappen, nijd', en dergelijke (zie Gal 5:20-21). Dit kan alleen worden nageleefd in de contacten met andere mensen, vooral andere gelovigen. Zo is het Paulus' tegengif in de verzen 13 en 14 tegen de onderlinge strijd die hij noemt in vers 15.

*Blijdschap*[4]

Leven in Christus, en dus een leven in de Geest, is een leven vol blijdschap; de christelijke gemeenschap moet bovenal gekenmerkt worden door blijdschap (1 Tes 5:16). Het is opmerkelijk dat blijdschap voorkomt in deze opsomming van deugden, die allereerst een ethisch karakter hebben. Net als bij liefde en vrede, waar het tussenin staat, denkt Paulus waarschijnlijk niet zozeer aan de persoonlijke, individuele ervaring van blijdschap – hoewel dat, net als bij de rest van de punten, nauwelijks kan worden uitgesloten – maar aan de blijdschap die het kenmerk is van een gemeenschap die wandelt in de Geest.[5]

God heeft ons de eschatologische verlossing geschonken; de toekomst heeft haar intrede al gedaan in de tegenwoordige tijd; Gods mensen hebben al geproefd van het leven zoals het eens zal zijn. Zij hebben al gratie gekregen, volledige vergeving; door de Geest zeggen zij *Abba* tegen de God die hen heeft liefgehad en zijn Zoon voor hen heeft gegeven. Dit is een reden voor blijdschap, onblusbare, onvergankelijke blijdschap. Immers, wij 'verwachten door de Geest uit het geloof de gerechtigheid waarop wij hopen' (Gal 5:5). De vrucht van de Geest is *blijdschap*, blijdschap in de Heer. Wat moet beginnen op individueel niveau moet daarom ook het kenmerk zijn van de gemeenschap van gelovigen, in wie God nog steeds overvloedig de Heilige Geest uitstort.

De aan- of afwezigheid van blijdschap is daarom niet afhankelijk van iemands omstandigheden, zoals duidelijk wordt uit Paulus' brief aan de Filippenzen. Ze is geheel afhankelijk van wat God heeft gedaan voor ons in Christus door de Geest. Het paulinische gebod, voortspruitend uit blijdschap als de vrucht van de Geest is niet simpelweg 'verblijdt u', hoewel hij het ook vaak in deze eenvoudige vorm stelt, maar 'verblijdt u *in de Heer*'. Deze toevoeging vormt de sleutel tot ons begrip van de blijdschap van de Geest. Een gemeenschap die zich 'te allen tijde *in de Heer* verblijdt', staat niet snel bloot aan het gevaar 'elkander te bijten en te verslinden' (Gal 5:15), zoals bij een gemeenschap waarin mensen te hoog van zichzelf denken (6:4).

*Vrede*

Net als de liefde houdt de vrede nauw verband met God en zijn relatie met zijn volk; en net als liefde en blijdschap is het voor Paulus vooral iets wat zich afspeelt in de gemeenschap. Dat wil zeggen, het gaat hem niet in eerste instantie om een opgeruimd hart, hoewel ook hier geldt dat het moeilijk is om vrede te hebben in een gemeenschap waar de leden van Gods volk individueel weinig innerlijke vrede kennen. Maar hier staat vrede in een opsomming van deugden die met opzet geplaatst is tegenover de werken van het vlees, waarvan er acht de oorzaken van ruzies tussen mensen beschrijven.

God zelf wordt vaak aangeduid als 'de God van vrede'[6], de God die woont in volkomen *shalom* (heelheid, welzijn) en die deze *shalom* schenkt aan zijn mensen in hun gezamenlijke leven. Opvallend is dat deze beschrijving van God alleen voorkomt in contexten waar onenigheid of onrust dreigt. Zo is het tegengif voor elkaar tegensprekende *charismata* in de gemeenschap de theologische opmerking dat God zelf een 'God van vrede' is (1 Kor 14:33). Voor een gemeenschap waar de tegendraadse nietsdoeners teren op de zak van hun medegelovigen, bidt Paulus dat God voortdurend en in elk opzicht vrede moge geven (2 Tes 3:16). Of in een context waarin hij gelovigen waarschuwt tegen degenen die 'onenigheden en verleidingen veroorzaken', verzekert hij hen dat de God van de vrede 'weldra de satan onder hun voeten zal vertreden' (Rom 16:20).

Verder komt het woord vrede in Paulus' brieven, (naast de standaardbegroeting) het meeste voor wanneer hij spreekt over de gemeenschap of over onderlinge verhoudingen. Christus is onze vrede, die jood en heidenen tot één lichaam heeft gemaakt (Ef 2:14-17); zij worden aangespoord om 'de eenheid des Geestes te bewaren door de band des vredes' (4:3). Zo spoort hij ook in Romeinen 14:1-15:13 joden en heidenen aan om na te jagen 'hetgeen de vrede en de onderlinge opbouwing bevordert' (14:19). In de passage over de gemeente in Kolossenzen 3:12-4:6, maant hij de Kolossenzen aan: 'de vrede van Christus, tot welke gij immers in één lichaam geroepen zijt, regere in uw harten' (3:15). Vrede heeft dus allereerst te maken met het beëindigen van vijandschap. Gezegend zijn de vredestichters! Alleen de Geest kan een dergelijke vrede in ons midden brengen.

*Lankmoedigheid*
Het is gebruikelijk om dit woord (Grieks: *makrothymia*) te vertalen met 'geduld'. In sommige gevallen heeft het misschien ook wel degelijk die betekenis, maar in het Nederlands kleeft er aan het woord geduld iets onpersoonlijks, dat wil zeggen, iemand kan geduldig zijn ten opzichte van allerlei onpersoonlijke zaken die horen bij het leven in het algemeen (zoals een zwartgeblakerde boterham uit de broodrooster). Maar bij Paulus komen *makrothymia* en het corresponderende werkwoord altijd voor in een context die betrekking heeft op geduld ten opzichte van andere mensen. Als zodanig verwijst het vaak, net als hier, naar de passieve maar standvastige kant van de liefde, waarvan de 'vriendelijkheid' de actieve kant vormt. Zo beschrijft Paulus Gods houding ten opzichte van menselijke hoogmoed als één van verdraagzaamheid en lankmoedigheid (Rom 2:4). Dit zijn de eerste twee woorden die (Gods) liefde beschrijven in 1 Korintiërs 13:4, en ze komen ook samen voor in Kolossenzen 3:12 als een onderdeel van het christelijke gewaad dat wij 'aandoen in Christus'.
'Lankmoedigheid' heeft dus te maken met langdurige verdraagzaamheid ten opzichte van degenen die ons op een of andere manier in de weg staan. Hoewel Paulus een dergelijke verdraagzaamheid nergens anders toeschrijft aan de directe werking van de Geest, maakt het feit dat hij het hier noemt duidelijk dat de kracht van de Geest niet alleen maar vreugde en wonderen tot gevolg heeft, maar ook deze broodnodige eigenschap van volhardend geduld met medemensen die die duurzame en geduldige liefde en vriendschap nodig hebben (vgl. Kol 1:11). Dit is het tegengif tegen 'uitbarstingen van toorn' (Gal 5:20) of 'elkaar tarten' (v.26).

*Vriendelijkheid*

Net als de lankmoedigheid, waarmee het vaak wordt verbonden, ligt de sleutel tot het begrijpen van 'vriendelijkheid' in de passages waar Gods karakter of zijn actieve omgang met mensen beschreven wordt. Zo komt het voor als werkwoord in 1 Korintiërs 13:4, als beschrijving van de actieve kant van liefde, waar lankmoedigheid de passieve kant uitdrukt. In een dergelijke context verwijst het zeker naar Gods actieve goedheid, geschonken aan wie Hij liefheeft. Gods vriendelijkheid ligt besloten in zijn duizendvuldige daden van genade voor mensen zoals wij, die zijn toorn verdienen. Dit komt speciaal tot uitdrukking in Efeziërs 2:7, waar de grenzeloze uitdrukking van Gods genade wordt geopenbaard in zijn goedertierenheid jegens ons in Christus.

In deze lijst, waar het naast lankmoedigheid staat, heeft het natuurlijk te maken met oprechte daden van vriendelijkheid jegens anderen. Als zodanig past het in de bredere context van de tegenhangers, de werken van het vlees met hun egocentrische, fundamenteel vijandige houding jegens anderen. De Geest geeft ons niet alleen de kracht om de vijandigheid of onvriendelijkheid van anderen te doorstaan, Hij stelt ons ook in staat om hun vriendelijkheid te betonen, om actief hun welzijn te bevorderen. Als lankmoedigheid het tegengestelde is van 'elkaar bijten en vereten' (Gal 5:15), betekent vriendelijkheid wegen vinden om elkaars wonden te verbinden.

*Goedheid*

Zoals hierboven is aangegeven, is dit woord nauw verbonden met vriendelijkheid. Als er een verschil is, is 'goedheid' een meer omvattende karaktereigenschap. Het bijvoeglijk naamwoord ('goed') waarvan dit zelfstandig naamwoord is afgeleid, is een van de eerste woorden waarmee Gods karakter wordt beschreven in het Oude Testament. In analogie kunnen gelovigen worden beschreven als 'vol goedheid' (Rom 15:14); wanneer het in praktijk wordt gebracht, heet het 'goed doen'. Inderdaad, goedheid bestaat niet los van de actieve, concrete uiting ervan.

Hieruit bestaat dus de christelijke genade, die de Geest voortbrengt in het leven van de gelovige, waarop Paulus aan het einde van deze passage weer terugkomt: 'Laten wij dus niet moede worden te doen wat goed is voor allen' (Gal 6:9-10). En weer klinkt, net als bij de voorafgaande woorden, de context door. Wie zaaien in de Geest zijn degenen die doen wat goed is voor allen; dit is duidelijk weer een tegenhanger van die werken van het vlees die allemaal voorkomen onder de Galaten.

*(Be)trouw(baarheid)*

Het woord hier is *pistis*, het belangrijkste woord bij Paulus voor 'geloof', wat te maken heeft met iemands grondhouding ten opzichte van God; een onvoorwaardelijk vertrouwen in zijn betrouwbaarheid. In de Septuaginta gebruikte men dit woord altijd voor *Gods* trouw. Deze betekenis neemt Paulus over in Romeinen 3:3, waar hij schrijft dat de 'ontrouw' van Gods mensen Gods eigen *pistis* ('betrouwbaarheid') niet teniet doet. Theologisch gezien is er niets tegen in te brengen om ook hier het woord te vertalen met geloof; dat wil zeggen, dat een van de vruchten van de Geest ons geloof in God is. Maar gezien de overige deugden, met name die er direct aan voorafgaan en erop volgen, lijdt het geen twijfel dat Paulus doelt op trouw, dat wil zeggen dat wij betrouwbaar zijn vanuit ons gelovig vertrouwen op God.

Een iets moeilijker vraag is of er ook een betekenisnuance in zit van betrouwbaarheid in verhouding tot anderen. Daar er in het Nieuwe Testament geen voorbeelden zijn van een dergelijke betekenis, lijkt het, niettegenstaande de context, onwaarschijnlijk dat Paulus hier dacht aan deze betekenis. Waarschijnlijker is het dat het hier gaat om trouwe toewijding aan God, die vervolgens kenbaar zal worden in onze houding jegens anderen door middel van de verschillende andere vruchten van deze lijst. In waar geloof zit voor Paulus altijd een element van betrouwbaarheid, zodoende openbaart waar geloof zich in deze zin als een vrucht van de Geest, in liefde (Gal 5:6).

*Zachtmoedigheid*

Paulus ontleent de specifiek christelijke betekenis van dit woord aan de relatie met Christus. In Matteüs 11:25-30 is dit een van de twee eigenschappen van Christus, waarmee Hij, als de enige Zoon van de Vader het karakter van de Vader onthult. Dat Paulus op de hoogte was van deze of een soortgelijke overlevering, blijkt uit zijn beroep op de 'zachtmoedigheid en vriendelijkheid van Christus' in 2 Korintiërs 10:1. Als christelijke zachtmoedigheid, een weerspiegeling van het karakter van Christus zelf, komt het acht keer voor bij Paulus.[7] Voor deze vrucht is het moeilijkst een adequate vertaling in het Nederlands te vinden. Er zit in ieder geval iets in van een bepaald soort nederigheid ten opzichte van zichzelf (of wel een juiste inschatting van zichzelf ten opzichte van God), en consideratie met anderen. Het is op deze vrucht dat Paulus een beroep doet in Galaten 6:1, waar hij degenen die wandelen door de Geest aanspoort een broeder of zuster die een overtreding begaat te helpen. Dat moeten wij doen in de 'G/geest van zachtmoedigheid', zowel omdat het leven van die ander op het spel staat, als omdat het ons herinnert aan onze eigen zwakheid en vatbaarheid voor verleiding. In deze lijst staat het precies tegenover het werk van het vlees dat vertaald wordt met 'zelfzucht'. Het is die vrucht van de Geest die werkzaam is in degenen die zich niet teveel van zichzelf verbeelden (6:3), maar die 'in ootmoedigheid de ander uitnemender achten dan zichzelf' (Fil 2:3); in de zin dat ze eerst voor de noden en zorgen van anderen zorgen en dan pas voor hun eigen.

*Zelfbeheersing*

Het laatste woord van deze lijst is om verschillende redenen uniek. Ten eerste is het het enige dat nergens anders in de Schrift voorkomt in relatie tot het karakter van God. Ten tweede, het zelfstandig naamwoord komt alleen hier voor in Paulus' brieven, hoewel het werkwoord ook in 1 Korintiërs 7:9 voorkomt met betrekking tot seksuele onthouding en in 1 Korintiërs 9:25 met betrekking tot de zelfdiscipline van een atleet.[8] Ten derde, het is de enige deugd in de lijst die duidelijk verband houdt met de individuele gelovige. Deze deugd beoefent men niet in een gemeenschap, het is een algemene houding ten opzichte van verschillende soorten uitspattingen.

In tegenstelling tot de rest van de termen in de lijst, die gericht zijn tegen de acht werken van het vlees die te maken hebben met verstoorde verhoudingen, is dit de enige die ofwel gericht is tegen de seksuele uitspattingen die als eerste drie werken van het vlees worden genoemd (hoererij, onreinheid, losbandigheid), ofwel de uitspattingen waarmee die lijst eindigt (dronkenschap en brasserijen), of tegen allebei. Ook dit is de effectieve werking van de Geest in het leven van de gelovige.

In termen van de paulinische ethiek mogen we zelfbeheersing niet veranderen in algehele onthouding. Paulus keurt alles af wat ook maar zweemt naar onthouding als een christelijke deugd (zie 1 Kor 10:31-33, Rom 14:1-23, 1 Tim 4:1-5), bijvoorbeeld 'raak niet, smaakt niet, roer niet aan' (Kol 2:21). Vanwege deze vruchten van de Geest zijn wij vrij om ons van alles te onthouden ter wille van anderen, maar we mogen nooit het opgeven van bepaald eten of drinken of wat dan ook, veranderen in een deugd op zichzelf. Dit zijn alleen maar 'voorschriften en leringen van mensen' zoals Paulus ze noemt (Kol 2:22) of 'leringen van boze geesten' (1 Tim 4:2). Alleen de Geest kan ons bevrijden tot een leven van gematigde zelfdiscipline, eventueel met onthouding ter wille van anderen.

Paulus besluit zijn opsomming met een opmerking die deze weer terugplaatst in de context: 'Tegen zodanige mensen is de wet niet.' Dit wil zoiets zeggen als: wanneer deze deugden duidelijk tot uiting komen door de aanwezigheid van de Geest, is de Tora niet meer nodig. Tegen mensen die elkaar door de Geest liefhebben, hoeft de Tora niet meer te zeggen 'gij zult niet doden'. Het is ook niet nodig dat mensen, die vanuit een vriendelijke instelling het beste voor hebben met hun medemensen, te horen krijgen dat zij 'niet mogen begeren'.
Hiermee is niet gezegd dat het volledig overbodig is dat wij er zo nu en dan aan worden herinnerd – Paulus zelf heeft daar niets op tegen – maar dat er een einde is gekomen aan de noodzaak van de Tora 'om de overtredingen te doen blijken' (Gal 3:19, 22) met de komst van de Geest, Gods eigen manier om de belofte van het Nieuwe Verbond te vervullen. Dit is de Tora die in het hart is gegrift, opdat Gods volk Hem zou gehoorzamen (Jer 31:33, Ez 36:27). Dit is het onweerlegbare bewijs dat het feit dat de wet is vervuld voor Paulus niet gelijk staat met het einde van de gerechtigheid. Integendeel, de Geest brengt de ware vrucht voort: Gods eigen rechtvaardigheid, zodat zijn kinderen zijn evenbeeld worden.
Even belangrijk: dit zijn de vruchten van de eschatologische Geest. In ons en in onze geloofsgemeenschappen is de Geest bezig het leven van God zelf te herscheppen, zodat wij in ons huidige tussentijdse bestaan het leven kunnen leven van de toekomst waarnaar wij op weg zijn. Dit is de achterliggende gedachte achter Paulus' gebod in Filippenzen 1:27, waar hij, spelend met het feit dat Filippi een Romeinse kolonie was met een bevolking van vrije burgers, hen gebiedt zich 'waardig te gedragen'. In 3:20 grijpt hij terug op ditzelfde beeld door te zeggen dat wij 'burgers van een rijk in de hemelen' zijn.
Gods gemeente in Filippi was dus eigenlijk een 'kolonie van de hemel' binnen deze kolonie van Rome. Wat Paulus wil zeggen, is dat als mensen

willen zien hoe het in de hemel is, zij dat moeten kunnen zien aan de wijze waarop de hemelse burgers samenleven. Het is duidelijk dat alleen de Geest van de levende God dat voor elkaar krijgt! Maar dat is juist waar het om gaat.

Tenslotte moeten wij terugkeren naar het begin. De paulinische ethiek heeft te maken met wandelen – de ene voet voor de andere zetten, zo u wilt – en wel in de Geest, omdat we worden geleid door de Geest. Zowel Paulus' oproep aan het adres van de gemeente in Efeziërs 5:18 ('wordt vervuld met de geest') als zijn instructie aan Timoteüs in 2 Timoteüs 1:6-7 ('de gave Gods aan te wakkeren') impliceren de noodzaak het voortdurend in de praktijk te brengen. De aanwezigheid van de Geest is van cruciaal belang, maar die aanwezigheid verzekert ons niet automatisch van een dynamisch en vurig Geestelijk leven. Zowel individuele christenen als de kerk in haar geheel worden opgeroepen de gave aan te wakkeren. Een manier om dit te doen is door elkaar wederzijds te bemoedigen en te groeien in de context van het gemeenschappelijk leven, met name in de eredienst (zie hoofdstuk 13).

Maar daarvoor zijn er twee andere terreinen van het leven in de Geest die speciale aandacht nodig hebben: de tegenstellingen Geest tegenover vlees en kracht tegenover zwakheid. Voor de meeste christenen maken deze deel uit van het individuele christelijke leven, maar in dit hoofdstuk is al gesuggereerd dat dat voor de eerste tegenstelling niet opgaat, ten minste niet in Paulus' optiek. Over deze kwestie gaan wij ons nu buigen.

## Noten

1. Voor de exegetische details ter ondersteuning voor het volgende, zie de bijbehorende gedeelten in *GEP*.
2. Zie o.a. 1 Tes 3:12, 4:9-11, 1 Kor 13:1-13, 16:14, Rom 13:8-10, Kol 3:14, Ef 5:2.
3. Zie o. a. de sleutelteksten in Deut 7:7-8 en 10:15, een thema dat de profeten later oppikten (Hos 3:1, 11:1, Jes 41:8, 43:4, 48:14, 60:10, 63:9), door de vertalers van de Septuaginta vertaald met het Griekse woord *agapè*. Zoals met veel van dergelijke woorden het geval is, is het gebruik door Paulus meer bepaald door de Septuaginta dan het Hellenistische of klassieke taalgebruik.

4. Te beginnen met deze deugd, hebben wij de neiging om deze opsomming te lezen alsof het in eerste instantie een beschrijving is van onze persoonlijke vroomheid; zo gebruiken we het vaak als een soort controlelijst om te kijken hoe we het eraf brengen. Ik wil hier geen argumenten aandragen tegen een dergelijke lezing; mijn aandacht gaat er hier meer naar uit om aan te tonen dat Paulus met deze deugden waarschijnlijk een beschrijving van een christelijke gemeenschap zoals die samenleeft in de wereld wilde geven.
5. Men kan zich afvragen of in het algemene gebrek aan blijdschap dat het westerse christendom kenmerkt, besloten ligt dat het leven van de Geest geleidelijk het veld heeft moeten ruimen ten bate van een meer roesachtig, oppervlakkig geloof.
6. Zie 1 Tes 5:23, 2 Tes 3:16, 1 Kor 14:33, 2 Kor 13:11, Rom 15:33, 16:20, Fil 4:9.
7. 1 Kor 4:21, Gal 5:23, 6:1, Kol 3:12, Ef 4:2, 1 Tim 6:11, 2 Tim 2:25, Tit 3:2.
8. Het bijvoeglijk naamwoord 'ingetogen' komt ook voor in de lijst van deugden van een leider in Titus 1:8.

Hoofdstuk 11

# De voortdurende strijd

## De Geest tegen het vlees

*Het conflict tussen de Geest en het vlees bij Paulus heeft niets te maken met een innerlijk conflict dat zich afspeelt in de ziel, maar met het volk van God dat het leven van de toekomst leeft in een wereld waar het vlees nog zeer actief is.*

Een goede vriend schreef onlangs: 'Ik heb de indruk dat er tegenwoordig twee soorten christenen zijn: de eerste denkt dat zonde niet zo belangrijk is, en de tweede weet maar al te goed dat dat wel zo is, maar kan toch niet breken met de oude gewoonten.'[1] In dit hoofdstuk zullen we ons bezighouden met de tweede groep. Inderdaad, nu komen we in de echte wereld! Wat nu volgt is het voor sommigen van Gods volk pijnlijke verhaal van hun christelijke leven: een verhaal van een strijd die onophoudelijk woedt in hun ziel. Zij putten er geruststelling uit te geloven dat Paulus dezelfde strijd streed. Als Paulus, de grote apostel van het geloof, kon schrijven: 'ik doe niet wat ik wens, maar waar ik een afkeer van heb, dat doe ik' (Rom 7:15), welke hoop is er dan voor ons? Dus geven ze de strijd maar op.

Mensen vinden deze geruststelling door Galaten 5:17, de enige tekst bij Paulus waar sprake is van een conflict tussen de Geest en het vlees, te lezen in het licht van Romeinen 7:14-25, ook al wordt de Geest niet eens genoemd in de passage in Romeinen, waar Paulus het conflict beschrijft dat zich afspeelt in de ziel van iemand die leeft onder de wet zonder de hulp van de Geest. Mensen nemen deze ongelukkige interpretatie van Paulus voetstoots aan, omdat de tekst in Romeinen zo'n levendige beschrijving is van iets wat zij maar al te goed herkennen. Helaas wint bij de grote meerderheid van de aanhangers van deze opvatting het vlees meestal. Zo wordt Paulus' passie, namelijk de toereikendheid van de Geest voor het hele leven in het huidige tijdperk, afgedaan als onrealistisch, ten gunste van de eigen realiteit.

Natuurlijk, een dergelijke strijd woedt in menig hart. En deze oorlog gaat gepaard met een gevoel van machteloosheid om deze te ontstijgen; het directe resultaat van de sterk individualistische inslag van de westerse cultuur. Zowel de seculiere psychologie als veel christelijk onderwijs is gericht op het eigen innerlijk: hoe staat het er met mij voor in het licht van een reeks criteria voor welzijn? Geobsedeerd als we zijn door de innerlijke strijd, zijn we nauwelijks in staat om Christus te zien of vol vertrouwen het spoor van de Geest te volgen. In plaats van de vruchten van de Geest voort te brengen in voortdurende dankbaarheid voor wat de Geest doet in ons leven en in dat van anderen, wordt ons individualistische geloof bitter en narcistisch: we zijn ons bewust van ons persoonlijk falen ten opzichte van God, gefrustreerd over onze onvolkomenheden, en we veinzen de liefde, blijdschap, vrede en vriendelijkheid die we graag de onze zouden willen noemen. Deze zelfkwellingen staan echte openheid voor de Geest in de weg. In dergelijke geestelijke malaise krijgt God bijna altijd de schuld.

Maar deze interpretatie is niet die van Paulus in Galaten 5:17, wanneer hij spreekt van de Geest en het 'vlees' als twee uitersten. Sterker, hij zou het niet eens begrijpen. Zijn wereld is die van Psalm 19, niet die van 'het introspectieve bewustzijn van het westen.'[2] In de verzen 13 en 14 erkent de psalmist achtereenvolgens zijn 'dwalingen', zijn 'verborgen dwalingen' en zijn 'overmoed'. Het eerste wat hij noemt is een erkenning van de afgrond van onze gevallen staat; voor zijn 'verborgen dwalingen' vraagt hij vergeving. Zijn grootste zorg (en dat heeft niets met een strijd te maken) vormt zijn 'overmoed'. Hierover bidt hij 'laat die over mij niet heersen'.[3] Paulus denkt er ook zo over. In Galaten 5:17 heeft hij het niet over (een strijd over) 'verborgen dwalingen' maar over openlijke ongehoorzaamheid aan God in de vorm van 'hoogmoed'.

Het onderwerp van dit hoofdstuk is dus Paulus' eigen opvatting van het conflict tussen de Geest en het vlees, tussen leven *kata sarka* ('naar het vlees') en *kata pneuma* ('naar de Geest'.) Iedere keer als Paulus deze termen gebruikt, heeft hij het over ons huidige eschatologische bestaan; wat het betekent voor gelovigen om *samen te leven als een volk* bepaald door de vervulling van de belofte van *nu reeds/nog niet*, in tegenstelling tot het vroegere leven dat werd bepaald door de wereld. Ik bedoel het volgende: nergens beschrijft Paulus het christelijke leven, het leven in de Geest, als zijnde een constante strijd met het vlees.[4] Hij laat zich gewoon niet uit over die vraag. Wat hij wil uitdragen is veeleer de boodschap van de toereikendheid van de Geest voor Gods nieuwe volk in de eindtijd. Fundamenteel voor Paulus' opvatting is dat de tijd van het vlees net als de onderworpenheid aan de Tora, voor de volgelingen van Christus voorbij is. Volgens Romeinen 7:4-6 hebben Christus en de Geest, met het Nieuwe Verbond, een einde gemaakt aan de wet en aan het vlees, die thuishoren bij ons bestaan *buiten* Christus. Verder leven op deze wijze is niet te verenigen met een leven 'naar de Geest' (Rom 8:5-8). Maar Paulus' visie gaat niet gepaard met triomfalisme, alsof mensen die leven door de Geest nooit meer in de verleiding komen het oude leven naar het vlees te leiden of daar weer voor te bezwijken. Beide komen wel degelijk voor, en daarvoor bestaat vergeving en genade waardoor we weer opnieuw mogen beginnen.

Een zorgvuldige analyse van de sleutelteksten Galaten 5:17 en Romeinen 7:14-25 toont aan dat dit Paulus' visie is. Maar voordat we een dergelijke analyse maken is het nuttig ons eerst te verdiepen in de term 'vlees' bij Paulus.[5]

## De betekenis van 'vlees' bij Paulus

De plaats om een dergelijke studie te beginnen is het Oude Testament, want daar ligt de wortel van het gebruik van 'vlees' door Paulus. Het Hebreeuwse woord *basar* verwijst allereerst naar het vlees van het lichaam, en afgeleid daarvan soms naar het lichaam zelf. Op enkele plaatsen is de betekenis uitgebreid en verwijst het naar de menselijke zwakheid en het geschapen-zijn, meestal in tegenstelling tot God als de schepper. Een veelgebruikte term voor alle levende wezens, met name mensen, is 'alle vlees', wat betekent 'alle schepselen'. Als de psalmist in verband met zijn godsvertrouwen vraagt: 'Wat zou vlees mij aandoen?' (Ps. 56:5) bedoelt hij dat met God als zijn beschermer, een gewoon mens hem niet kan schaden (vgl. Jer. 17:5). Job vraagt in zijn lijden aan God: 'Hebt U ogen van het vlees? Kijkt U met dezelfde ogen als mensen?' In deze betekenis is 'vlees' weliswaar geen neutrale term, maar er spreekt ook geen negatief moreel oordeel uit; veeleer drukt het de zwakheid uit van de menselijke staat als schepsel. Voor een Hebreeër zou het ondenkbaar zijn dat de zonde in het vlees zou schuilen, want de bron van de zonde ligt in het menselijk hart.

Hoewel Paulus de Griekse term *sarx* zelden gebruikt in de grondbetekenis, als verwijzend naar het lichaam, gebruikt hij hem wel vaak in de uitgebreide betekenis als verwijzend naar onze menselijkheid. Zo spreekt hij van 'Israël naar het vlees' (1 Kor. 10:18) of over Abraham als onze voorvader 'naar het vlees' (Rom 4:1), of over Jezus als een afstammeling van David 'naar het vlees' (Rom 1:3), waarmee hij in alle gevallen bedoelt: 'volgens de normale menselijke afstamming'. In dezelfde betekenis onderkent Paulus dat het huidige menselijke leven nog 'in het vlees' is (bijv. Gal 2:20, 2 Kor. 10:3) dat wil zeggen, geopenbaard in het huidige menselijke lichaam, met alle kwetsbaarheid van dien.

Paulus gebruikt *sarx* echter ook in een minder gebruikelijke betekenis, gedeeltelijk afgeleid van het oud- en nieuwtestamentische judaïsme, maar bepaald door zijn eigen fundamenteel eschatologische kijk op het leven in de wereld. 'Vlees' verwijst voor hem niet slechts naar het schepsel-zijn ten opzichte van God, maar naar de *gevallen staat* van deze schepselen als zijnde door en door vijandig tegenover God op iedere voorstelbare wijze. Het is in deze betekenis dat hij 'leven naar het vlees' plaatst tegenover 'leven in de Geest.' Het ene beschrijft de huidige zondige tijd in termen van de gevallen staat van de mens, waarbij iedereen zijn natuur volgt en handelt naar eigen goeddunken, het andere beschrijft het eschatologische tijdperk dat is aangebroken met de komst van Christus en de Geest, zoals beschreven in hoofdstuk 5.

Met dit al is *sarx* geen gemakkelijke term om te vertalen. De *Groot Nieuws Bijbel* gebruikt wel 'zondige natuur'.[6] Die vertaling past goed in Romeinen 7, waar Paulus het mislukken van zijn vorige leven onder de wet beschrijft. Het 'vlees' staat voor 'zondige hartstochten die door de wet geprikkeld worden in onze leden', en die opstaan tegen de wet van God en deze machteloos maken. Die andere wet is onze 'zondige natuur'. Maar deze vertaling past niet goed op andere plaatsen, waar hij de gevallen staat van de hele wereld in deze tijd beschrijft.

Het duidelijkste voorbeeld waar Paulus speelt met de twee grondbetekenissen van dit woord ('menselijke kwetsbaarheid' en 'de menselijke gevallen staat') is in 2 Korintiërs 10:2-4. In reactie op de beschuldi-

ging dat hij 'naar het vlees' zou leven in de negatieve morele betekenis, erkent Paulus, om zijn argumentatie kracht bij te zetten, dat hij inderdaad leeft '*in* het vlees': met alle zwakheid en beperkingen van onze huidige sterfelijke toestand. Maar, zo vervolgt hij, hij trekt niet ten strijde '*naar* het vlees'; in overeenstemming met de zondigheid die bepalend is voor het huidige tijdperk, dat als gevolg van het kruis en de opstanding op zijn einde loopt. Dit argument zou niet kloppen als vlees in beide gevallen moreel negatief is.
Het gaat ons hier alleen om de laatste betekenis: de menselijke gevallen staat, waarin ieder verband met het lichamelijke is verdwenen en het lichamelijke strikt eschatologisch – en moreel negatief – is geworden, en het bestaan beschrijft vanuit het perspectief van wie Christus niet kennen en dus leven als Gods vijanden. Bij gelovigen is dit alleen van toepassing op hun leven *voordat* zij zich bekeerden tot Christus en een leven in de Geest. Ieder conflict op dit punt heeft te maken met gelovigen in Christus, mensen van de Geest die zich nog steeds gedragen volgens hun voorchristelijke opvattingen en waarden. Paulus' reactie is steeds: 'Stop ermee'. 'Legt uw oude zelf af', zegt hij en 'doe de nieuwe mens aan' (Ef 4:22, 24). Wat ik dus duidelijk wil maken is dat wanneer 'vlees' voorkomt, het altijd in tegenstelling staat tot de Geest in deze eschatologische zin.

## De tegenstelling tussen Geest en vlees bij Paulus[7]

Dat in Paulus' visie het vlees voor de gelovigen verleden tijd was, net zoals gehoorzaamheid aan de Tora, komt met name tot uitdrukking in Romeinen 7:4-6: 'Want toen wij in het vlees waren, werkten de zondige hartstochten, die door de wet geprikkeld worden, in onze leden (...) maar thans zijn wij van de wet ontslagen, (...) zodat wij dienen in de nieuwe staat des Geestes.' Hoe Paulus dit opvat, wordt helder uitgedrukt in 2 Korintiërs 5:14-17:

> Want de liefde van Christus dringt ons, daar wij tot het inzicht gekomen zijn, dat één voor allen gestorven is. Dus zijn zij allen gestorven. En voor allen is Hij gestorven, opdat zij, die leven, niet meer voor zichzelf zouden leven, maar voor Hem, die voor hen gestorven is en

opgewekt. Zo kennen wij dan van nu aan niemand naar het vlees. Indien wij al Christus naar het vlees gekend hebben, thans niet meer. Zo is dan wie in Christus is een nieuwe schepping: het oude is voorbijgegaan, zie, het nieuwe is gekomen.

Door de dood en opstanding van Christus en de gave van de Geest is alles veranderd. De vroegere orde van de dingen wordt beschreven in termen van het vlees, dat fundamenteel egocentrische, op het schepsel gerichte perspectief, dat er de oorzaak van was dat de Korintiërs Paulus beschouwden zoals hij vroeger Christus had beschouwd: zwak en daarom niet uit God. Het vlees neemt de dingen waar vanuit het oude perspectief, waarin waarde en betekenis worden toegekend aan macht, invloed, rijkdom en wijsheid (vgl. 1 Kor. 1:26-31).

Zeker, een dergelijke wereldbeschouwing bestaat nog steeds. Maar voor mensen in Christus is dat alles verleden tijd; zie, het nieuwe is gekomen, de tijd van de Geest, waarin er een totale omwenteling heeft plaatsgevonden in het bepalen van wat waarde of betekenis heeft. Het nieuwe model is het kruis; de kracht is niet gelegen in uiterlijkheden, maar in de Geest, die in gelovigen woont en genadig de 'innerlijke mens' verandert (2 Kor. 4:16) en ons naar Gods eigen gelijkenis (ten diepste geopenbaard in Christus door het kruis) omvormt.

Deze eschatologische kijk op de tegenstelling Geest/vlees is ook in andere passages te vinden:

1. 'En ik, broeders, kon niet tot u spreken als tot geestelijke mensen, maar slechts als tot vleselijke,' zegt Paulus tot de Korintiërs (1 Kor. 3:1). De ironie van deze zin ligt in het feit dat de Korintiërs, die zichzelf zien als mensen van de Geest, nog steeds denken zoals zij deden voordat zij Christus leerden kennen, net als de leiders van hun tijd, die Christus hebben gekruisigd (2:6-8). Door hun houding ten opzichte van Paulus' lijden en zijn boodschap van het kruis, sluiten zij in feite vriendschap met Christus' moordenaars, die net als zij de dingen bekeken uit het perspectief van het vlees.

Dit is duidelijk eschatologische terminologie. Bovendien klinkt er niets in door van een innerlijke strijd van de gelovige tussen deze twee bestaanswijzen. Integendeel, het beschrijft de wezenlijke kenmerken van twee tijdperken die naast elkaar bestaan in een onopgeloste tegenstelling in ons huidige *nu reeds/nog niet* bestaan. Het ene, van het vlees, is veroor-

deeld en op zijn retour. Dit moet voor hen verleden tijd zijn. Paulus probeert hen te verleiden tot het ware leven van de Geest.
2. Op vergelijkbare wijze waarschuwt Paulus in Filippenzen 3:3 tegen mensen die vasthouden aan de besnijdenis. Hij beschrijft gelovigen als mensen die dienen 'door de Geest Gods' en die 'niet op het vlees vertrouwen'. Hier duidt 'vlees' op een zelfvertrouwen dat gebaseerd is op de besnijdenis als het bewijs voor een vermeende betere relatie met God. Maar zoals we in hoofdstuk 9 al opmerkten, is de Geest ook een tegenhanger van iedere vorm van onderwerping aan de Tora, en wel door deze te vervullen. Dus ook hier gaat het in wezen om eschatologische realiteiten. Terugkeren naar de besnijdenis, dat wil zeggen 'vertrouwen op het vlees', betekent terugkeren naar de weg die na de dood en opstanding van Christus en de gave van de Geest een doodlopende weg is.
3. Ook de sterke tegenstellingen in Romeinen 8:5-8 hebben niet te maken met een innerlijk conflict. Weer beschrijft Paulus de twee soorten bestaan en geeft hij aan hoe absoluut onverenigbaar deze zijn. Wie wandelen naar het vlees – en uit de context wordt duidelijk dat hiermee *niet* gelovigen worden bedoeld, maar degenen die nog niet in Christus zijn – 'hebben de gezindheid van het vlees' (v. 5). Een dergelijke gezindheid is vijandig aan God, onderwerpt zich niet – sterker: kan zich niet onderwerpen – aan Gods wet, kan God niet behagen (hoe zou dat ook mogelijk kunnen zijn?), en loopt uit op de dood. Dat is geen beschrijving van een christelijk leven, niet bij Paulus en ook nergens anders.
De mensen van God, die wandelen naar de Geest, staan in scherp contrast tot de mensen van het vlees. Zij hebben de gezindheid van de Geest (hun verstand is tenslotte vernieuwd door de Geest). In plaats van Gods vijanden te zijn, leven zij in vrede, en in plaats van de dood kennen zij het leven.
Dat dit het conflict is waarop Paulus doelt, wordt duidelijk in Romeinen 8:9, waar hij zich richt tot zijn christelijke lezers: '*gij* daarentegen, zijt *niet in het vlees* [in tegenstelling tot de wandelaars in het vlees in de verzen 7-8], maar in de Geest [een hele nieuwe wijze van leven], althans, indien de Geest Gods in u woont.'
Maar Paulus onderkent ook dat het leven in de Geest meer is dan een wandelingetje door het park. Dus past hij in Romeinen 8:12-13 de verzen 1-11 toe op hun eigen leven, door hen eraan te herinneren dat zij door de Geest steeds opnieuw moeten doden waaraan zij eigenlijk al

gestorven zijn (weer het *nu reeds/nog niet*). Vroeger werden zij beheerst door het vlees, en hadden er dus verplichtingen aan. Nu hebben zij verplichtingen aan de Geest, om zijn wegen te volgen en zich door Hem te laten leiden (v. 14).

Leven in de Geest is niet passief, noch betekent het automatische gehoorzaamheid. Wij leven nog steeds in de echte wereld; we zijn ten slotte zowel *nu reeds* als *nog niet.* Daarom is het gebod voor het nu reeds: wandelen in en door de Geest. Dat veronderstelt dat wij leven in een wereld die sterk wordt gedomineerd door het vlees. Maar het veronderstelt ook dat wij nu in die wereld leven als andere mensen die geleid worden door de Geest en door Hem in staat gesteld worden om de vruchten van rechtvaardigheid voort te brengen, in plaats van de werken van het vlees.

Dat brengt ons tenslotte bij Galaten 5:17 en Romeinen 7:13-25. We beginnen met dat laatste, omdat dat gedeelte niets te maken heeft met deze tegenstelling, en we sluiten af door nog eens te kijken naar het gedeelte uit Galaten (zie hoofdstuk 10).

## De strijd in Romeinen 7:13-25

Hoe zit het nu met het hartstochtelijke, emotionele verhaal van Paulus' eigen innerlijke strijd in Romeinen 7:13-25? Valt uit dit gedeelte niet op te maken dat Paulus zelf, hoewel hij een man van de Geest was, innerlijk voortdurend worstelde met de aantrekkingskracht van het vlees? Op het eerste gezicht, en de context buiten beschouwing latende, zou men dat kunnen denken. Maar er zijn drie dingen waaruit blijkt dat dat niet het geval is: de context, wat Paulus in feite zegt, en wat hij niet zegt.

De hele context heeft te maken met de plaats van de Tora in het christelijke leven. In de verzen 1-6 heeft Paulus duidelijk gemaakt, door nog maar eens in herhaling te vallen, dat de gelovige helemaal geen band met de Tora meer heeft. Door de dood van Christus zijn wij voor de wet gestorven (v. 4). Dat niet alleen, zo voegt hij eraan toe, maar we zijn ook gestorven voor het vlees (v. 5-6; let op de verleden tijd: 'toen wij in het vlees *waren*'). Maar Paulus is zich er ook van bewust dat hij zich tot nu toe wel erg negatief heeft uitgelaten over de wet, en dat dat zijn lezers – joodse christenen – niet zal bevallen. Bovendien is zijn oordeel over de

wet niet negatief; integendeel. Het enige wat hij op de wet tegen had, was haar ontoereikendheid, haar machteloosheid om de kracht te geven om haar eigen eisen te vervullen.
Dus begint hij in de verzen 7-25 de wet te ontdoen van iedere verdenking dat zij, omdat zij betrokken was bij onze dood, op zichzelf negatief was. Om dit duidelijk te maken volgt hij twee redeneringen. Ten eerste zegt hij in de verzen 7-12 dat hetgeen waaraan 'ik' gestorven ben (en met 'ik' bedoelt hij in dit gedeelte zichzelf en alle andere joden) niet de wet was, maar de aangeboren zondigheid die de wet opwekte. De wet is betrokken bij zijn 'dood', dat wel, maar als een medeplichtige, niet als een directe oorzaak.
Dit zou de wet ook in een slecht daglicht kunnen stellen, dus begint hij weer opnieuw (v. 13), door deze keer zeer duidelijk te stellen dat de wet geen schuld treft. Het gebrek van de wet ligt in haar machteloosheid om iets te doen aan de zonde, die zij in ons heeft opgewekt door ons van de ultieme 'zondigheid' van de zonde zeer bewust te maken. Dit wordt met grote nadruk gezegd, en op een wijze die iedereen die probeert God te behagen op basis van de wet, kan bevestigen. Uiteindelijk is het een volkomen zinloze strijd. Voor een mens onder de wet, die de gave van de Geest niet heeft ervaren, zijn zonde en vlees gewoon de sterkste krachten. Dan betreden Christus en de Geest (Rom 8) het toneel, als Gods antwoord op de jammerklacht van 7:24. Niet alleen is er geen veroordeling in Christus (dat wil zeggen, het oordeel dat wij allen zo rijkelijk verdienen is verleden tijd geworden door de dood van Christus), maar we leven nu onder een nieuwe 'wet', die van de Geest van het leven (8:2). Datgene waartoe de wet niet in staat was, heeft Christus nu voor ons gedaan (plaatsvervangend) en de Geest 'vervult' het in ons (door het ons te laten ervaren) wanneer wij 'wandelen naar de Geest' (v. 3-4).
Als conclusie volgen nu drie eenvoudige punten:
1. Wat Paulus uitputtend beschrijft, is hoe het was om te leven onder de wet, en wat men verder ook kan zeggen van de christen Paulus, hij beschouwde zichzelf niet als iemand die vastzit aan de wet. Wat hij beschrijft, vanuit zijn huidige christelijke perspectief, is hoe het was om onder de wet te leven vóór Christus en de Geest. Het gebruik van 'ik' en de tegenwoordige tijdsvorm zetten kracht bij aan zijn gevoelens over de volkomen machteloosheid van de wet om iets te doen aan het wezenlijke probleem van de zonde.

2. De mens die hier wordt beschreven, wint nooit. Leven onder de machteloze wet, blootgesteld zijn aan de grotere macht van het vlees en de zonde, betekent verkocht zijn als een slaaf aan de zonde dat men niet in staat is het goede dat de wet eist te doen. Een dergelijke beschrijving heeft absoluut niets te maken met Paulus' opvatting van het leven in Christus, bekrachtigd door de Geest.

3. In de hele passage (v. 7-25) wordt de Geest niet één keer genoemd. De laatste verwijzing stond in vers 6, als de sleutel tot ons nieuwe leven in Christus, die een einde heeft gemaakt aan onze band met de wet en het vlees. Hij komt dan terug op Christus en de Geest in 8:1-2 als het goddelijke antwoord op de jammerklacht van de mens die strijdt met de zonde met geen andere steun dan de machteloze wet, die de zondigheid van onze zonde aan het licht brengt, maar die niet in staat is om er iets tegen te doen.

De enige vragen die Paulus zelf in dit hele gedeelte opwerpt, hebben dus te maken met de Tora: is zij goed of slecht? Nadat deze vraag is beantwoord met goed, vraagt hij zich af hoe het mogelijk is dat iets dat goed is toch betrokken is bij onze dood. Het leven onder de Tora alleen is het onderwerp van kritisch onderzoek.

## Galaten 5:17 in de context

Wat te denken van Galaten 5:17, waar Paulus (letterlijk) zegt: 'Want het begeren van het vlees gaat in tegen de Geest en dat van de Geest tegen het vlees, want deze twee [realiteiten] staan tegenover elkander – zodat gij niet doet wat gij maar wenst [waar u zin in hebt]'? Duidt dit niet op een innerlijke strijd tussen de Geest en het vlees? Niet in de context. In feite is deze tekst volledig in overeenstemming met de teksten over dit conflict die wij eerder bekeken.

Vers 17 is de kern van een pleidooi over een dringende vraag: daar gehoorzaamheid aan de Tora sinds de komst van Christus en de Geest verleden tijd is geworden, wat kan er dan nog borg staan voor de gerechtigheid? Met andere woorden, Paulus komt (misschien met vooruitziende blik) met argumenten tegen verwijten van joods-christelijke tegenstanders dat hij door de gehoorzaamheid aan de Tora los te laten, de deur wijd openzet voor losbandigheid en goddeloosheid. Inderdaad, uit Romeinen

3:7-8 wordt duidelijk, en in Romeinen 6:1 kunnen we tussen de regels door lezen, dat Paulus daarvan inderdaad is beschuldigd.
Typerend voor Paulus is dat hij deze vraag niet opvat in termen van de individuele gelovige, in de relatie van God tot mens, maar juist vanuit het punt waar de Galaten leven zoals ze deden toen het vlees nog de scepter zwaaide. Paulus waarschuwt hen ervoor hun nieuwe vrijheid in Christus niet te gebruiken als een springplank voor activiteiten van het vlees (5:13), waarbij hij in dit geval doelt op het in stand houden van de tweedracht in de geloofsgemeenschap (v.15). Veeleer moeten zij 'elkander door de liefde dienen' (v. 13). Want een dergelijke liefde 'vervult de wet' (v. 14).
Paulus' antwoord op de verzen 13 en 15 volgt in de verzen 16-26. In vers 16 begint hij met het basisgebod (en de basisbelofte): 'Wandelt door de Geest', maant hij hen aan, 'en voldoet niet aan het begeren van het vlees'. Daar dit een antwoord is op vers 15, heeft hij het niet over het innerlijke leven van de gelovigen, maar over het toelaten van goddeloos gedrag binnen de gemeenschap. Tenslotte hebben de werken van het vlees, die hierop volgen, allemaal te maken met gedrag, en zijn acht van de vijftien punten zonden van disharmonie binnen de geloofsgemeenschap.
Vers 17 functioneert als een nadere uitwerking van vers 16 door middel van wat is gezegd in de verzen 13-15. In deze uitweiding herhaalt hij eenvoudig wat we hem al eerder hebben horen zeggen: wandelen in de Geest is niet te verenigen met leven naar het vlees, want dit zijn twee uitersten. En omdat zij volkomen tegenstrijdig zijn, mogen mensen die leven in de Geest niet doen waar ze zin in hebben. Met andere woorden, hun nieuwe vrijheid in Christus staat hun niet toe door te gaan met het leven zoals ze dat gewend waren, elkaar bijtend en verslindend.
De tegenstelling tussen vlees en Geest heeft dus te maken met mensen die het nieuwe leven zijn binnengegaan dat door Christus en de Geest is ingeluid. Paulus spoort hen aan dit leven te leven door de kracht van de Geest. Wat hij wil zeggen, is dat de Geest een tegenstelling vormt met de andere wijze van leven, en dat hij volledig in staat is de benodigde kracht te geven om zo te leven. Dit wil niet zeggen dat Paulus zich niet druk maakt over het innerlijk leven; dat doet hij wel degelijk. Maar hier gaat het hem er speciaal om dat de levenswijze van Gods mensen daadwerkelijk verschilt van die van de wereld rondom hen. Mensen die wandelen in de Geest zullen niet doorgaan de christelijke gemeenschap te ondergraven door onenigheid en tweespalt.

In alle passages waar Paulus de Geest tegenover het vlees stelt, benadrukt hij dat door de dood van Christus en de gave van de Geest, het vlees dodelijk verwond is; in zijn eigen woorden: gedood. Het is dus in Paulus' visie niet mogelijk dat een Geestelijk persoon zou leven als een slaaf van de zonde die niet in staat is het goede te doen omdat hij of zij gevangen wordt gehouden door de wet van de zonde.
Gelovigen leven in een tussentijd. Het vlees, dat al dodelijk verwond is, zal uiteindelijk worden gedood bij de komst van Christus. De Geest, die nu al in ons bezit is, zal volledig worden gerealiseerd bij diezelfde komst. Voor zover het oude tijdperk nog niet is afgelopen, moeten wij nog steeds leren te wandelen door de Geest, ons gedrag af te stemmen op de Geest en te zaaien in de Geest. En dat kunnen we juist omdat de Geest toereikend is. In Paulus' optiek leven wij in het vlees, maar alleen in de zin dat we leven in onze huidige lichamelijke staat, onderworpen aan de omstandigheden van het huidige tijdperk; we leven niet naar het vlees. Dat leven hoort tot het verleden, en wie daarnaar leven zijn buiten Christus en zullen 'het [uiteindelijke eschatologische] Koninkrijk Gods niet beërven' (Gal 5:21).
Paulus is altijd realist. De 'nieuwe gerechtigheid' die de Tora vervult, tot stand gebracht door de Geest, is zelf zowel *nu reeds* als *nog niet*. Om terug te grijpen op het vorige hoofdstuk; met de komst van de Geest is de goddelijke 'infectie', niet de goddelijke perfectie, begonnen. Onze levens worden nu geleid door Degene die de wet zelf heeft geïnspireerd. Dat betekent niet dat Gods mensen niet meer kunnen worden 'betrapt op een overtreding' (Gal 6:1). De oplossing voor dergelijke tussentijdse overtredingen van Gods eis tot rechtvaardigheid is dat de rest van Gods mensen in de Geest zo iemand moet helpen door de zachtmoedigheid van de Geest. Het betekent het regelmatig ervaren van Gods vergevingsgezindheid en genade. Het betekent niet dat we een voortdurend leven in zonde maar als onvermijdelijk moeten accepteren, als een lek waardoor ons leven leegloopt, alsof de Geest niet toereikend zou zijn voor het leven hier en nu.

Als deze uitleg niet bevredigend is voor diegenen onder u die leven in een voortdurende strijd met een of andere makkelijk te begane zonde, kan ik u alleen maar zeggen: schep moed uit het evangelie. Ik wil de strijd niet bagatelliseren. Maar God houdt van u, en die liefde is 'overvloedig uitgestort in uw hart door de Geest.' Voor sommigen ligt de sleutel tot een leven in de Geest in het besteden van meer stille tijd aan danken en lofprijzen voor wat God heeft gedaan – en doet en belooft te doen – en minder tijd aan introspectie, gerichtheid op eigen onvermogen om aan de wet te voldoen.

Iedere keer als u de neiging hebt om wraak te nemen voor wat iemand u heeft aangedaan, in plaats van hem of haar te vergeven zoals Christus u heeft vergeven, dwingt dat u weer om u te realiseren dat u nog altijd leeft tussen de tijden, tussen de tijd waarin de infectie is begonnen en die waarin de voltooiing zal zijn bereikt (zie p. 123). Maar door de leiding van de Geest geeft u geen gehoor aan uw eigen impulsen – op iemand inslaan om wat hij of zij u heeft aangedaan – zoals u gewend was te doen, zonder na te denken. De Geest, Gods eigen aanwezigheid – zijn *krachtgevende* aanwezigheid – is in u, en onder zijn leiding zult u in staat zijn tot goed gedrag.

Tenslotte, om de discussie af te ronden; hier is het van belang dat u lidmaat van een lichaam bent. Daar het uiteindelijke doel van de verlossing is dat wij, ieder voor zich, als een groeiend, opbouwend en stichtend lid deel uitmaken van Gods volk, bestaan anderen in dat lichaam met hetzelfde doel, en zouden zij u dus op dezelfde wijze moeten dienen. Probeer niet een eenzame christelijke strijder te zijn die het op eigen houtje probeert. Zoek anderen op in de gemeente aan wie u verantwoording kunt afleggen, en laat hen delen in uw wens om te groeien naar Christus' beeld.

## Noten

1. N. T. Wright, *Following Jesus: Biblical Reflections on Discipleship* (Londen: SPCK, 1994), p.72.
2. Deze woorden zijn afkomstig van Krister Stendahl, 'The Apostle Paul and the Introspective Conscience of the West' in *Paul among Jews and Gentiles and Other Essays* (Philadelphia: Fortress, 1976) 78-96.
3. Zie ook Ps 51, waar David zegt: 'Mijn zonde staat bestendig voor mij' (v. 5) en waar hij spreekt over zijn 'ongerechtigheid' (v. 4). Maar hij kent ook de bron van zijn zonden: zijn kwade hart.

4. Zie de verhandeling in *GEP* over Gal 5:13-15, 16-17, 19-23, 24-26, 6:7-10, Rom 7:4-6, 8:4, 5-8, 13:11-14, Fil 3:3.
5. Voor verdere verwijzingen naar recent wetenschappelijk onderzoek aangaande deze kwestie, met name het standpunt van J. D. G. Dunn, waarop het volgende gedeeltelijk een reactie is, zie Fee, *GEP*, p. 816-822.
6. Maar niet consequent. Het gebruikt verschillende termen, zoals 'aards/zondig bestaan', 'zelfzucht', 'zelfzuchtige verlangens' (zie 1 Kor 5:5, Gal 5:13, 16, 17, 19, 24, 6:8, Rom 7:5-8:13, Kol 2:11, 13, Ef 2:3), maar ook 'menselijk standpunt', of 'wereldse motieven' in 2 Kor 5:16 (vgl. 1:12, 17, 10:2) en 'menselijk' in Fil 3:3-4!
7. Deze tegenstelling komt lang niet zo vaak voor als we soms denken; eigenlijk alleen in Gal 5:13-6:10 (vgl. de analogie in 4:29), Rom 8:3-17 en Fil 3:3 – zie echter ook 1 Kor 3:1.

Hoofdstuk 12

# Kracht in zwakheid

## De Geest, de huidige zwakheid, en het gebed

*Het huidige eschatologische bestaan speelt zich midden in het volle leven af, met alle zwakheden van dien, met het besef van de kracht van de Geest, die ons vooral door het gebed te hulp komt.*

Twee waar gebeurde verhalen. Het eerste vond plaats in het grijze verleden toen ik nog studeerde. Stan was in de twintig, getrouwd, meelevend lid van onze plaatselijke kerk, maar hij was stervende aan een tumor in zijn ruggenmerg. Ik ging vol angst en beven bij hem op bezoek. Ik was net twintig, wist weinig van dood en sterven, en was er in ieder geval van overtuigd dat ik te jong was om hem tot troost te kunnen zijn. Maar ik ging omdat hij ook mijn vriend was, bovendien geloofde ik als lid van de pinkstergemeente dat God de zieken geneest.

Ik ben nooit vergeten wat ik die dag heb beleefd. Wat mij overkwam, overkwam iedereen die hem bezocht. We gingen met gepaste schroom, niet wetend wat te zeggen, maar Stans ervaring van Christus' aanwezigheid, dat wat hij leerde over Gods liefde, en zijn bereidheid – ik zou bijna willen zeggen een soort paulinische passie – om bij zijn Heer te zijn, was zo aanstekelijk dat het bezoek iedereen dichter bij de Heer bracht. Wij kwamen om hem te troosten, en we verlieten hem met een diep vertrouwen, dat hij ons had gegeven. Drie maanden later overleed hij, een pinkstergelovige die er tot het einde toe op bleef vertrouwen dat God hem in zijn genade zou kunnen genezen; maar hij stierf zonder spoor van desillusie omdat hij er klaar voor was binnen te gaan in het land van belofte om zijn eeuwige beloning in ontvangst te nemen.

Het tweede verhaal speelde vele jaren later, toen onze oudste zoon studeerde en zijn vakantie thuis doorbracht. Het was zondagochtend en hij had besloten een tv-kerkdienst te volgen in het souterrain. Opeens slaakte hij een kreet die Maudine en mij er toe bracht halsoverkop de trap af te rennen. Op het beeldscherm zagen we de echtgenote van een bekende televisiedominee. Op het moment dat wij binnenkwamen, wees ze met haar vinger naar de kijkers met een hardvochtige blik in haar ogen. 'Als iemand onder u stervende is aan kanker,' schreeuwde ze bijna, 'is dat uw eigen schuld, niet die van God. God wil u genezen.'

Twee verhalen, twee volgelingen van Christus. Ik geef de voorkeur aan de eerste.

Het onderwerp van dit hoofdstuk is de verhouding tussen de Geest als Gods krachtgevende aanwezigheid en het thema van zwakheid bij Paulus. Hier is het met name gemakkelijk om, in tegenstelling tot Paulus, te vergeten dat we midden in het leven staan, en de vergissing te begaan op onpaulinische wijze te veel nadruk op de ene of de andere kant te leggen. Wat ik wil zeggen, en dat zal niemand in dit stadium van het boek nog verrassen, is dat ons huidige eschatologische bestaan – onze ervaring van Gods Koninkrijk als *nu reeds/nog niet* gerealiseerd in het leven van de gemeente – ook de sleutel is tot deze laatste tegenstelling bij Paulus. Weer speelt de aanwezigheid van de eschatologische Geest een grote rol, hoewel dat in dit geval ook geresulteerd heeft in bepaalde conflicten bij latere gelovigen.

## De huidige situatie

Er zijn twee min of meer duidelijk verschillende standpunten over de kwestie van de Geest en de huidige zwakheid. Aan de ene kant is er een opvatting die door een meerderheid wordt aangenomen, bij gebrek aan beter.[1] Deze opvatting heeft iets spitsvondigs, waardoor zij paulinischer aandoet dan zij in feite is. Het is echter met name het fatalisme dat eraan kleeft, waardoor zij erg moeilijk met Paulus te rijmen valt. Het gaat hier om de neiging die sommigen hebben om de term zwakheid, dat wil zeggen leven *in* het vlees, te verwarren met leven *naar* het vlees. Als Paulus bijvoorbeeld zegt dat 'de Geest onze zwakheid te hulp komt' (Rom 8:26), staat 'zwakheid' voor ons hele huidige bestaan, inclusief onze zondigheid. In deze interpretatie verwijst Paulus' roemen in zijn zwakheden zowel naar de strijd tussen de Geest en het vlees als naar de verschillende lichamelijke zwakheden en beproevingen waarover hij het in feite heeft.[2] Maar iedere bestudering van de term 'zwakheid' bij Paulus leert dat hij dat verband nooit legt[3]. Deze term slaat inderdaad op het leven *in* het vlees, dat wil zeggen, het leven dat wij mensen hier en nu leiden in de context van lijden en ontoereikendheid. Maar, zoals we in het voorgaande hoofdstuk opmerkten, is leven in het vlees niet hetzelfde als leven *naar* het vlees, waarmee Paulus doelt op leven in zonde.

Het sterkste bewijs dat een innerlijk conflict tussen de Geest en het vlees geen onderdeel is van zijn opvatting dat wij kracht krijgen in zwakheid, is dat hij zich positief uitlaat over leven in zwakheid. Zelfs in die mate dat het het voor hem iets is om zich op te 'beroemen', en dus een reden voor blijdschap. Het is onvoorstelbaar dat hij zich zou verheugen over een leven naar het vlees, en dat is ook niet het geval.

Het resultaat van deze opvatting is een perspectief met een onderwaardering van het eschatologische aspect, met zoveel nadruk op het *nog niet* dat het *nu reeds* wordt vergeten. Hoewel men aan deze zijde wel veel spreekt over de Geest, bestaat er een sterke neiging om Gods volk maar wat te laten aanmodderen en de strijd uit te laten zitten in loopgraven. Men bewijst wel lippendienst aan de Geest, maar er is niets te merken van Paulus' ervaren van de Geest als de krachtgevende aanwezigheid van God.

Hiertegenover staat een even sterke neiging naar triomfalisme; een overdreven, soms exclusieve nadruk op het *nu reeds*. De verleiding tot deze extreme visie is met name groot in de moderne Amerikaanse cultuur, die elke vorm van pijn als een uiting van het kwade afwijst, en tot iedere prijs het lijden uit de weg wil gaan. Hier gaat het echter niet om de innerlijke strijd en de menselijke geneigdheid tot de zonde, maar om de discrepantie tussen de beloofde – en ervaren – kracht van de Heilige Geest en onze cultuur die lijden en pijn ziet als iets dat per definitie uit den boze is.

Dat lijden en pijn voortspruiten uit het kwade, staat buiten kijf; dat zij het directe resultaat zijn van onze eigen zondigheid – of gebrek aan geloof, volgens sommigen – is niet alleen sterk te betwijfelen, maar moeten we krachtig van de hand wijzen als absoluut in tegenspraak met Paulus. Een dergelijke opvatting resulteert in overwaardering van het eschatologische perspectief, waarbij men het *nu reeds* benadrukt en het *nog niet* negeert, uitlopend op een onpaulinische opvatting van de Geest als aanwezige kracht, terwijl men de zwakte in het huidige bestaan ontkent en ziet als een schande voor God.

De misvatting hier ligt in de neiging om bepaalde werkelijkheden te scheiden die Paulus graag gecombineerd ziet.[4] Paulus kan zich geen evangelie voorstellen dat niet tegelijkertijd Gods kracht is, kracht geopenbaard door de opwekking van Christus en nu bewezen door de aanwezigheid van de Geest. Dat gaat gepaard met 'krachten' in de gemeente (Gal 3:5), waarop Paulus zich op nuchtere wijze kan beroepen als een bewijs dat de verlossing in Christus gebaseerd is op geloof en niet op onderwerping aan de wet ('Die u de Geest schenkt en krachten onder u werkt, doet Hij dit ten gevolge van werken der wet, of van de prediking van het geloof?') Het gaat ook gepaard met de effectieve verkondiging van Christus samen met de manifeste kracht van de Geest die bekeringen bewerkstelligt (1 Tes 1:5-6, 1 Kor 2:4-5), ondanks de klaarblijkelijke zwakheid van de boodschapper zelf (1 Kor 2:1-3, 2 Kor 12:7-10).

Voor velen, met name de Korintiërs (en hun vele navolgers in deze tijd) lijkt het laatste een paradox. Wat hebben we aan krachten die niets voor onszelf uitrichten? Hoe kan iemand roemen over de macht van de opwekking en het leven van de Geest zonder die macht ooit aan te wenden ten behoeve van zijn eigen lichamelijke zwakheid en lijden? 'Dokter, genees uzelf' is niet alleen maar tot Jezus gesproken. Het is altijd het laatste argument van mensen die Gods kracht alleen maar kunnen waarnemen in zichtbare en buitengewone tekenen, en die nooit kunnen inzien dat de grotere heerlijkheid van God besloten ligt in de openbaring van zijn genade en kracht via de zwakheid van het menselijke omhulsel, en wel zo dat er nooit enige twijfel kan ontstaan omtrent de bron ervan!

## De Geest, kracht en zwakheid

Om te beginnen moeten we kijken naar het woord 'kracht', want een deel van ons probleem heeft weer te maken met definities. We kunnen niet altijd met zekerheid zeggen wat kracht betekende voor Paulus. Vaak verwijst het naar zichtbare manifestaties van de aanwezigheid van de Geest (vgl. 1 Kor 2:4-5, Gal 3:5, Rom 15:19). De volgende gedeelten, 1 Tessalonicenzen 5:19-22, 1 Korintiërs 12-14, Galaten 3:2-5 en Romeinen 12:6, leveren het bewijs dat de paulinische gemeenten 'charismatisch' waren in de zin dat er sprake was van een dynamische aanwezigheid van de Geest bij hun bijeenkomsten.[5] Zelfs in de kracht die maakt dat gelovigen tot een hoger besef van de liefde van Christus komen en dit in de praktijk brengen (Ef 3:16-20), herkent Paulus de krachtige werking van de Geest waarvan het bewijs wordt gevormd door de wijze waarop vernieuwde mensen met elkaar omgaan. Deze dynamische, duidelijk zichtbare dimensie van het leven in de Geest is waarschijnlijk het punt waarop gelovigen in de latere kerkgeschiedenis het meeste verschillen van die in Paulus' gemeenten. Hoe het verder ook was, men *beleefde* de Geest, Hij was meer dan alleen maar een zinnetje in de geloofsbelijdenis.

Desalniettemin bestaat er voor Paulus ook een sterke verbinding tussen de kracht van de Geest en de huidige zwakheid. Zonder dat hij dat expliciet zegt, valt uit passages zoals Romeinen 8:17-27 en 2 Korintiërs 12:9 op te maken dat hij de Geest ziet als de bron van kracht midden in beproevingen of zwakheden. Voor Paulus betekent Christus kennen zowel kennis hebben van zijn opwekking als deelnemen aan zijn lijden (Fil 3:9-10); het ene kan niet zonder het andere. Gods bedoeling met ons in ons huidige bestaan is dat wij naar het kruis leven, 'aan zijn dood gelijkvormig' (Fil 3:10), zoals geïllustreerd in het glorieuze verhaal over Christus in Filippenzen 2:6-11. Lijden betekent: zijn als de Heer, zijn voorbeeld volgen om zodoende 'aan te vullen wat ontbreekt aan de verdrukkingen van Christus' (Kol 1:24).

Toch verwacht Paulus ook een duidelijk zichtbare demonstratie van de kracht van God door de Geest, ook midden in de zwakheid, als Gods bewijs dat zijn kracht gelegen is in de boodschap van een gekruisigde Messias. Daarom kan hij zich in 1 Korintiërs 2:3-5 tegelijkertijd beroepen op zijn eigen zwakheden en op de duidelijke aanwezige kracht van de Geest in zijn prediking en de bekering van de Korintiërs. En in 1 Tessalonicenzen 1:5-6 herinnert hij deze nieuwe gelovigen eraan dat zij tot geloof zijn gekomen door de kracht van de Geest, maar onder zware verdrukking, die ook gepaard ging met de blijdschap van de Heilige Geest.

Al het voorafgaande weerspiegelt Paulus' fundamenteel eschatologische opvatting van het bestaan van een christen als *nu reeds/nog niet*, een spanning waarmee Paulus kon leven op een wijze waartoe veel christenen na hem niet in staat waren en zijn. Voor hem was het niet simpel een spanning tussen een heden van zwakheid en een (nabije) toekomst van een en al glorie. De toekomst had werkelijk haar intrede gedaan in het heden, met als bewijs de gave van de Geest; en daar de Geest de aanwezigheid van Gods kracht betekende, was die dimensie van de toekomst al tot op zekere hoogte aangebroken. Zo is het huidige lijden een teken van discipelschap met als voorbeeld onze gekruisigde Heer. Maar dezelfde kracht die de Gekruisigde opwekte uit de dood, is ook al werkzaam in onze sterfelijke lichamen.

Deze paradox in Paulus' opvatting is waar veel moderne christenen zoveel problemen mee hebben. Wij hebben de neiging het ene te benadrukken ten koste van het andere. Paulus en de andere nieuwtestamentische schrijvers houden deze openbaringen van Geest en van kracht in evenwicht. Tenslotte is voor Paulus de verkondiging van de Gekruisigde de werkzame kern van Gods kracht in de wereld (1 Kor 1:18-25), en zijn eigen verkondiging, die gepaard ging met zwakheid en angst en beven, garandeerde dat de kracht die de bekering van de Korintiërs bewerkstelligde, het werk van de Geest was, en niet te danken was aan de wijsheid of welbespraaktheid van de prediker. Zo wijst Paulus een weg dwars door het leven heen, die zowel evangelicale christenen als pinkstergelovigen vaak mislopen, doordat zij traditioneel óf de ene óf de andere kant benadrukken.

Of hij nu wel of geen (vroegere) collega van Paulus was, de schrijver van de brief aan de Hebreeën geeft soms een iets ander beeld van deze paradox, door de verschillende voorbeelden van geloof (betrouwbaarheid, volharding) in 11:32-38. Sommigen leefden 'in geloof' en beleefden grote wonderen, en anderen leefden ook 'in geloof' en werden gemarteld en ter dood gebracht. Maar allen werden gerechtvaardigd om hun geloof, zo besluit de schrijver. Zo is het ook met de Geest en de kracht bij Paulus. De Geest betekent de aanwezigheid van grote kracht, kracht die overloopt van hoop (Rom 15:13), kracht die soms gepaard gaat met tekenen en wonderen en soms met vreugde temidden van grote beproevingen. Hoe dan ook, juist omdat de Geest niet het einde der tijden heeft gebracht, maar alleen het begin van het einde, is kracht niet hetzelfde als definitieve volmaaktheid in het huidige tijdperk, maar leidt het veeleer tot rijpheid in Christus.

Zo komt de hele visie van Paulus op ons leven in de Geest hier-en-nu, hoe paradoxaal die soms ook lijkt, in het juiste licht te staan als we ons beginnen (zoals in de hoofdstukken 2 en 5 is aangegeven) te realiseren dat de Geest zowel de vervulling van Gods eschatologische beloften betekent als het onderpand voor onze zekere toekomst. We zijn *nu reeds* en tegelijkertijd *nog niet*. De Geest vormt het bewijs van het eerste en de garantie voor het tweede.

Tot onze grote vreugde worden we niet aan onszelf overgelaten bij onze pogingen ons staande te houden midden in het volle leven. Ook herinnert de Geest ons er niet alleen af en toe met wat machtsvertoon aan dat we uiteindelijk bij de toekomst horen. Hij is veeleer aanwezig als onze trouwe metgezel om ons te leiden en kracht te geven. Die kracht komt nergens duidelijker tot uiting dan in ons gebedsleven.

## De Geest en het gebed[6]

In dit boek heb ik steeds geprobeerd duidelijk te maken dat de scheiding die er voor sommige kerkmensen bestaat tussen de gemeenschap van Gods volk en het individu, een valse is, gezien in het licht van Paulus' ervaring en zijn theologie. Mensen die meer nadruk leggen op de gemeenschappelijke kant deinzen vaak terug voor persoonlijke vroomheid, inclusief 'Geestelijkheid' of voelen zich er niet bij op hun gemak. Alle piëtistische bewegingen (historische bewegingen die zich sterk bezig hielden met individuele vroomheid) zijn ontstaan in reactie op een tendens waarbij de persoonlijke verhouding verloren dreigde te gaan of opgeslokt te worden in een of andere vorm van kerkisme. Nergens wordt dat duidelijker dan in de houding van sommige mensen ten opzichte van het gebed.

Een van de opvallende inconsistenties in de bestudering van Paulus, is dat er duizenden boeken bestaan over ieder aspect van zijn denken, terwijl er maar enkele zijn die zich verdiepen in zijn gebedsleven. Inderdaad, de meeste mensen kennen Paulus alleen maar als zendeling of theoloog. Maar uit zijn brieven wordt duidelijk dat hij in de eerste plaats een *man van gebed* was, en pas daarna een zendeling of denker. Zijn leven was gewijd aan gebed en in het contact met zijn bekeerlingen namen dankzegging en gebed een belangrijke plaats in. Het gebed buiten Paulus' persoonlijke vroomheid laten zou hetzelfde zijn als de werking van een verbrandingsmotor bestuderen zonder het belang van olie te onderkennen. Het was niet zo dat Paulus alleen maar geloofde in het gebed of er alleen maar over sprak. Hij bad zelf, regelmatig en voortdurend, en hij spoorde zijn gemeenten aan hetzelfde te doen (1 Tes 5:16-18). Het is ongetwijfeld ook een overblijfsel van zijn leven vóór Christus, maar we mogen niet over het hoofd zien dat zijn gebed radicaal is veranderd door de komst van de Geest.

Of er in zijn gemeenten gebruik werd gemaakt van vaste gebeden is niet bekend, in ieder geval is spontaan gebed in de Geest de norm.[7] Het begin van het christelijke leven wordt bepaald door de inwoning van de Geest die uitroept *'Abba'* (Gal 4:6, Rom 8:15). 'Bidt met aanhoudend bidden en smeken bij elke gelegenheid in de Geest' dringt hij aan, een aansporing die van toepassing is op iedere vorm van gebed (Ef 6:18), inclusief bidden voor de evangelieverkondiging.

Met name in het gebed staat de Geest ons bij in ons *nu reeds/nog niet*-bestaan. Want in onze huidige zwakheid weten wij niet hoe of waarvoor wij moeten bidden, maar de Geest zelf is onze voorspraak met 'onuitsprekelijke verzuchtingen' (Rom 8:26-27) een uitdrukking die hoogstwaarschijnlijk verwijst naar glossolalie (spreken in tongen).

Het lijkt er dus op dat we Paulus' opvatting van glossolalie moeten zien in het licht van gebed (en lofprijzing). Nergens in 1 Korintiërs 14 suggereert hij dat spreken in tongen gericht is tot mensen[8]; drie keer geeft hij aan dat het gericht is tot God (14:2, 14-16, 28). In de verzen 14-16 noemt hij het spreken in tongen specifiek 'bidden met mijn G/geest', en in vers 2 beschrijft hij dergelijk bidden als 'geheimenissen spreken tot God'. Dit is de reden dat het *verstand* van de spreker vruchteloos blijft, en ook dat zulk bidden zonder uitleg geen bijdrage levert aan het gemeenteleven. Paulus zelf houdt zich zo vaak bezig met dergelijk bidden, dat hij zonder zich te bedenken tot een gemeente die deze gave koesterde, kon zeggen dat hij meer in tongen bad dan zij allen (1 Kor 14:18). Hij verzekert hen ook dat hij bidt 'met mijn verstand'. Wat hij *niet* doet is zich beperken tot maar één vorm van gebed, zoals de meest christenen na hem hebben gedaan.

Verder, gebed in de Geest betekent niet: 'in geestvervoering'[9]. Het betekent het bidden van de Geest door zijn geest zonder inmenging van het verstand en in direct gesprek met God. Wij mogen de Geest vertrouwen bij zulk bidden, zegt hij in Romeinen 8:26-27, juist omdat de Geest ons te hulp komt in onze zwakheid door zulk bidden. God kent de bedoelin-

gen van de Geest en weet dat Hij bidt naar de wil van God.
Bidden 'in de Geest' (hoe we het ook opvatten) is ook een middel voor God om zijn volk bij te staan op een ander terrein van zwakheid; in de voortdurende strijd 'tegen de geesten en de machten [van de wereld]'. Paulus spoort de gelovigen aan naast de defensieve wapenrusting van het evangelie, gebruik te maken van de twee 'Geestelijke wapenen' in het gevecht tegen de vijand: het woord van het evangelie (het territorium van de vijand binnendringen en de mensen die hij daar gevangen houdt redden) en 'bidden in de Geest' (Ef 6:18-20).
Hier is de Geest in het bijzonder onze trouwe vriend en bondgenoot. Juist omdat wij niet weten hoe we moeten bidden, moeten we meer dan ooit steunen op het bidden in en door de Geest zodat we het er beter van afbrengen in de geestelijke oorlog. Bidden is dus meer dan alleen maar een wanhopige jammerklacht of een verlanglijstje dat we voor onze hemelse *Abba* neerleggen; gebed is een activiteit geïnspireerd door God zelf, door zijn Heilige Geest. Het is God die optreedt als bondgenoot van zijn volk en, door zijn eigen krachtgevende aanwezigheid, de Geest van God zelf, die het gebed voortbrengt dat in overeenstemming is met zijn wil en zijn weg.
Het is waarschijnlijk onmogelijk om Paulus als theoloog te begrijpen zonder deze dimensie van zijn 'Geest-elijkheid' volledig serieus te nemen. Een leven zonder gebed is in de praktijk gelijk aan atheïsme. Als een man die leefde in en door de Geest, vatte Paulus het gebed in het bijzonder op als de speciale opwekking door de Geest, die hem bracht tot dank- en smeekbeden voor anderen in de Geest, zelfs wanneer hij niet wist wat hij precies moest bidden. Wat een leven in de Geest verder ook betekend heeft voor Paulus, het betekende in ieder geval een leven gewijd aan het gebed, vergezeld van vreugde en dankbaarheid.
Tenslotte is het gebed de ultieme uitdrukking van ons leven 'tussen de tijden'. Het is het bewijs van onze volkomen afhankelijkheid, zoals het ook een bewijs is van onze volharding in het heden terwijl we ons bewust zijn van onze zwakheid. Gebed in de Geest stelt geen eisen aan God (hoewel onze gebeden dat vaak wel doen), maar wacht af en luistert deemoedig naar God, en vertrouwt op de tussenkomst van God en de Heilige Geest in overeenstemming met Gods eigen wil en verlangen.
In deze context moeten we misschien ook aandacht besteden aan één van de dimensies van Paulus' Geestelijkheid waar we vaak niet direct

raad mee weten: de plaats van de visioenen en openbaringen. We weten hierover alleen omdat Paulus even ingaat op een stokpaardje van de Korintiërs, om hen ervan te overtuigen dat het volslagen ongepast is om dergelijke ervaringen te gebruiken om zijn apostelschap, of dat van wie dan ook, te bekrachtigen (2 Kor 12:1-10).[10] Van belang is dat Paulus duidelijk bevestigt dat hij dergelijke ervaringen heeft gehad en blijkbaar vaak, maar dat hij niet toestaat dat er waarde aan wordt gehecht in de zin van een bekrachtiging van zijn ambt.

Net als met het spreken in tongen vernemen wij dus over dergelijke zaken in zijn leven in de Geest, alleen maar omdat de Korintiërs er te veel waarde aan hechtten. Het is duidelijk dat voor Paulus deze twee soorten geestelijke ervaringen thuishoorden bij zijn persoonlijke verhouding met God, vandaar dat hij er uit zichzelf nooit over spreekt. 'Geestvervoering' was voor hem een zaak tussen hemzelf en God, ter wille van anderen blijft hij 'nuchter' (2 Kor 5:13).

Wat een verschil met wat de kerkgeschiedenis laat zien! Maar al te vaak pronken mensen met persoonlijke Geestes-ervaringen als eerste kwalificatie voor het ambt of voor geestelijk leven. Paulus kon wijzen op een overvloed aan werken van de Geest die te maken hadden met Gods bemoeienis met anderen, gewoonlijk in een context van persoonlijke zwakheid. En momenten zoals hij in alle bescheidenheid beschrijft in 2 Korintiërs 12:1-6, waren dus ongetwijfeld momenten die de rijkdom van zijn leven in de Geest benadrukten, leven in de persoonlijke aanwezigheid van God. Maar deze waren te persoonlijk om ook anderen ertoe aan te sporen, of om zich erop te beroemen. Dat hij 'weet van een mens dat die persoon weggevoerd werd tot in de derde hemel' moet een voortdurende bron voor persoonlijke bemoediging zijn geweest. Maar hij wist dit ook voor zichzelf te houden, want waar het om gaat in het leven hier en nu, is omgevormd zijn naar Christus' dood door de kracht van de opstanding.

Tenslotte moeten we echter nogmaals opmerken dat alles wat wij weten over Paulus' eigen gebedsleven in de Geest, alleen maar te danken is aan bepaalde misstanden in het gemeenteleven van de Korintiërs. Daarover heeft hij het in 1 Korintiërs 14; het is bij toeval dat wij iets vernemen over zijn persoonlijke praktijk, in de context van een voor hem veel belangrijker kwestie. Dat brengt ons bij de de kern van Paulus' visie op de Geest:

de vergaderde kerk als een plaats waar de Geest zichtbaar aanwezig is en haar ertoe brengt de Heer te prijzen en elkaar op te bouwen.

## Noten

1. Het gebrek lijkt mij te maken te hebben met een algemeen onvermogen de Geest serieus te nemen als Gods krachtgevende aanwezigheid.
2. De voornaamste voorstander van deze visie is J. D. G. Dunn, *Jesus and the Spirit* (Philadelphia: Westminster, 1975) 326-342, die zich niettegenstaande al zijn sterke momenten en diepe inzichten op dit punt vergist op een wijze die niets met Paulus te maken heeft.
3. Zie in dit verband D. A. Black: *Paul, Apostle of Weakness: Astheneia and Its Cognatet in the Pauline Literature* (American University Studies; New York: Peter Lang, 1984).
4. Met 'graag' bedoel ik niet dat Paulus vreugde schiep in het lijden, maar dat hij het lijden duidelijk zag in termen van het discipelschap. Dat wil zeggen dat hij lijden zag als navolging van Christus, die leed voordat Hij werd verheerlijkt, en die door dat lijden Gods volk verloste. Vandaar Paulus' bereidheid om niet alleen te lijden ter wille van Christus en dus van de kerk, maar om zich te verheugen over het lijden, aangezien het voor hem de bevestiging was van zijn discipelschap.
5. Over dit onderwerp zie hst. 13 en 14, vgl. Dunn, Jesus, p.160-165.
6. Over deze kwestie zie Fee, 'Some Reflections on Pauline Spirituality' in *Alive to God: Studies in Spirituality presented to James Houston* (red. J. I. Packer en L. Wilkinson; Downers Grove ILL: InterVarsity, 1992) p.96-107. Zie ook K. Stendahl, 'Paul at Prayer', in *Meanings: The Bible as Document and as Guide* (Philadelphia: Fortress, 1984) p.151-161; en, recenter, D. A. Carson, *A Call to Spiritual Reformation: Priorities from Paul and His Prayers* (Grand Rapids: Baker, 1992).
7. Soms werd als weerwoord tegen het persoonlijke karakter van de Geest of tegen Paulus' trinitarianisme ingebracht dat de Geest nooit wordt aangeroepen in het gebed, zoals de Vader en de Zoon. Dat is juist, maar de conclusie die eruit wordt getrokken, niet. De rol van

de Geest in het gebed is een andere: Hij is onze goddelijke 'bidder', degene *door* wie wij bidden, niet degene *tot* wie onze gebeden zijn gericht.

8. Zie verder de exegese van 1 Kor 14:5 in *GEP*, waar ik uiteenzet dat de interpretatie van spreken in tongen om die reden niet wordt omgezet in taal tot mensen, maar de geheimenissen uit 14:2 interpreteert, die worden gesproken tot God.
9. Deze term heeft hier een meer technische betekenis van een soort transcendente, buiten-lichamelijke ervaring van God.
10. Zie de uiteenzetting over 2 Kor 5:13 in *GEP*, p.327-230.

Hoofdstuk 13

# Zijn heerlijkheid loven

## De Geest en de eredienst

*De Geest vergadert het nieuw gevormde volk van God voor de eredienst in gezamenlijke lofprijzing van God en het delen van de gaven tot opbouw van de geloofsgemeenschap.*

Opgroeien in een pinkstergemeente was een prachtige en boeiende ervaring. Omdat het ervaringskarakter van ons geloof zo sterk was, had het vooral aantrekkingskracht op mensen die elders aan de kant stonden, zowel in de maatschappij als in de gangbare kerken. Daardoor was de verscheidenheid waarvan Paulus spreekt in 1 Korintiërs 12 ook ons deel. Met die verscheidenheid kwamen ook veel vreemde zaken binnen in de kerk, die niet allemaal even stichtend waren en die zo nu en dan voor sommigen eerder beangstigend waren. Wanneer ik nu mijn leeftijdsgenoten uit die tijd ontmoet, wisselen we vaak verhalen uit totdat we buikpijn van het lachen krijgen; geen hatelijk, spottend lachen, maar vanuit vrolijke herinnering aan de eigenaardigheden van enkele van Gods geliefden.

Zo was er 'oh-ooh-Ferris', een dierbare broeder, die, wanneer hij de geest kreeg 'oh-ooh' begon te roepen en daarbij een soort dansje maakte het gangpad in. Dan had je broeder Lawrence, die, als hij ineens de heerlijkheid zag van wat er werd gepreekt (door mijn vader in dit geval), uitbarstte in een 'halleluja', zo onverwacht en luid dat je er kippenvel van kreeg. En dan was er de broeder die opstond om iets buitennissigs te profeteren, en die altijd begon met: 'Aldus spreekt de Here'. Wanneer zijn profetie gewogen en te licht bevonden werd, en men voorzichtig opperde dat het misschien wel niet de Heer was geweest die had gesproken, dan sprong hij weer op. 'Aldus sprak de Here', riep hij, 'het was bestemd voor mij!' Je kon ervan zeggen wat je wilde, maar de pinkstergemeentediensten waren nooit saai in onze jeugd!

Maar temidden van dit alles was er die andere werkelijkheid, de veel grotere werkelijkheid van Gods aanwezigheid in ons midden. Op dit punt hadden wij het bij het rechte eind. We wisten intuïtief, door wat we lazen in de Schrift en door onze ervaring van de Geest, dat leven in Christus een leven van vreugde was. In tegenstelling tot hoe het ging bij de latere charismatische beweging, was de eerste reactie op Gods aanwezigheid vaak huilen en berouw. God was in ons midden gekomen en wij waren vervuld met ontzag. Maar berouw werd gevolgd door vreugde, omdat we wisten dat een van de belangrijkste redenen voor onze samenkomsten was om onze liefde en lof voor God tot uitdrukking te brengen met jubelende dankzeggingen en vreugdevol gezang. We wisten ook dat wij de gaven van de Geest hadden gekregen om ons te hulp te komen bij deze lofprijzing, en ook om ons te versterken als het volk van God in de wereld. Misschien was niet alles wat wij ondernamen bijbels, maar in de grond van de zaak handelden wij zeker bijbels.

In dit hoofdstuk onderzoeken we wat Paulus zegt over de Geest en de aanbidding, wat aanbidding in het licht van de Bijbel betekent. Allereerst moeten we duidelijkheid scheppen over twee kwesties, waarvan een al genoemd is.

Ten eerste is bij Paulus, zoals ik aangaf in de inleiding, niets te vinden van een tegenstelling die in de latere kerk is ontstaan tussen vruchten en gaven, tussen ethiek en door de Geest geïnspireerde aanbidding. Inderdaad, volgens Kolossenzen 3:16 en Efeziërs 5:19 uitte een van de manieren, waarop de gemeente het gebod 'blijf vervuld met de Heilige Geest' opvolgde, zich in het elkaar onderwijzen en stichten door het zingen van psalmen, lofliederen en Geestelijke liederen. Het hechte verband tussen ethiek en aanbidding dat uit deze passages blijkt, wordt vaak over het hoofd gezien. In ieder geval, het is met aanbidding net als met ethiek: voor Paulus speelt de Geest de leidende rol.

Ten tweede bevatten Paulus' brieven, omdat hij ze altijd schreef naar aanleiding van een bepaalde situatie, nooit iets dat lijkt op een systematische presentatie van de erediensten van de vroege kerk. Wat wij vernemen is altijd een reactie op problemen en dus fragmentarisch. Desalniettemin was voor Paulus de vergaderde gemeente allereerst een gemeenschap in aanbidding; en de sleutel tot deze aanbidding was de aanwezig-

heid van de Heilige Geest. Vandaar dat hij in Filippenzen 3:2-3 in zijn felle aanval op de 'versnijders' (door de besnijdenis) begint met de bewering: '*wij* zijn de besnijding [d.w.z. 'het volk van God'] die door de Geest Gods Hem dienen.' *Hun* godsdienst is een kwestie van religieuze ritueelen verricht aan het vlees, de *onze* is een kwestie van Geest.
De Geest wordt beschouwd als degene die verantwoordelijk is voor de eredienst (zie m.n. 1 Kor 14:6, 24, 26); sterker, als gelovigen zó bijeenkomen, vond Paulus dat hijzelf aanwezig was in de G/geest (waarschijnlijk door het voorlezen van zijn brief als zijn profetische stem onder hen), samen met de 'kracht van de Heer Jezus' (1 Kor 5:3-5, Kol 2:5). In dat licht mogen wij het ook zien als hij het brood opvat als aanwezigheid van het lichaam van Christus in de kerk, door de Geest (10:16-17, 11:29), ook al maakt hij geen directe toespelingen op de aanwezigheid van de Geest aan de tafel van de Heer (1 Kor 10:16-17, 11:17-34). Inderdaad, we zouden er niet zover naast zitten als we de aanwezigheid van de Geest aan de tafel zagen als Paulus' manier om de echte aanwezigheid te begrijpen. Dat valt tenminste af te leiden uit de vergelijking met Israël dat Geestelijk voedsel en Geestelijke drank tot zich nam in 1 Korintiërs 10:3-4.
Hoe dan ook, de Geest wordt bij uitstek gezien als de stuwende kracht achter alle andere onderdelen van de christelijke eredienst. We zullen nu gaan bekijken wat Paulus expliciet zegt over de eredienst.

## Eredienst onder leiding van de Geest

Wat het meest opvalt bij de *beschikbare* informatie[1] is misschien het vrije, spontane karakter van de eredienst in Paulus' gemeenten, klaarblijkelijk georkestreerd door de Geest zelf. De eredienst kende veel verschillende uitingsvormen en (in principe) kon iedereen eraan meedoen (1 Kor 14:26). Nergens is er een verwijzing naar iemand die de leiding heeft, hoewel we dat daarom niet direct moeten uitsluiten. Chaos is echter evenmin toegestaan. De God die zij dienen is een God van vrede (v. 33), en zijn karakter moet zowel in de vorm als in de inhoud van hun diensten worden weerspiegeld. Om die reden is wanorde niet gewenst. Hoewel iedereen een aandeel mag hebben (vz. 23, 24, 26, 31) zijn er wel bepaalde richtlijnen.

Er mogen niet meer dan twee of drie gemeenteleden tegelijkertijd spreken in tongen, en deze moeten worden gevolgd door anderen die de uitingen moeten uitleggen en beoordelen. Ze moeten elkaar respect betonen; sprekers moeten ook elkaar de ruimte geven, want de 'G/geesten der profeten zijn aan de profeten onderworpen' (1 Kor 14:32). Spontaniteit betekent dus niet gebrek aan orde, het betekent 'vrede' en 'betamelijkheid en goede orde' (v. 40).

In de enigszins raadselachtige vermaning in 1 Korintiërs 11:2-16 refereert Paulus zowel aan mannen als aan vrouwen als 'biddend en profeterend'. Het 'profeteren' veronderstelt in die passage een setting waarbinnen de gemeente samengekomen is voor de eredienst. Bovendien is het bijna zeker dat we bidden en profeteren niet moeten opvatten als beperkende termen, maar als representatief, in dit geval voor de twee basisactiviteiten die voorkwamen in de christelijke eredienst.

Samen staan zij voor de twee zaken waarom het draait in de gemeenschappelijke eredienst: God en de geloofsgemeenschap. Het gebed (en liederen en tongen, volgens 1 Kor 14:2 en 15) is dus gericht tot God, en profeteren staat voor de vele soorten taaluitingen – met name door de Geest ingegeven uitingen – die gericht zijn tot Gods mensen om hen te stichten (1 Kor 14:3, 16) of tot buitenstaanders om hen tot bekering te brengen (14:24-25).

Verschillende van de *charismata* ('genadegaven') die in het volgende hoofdstuk 14 worden besproken, passen in de context van het beeld van de gezamenlijke eredienst als een lichaam. Dit geldt met name voor die gaven die te maken hebben met toespraken tot de gemeente, zoals duidelijk wordt uit Paulus' vermaning in 1 Korintiërs 14. Tot deze gaven behoren profetie, onderricht, kennis en openbaring (v. 6); wij behandelen sommige hiervan echter in relatie met andere.

In termen van deelname hebben mannen en vrouwen een even groot aandeel in het bidden en het profeteren (1 Kor 11:4-5). In de christelijke samenkomst is de verzuchting van Mozes uitgekomen: 'Och, ware het gehele volk des Heren profeten doordat de Here zijn Geest op hen gave' (Num 11:29). Dit is in overeenstemming met 1 Korintiërs 14:24, waar ook Paulus tamelijk terloops opmerkt dat 'allen profeteren'.

Het probleem in 1 Korintiërs 11:5-6 is daarom niet dat vrouwen bidden en profeteren in de samenkomst, maar dat zij dat doen met hetzelfde uiterlijk als mannen, iets wat Paulus beschamend vindt. Dat vrouwen

volledig meedoen in de erediensten van Paulus' kerken, inclusief het voorrecht hebben van geïnspireerde taaluitingen, profetie, gaat veel verder dan de norm van zijn joodse achtergrond en lijkt ook in overeenstemming te zijn met verdere informatie uit het nieuwe Testament, hoe summier ook. Wat de bediening binnen de gemeente in de eredienst betreft, inspireert de Heilige Geest mannen blijkbaar evenzeer als vrouwen, daar in Christus Jezus zulke verschillen geen godsdienstige waarde meer hebben in Gods Nieuwe Koninkrijk van de eindtijd (Gal 3:28).
Omdat we in het voorgaande hoofdstuk het gebed hebben behandeld, en in het volgende zullen kijken naar de profetie, gaat onze aandacht in dit hoofdstuk uit naar de plaats van het zingen in Paulus' gemeenten. Net als het gebed, was zingen de specialiteit van de Geest geworden (1 Kor 14:14-15, 26, Kol 3:16, Ef 5:19). Onze aandacht gaat hier met name uit naar de parallelgedeelten in Kolossenzen en Efeziërs.

## Onderricht door geestelijke liederen

Kolossenzen 3:16 staat aan het einde van een reeks vermaningen (vz. 12-17) die aangeven wat een leven 'opgewekt in Christus' (v.1) betekent voor de gelovigen te Kolosse. Om een goed beeld te krijgen van waar het Paulus hier om gaat, geef ik de tekst weer in een meer gestructureerde vorm waaruit de onderlinge samenhang duidelijk wordt.

> Het woord van Christus wone rijkelijk in u,
> zodat gij in alle wijsheid
> elkander leert
> en terechtwijst
> met psalmen,
> lofzangen
> en geestelijke liederen
> zingende
> Gode dank brengt in uw harten.[2]

Dat Paulus het zo bedoelde, wordt duidelijk uit het parallelgedeelte in Efeziërs 5:18-19, waar de structuur vrijwel zeker als volgt is:

maar wordt vervuld met de Geest, en spreekt onder elkander in psalmen, lofzangen en geestelijke liederen, en zingt en jubelt de Here van harte.

Dit zijn gedeelten vol boeiende informatie over de eredienst in de paulinische gemeenten.

*De openingsvermaningen*

We beginnen met enkele beschouwingen omtrent de openingszinnen ('Het woord van Christus wone rijkelijk in u' en 'maar wordt vervuld met de Geest'), die van tamelijk groot belang zijn.

1. Uit de context en het taalgebruik is af te leiden dat Paulus hier spreekt over de christelijke gemeente. Dit zijn geen woorden gericht tot de individuele gelovige, maar tot gelovigen als het volk van God in relatie tot elkaar. In Kolossenzen is dat met name duidelijk. Vanaf 3:12 gaat het over de gemeente, want alles is voor, of staat in het licht van 'elkander'. Zo luidt de vermaning die aan deze voorafgaat en die de toon ervan zet, dat zij de vrede van Christus in hun harten moeten laten regeren, tot welke zij immers in één lichaam geroepen zijn.

In Kolossenzen 3:16 beschouwt Paulus deze relaties in het licht van de context van Gods mensen die zijn samengekomen voor de eredienst, waar zij elkaar moeten onderrichten en vermanen; dat is één wijze waarop het woord van Christus rijkelijk 'in hen' zal wonen. Dit betekent dat de voorzetselzin 'in/onder u' - ook al is het een bepaling bij het werkwoord 'wonen' en normaal 'in u' zou betekenen - hier 'in uw midden' betekent. Het inwonende 'woord van Christus' heeft daarom, in zijn beide vormen 'elkander leren en onderwijzen' en 'Gode zingende', te maken met de kerkelijke eredienst.

Ook al komt de context in Efeziërs iets minder direct naar voren, het is wel duidelijk dat het hier om de gemeente gaat, omdat de hele passage vanaf 4:1 tot en met hoofdstuk 6 het gemeenteleven behandelt, hoe het 'de eenheid des Geestes [moet] bewaren door de band des vredes' (4:3).

2. In hetzelfde verband is het van betekenis dat de twee werkwoorden 'leert en terechtwijst', dezelfde zijn als die Paulus gebruikte in Kolossenzen 1:28 om zijn eigen bediening te omschrijven. Hier hebben we het duidelijke bewijs dat Paulus geestelijke verzorging niet uitsluitend als het speciale terrein van apostels of ambtsdragers beschouwde. Net als in de

eerste van zijn brieven (1 Tes 5:14), zijn dit soort activiteiten in de christelijke gemeente de verantwoordelijkheid van allen.
Dit stemt ook overeen met het beeld dat oprijst uit 1 Korintiërs 14:26. Zijn vermaning daar berust op bepaalde vooronderstellingen: 'telkens als gij samen komt, heeft *ieder* iets: een psalm, (...); dat alles moet tot stichting geschieden.'
3. Waar het om gaat in de vermaning in de passage in Kolossenzen is het 'woord van Christus'. Bij Paulus betekent dit altijd 'de boodschap van het evangelie met de centrale plaats van Christus daarin'. Dat is tenslotte het onderwerp van de brief: Christus, de belichaming van God, Christus de volmaakte, Christus, Schepper en Verlosser. Paulus dringt er nu op aan dat dit 'woord van Christus' dat hij al in 1:15-23 had genoemd, 'onder hen [moest] wonen' en wel 'rijkelijk'.
Op die wijze zullen hun erediensten een precieze weerspiegeling zijn van wat we over de eredienst leerden in 1 Korintiërs 11:4-5. Hun activiteiten zullen voor een deel op elkaar gericht zijn ('elkander leren en terechtwijzen'), en voor een deel op God ('zingende Gode dank brengen in uw harten'). Zo moeten de schatten van het evangelie rijkelijk onder hen vertegenwoordigd zijn. Uit de structuur van de hele zin valt af te leiden dat allerlei liederen een grote rol spelen in die rijkdom.
4. Het parallelgedeelte in Efeziërs maakt duidelijk wat we ook zo al hadden vermoed; dat Paulus al deze activiteiten beschouwt als het resultaat van vervuld worden met de Geest. Ook al moeten we het bijvoegelijk naamwoord 'geestelijk' opvatten in verband met de verschillende uitdrukkingen van zang, Geestelijke liederen zijn in ieder geval een openbaring van de aanwezigheid van de Geest, wiens volheid de hele eredienst zal sturen en inspireren in al zijn verschillende vormen.

*De eredienst zelf*

Wanneer we na de openingszinnen de rest van de passage bekijken, valt er nog meer te leren over Paulus' opvatting van een door de Geest geïnspireerde eredienst.
1. Allereerst valt ons op dat waar de Geest Gods is, er gezongen wordt. De vroege kerk werd gekenmerkt door haar gezang en ook in de latere kerk gaat een vernieuwing door de Geest gepaard met het ontstaan van nieuwe liederen. De meeste daarvan hebben geen blijvende waarde, maar enkele hebben dat wel, en die worden toegevoegd aan de schatkist van

onze doorgaande praktijk van elkander onderrichten en terechtwijzen, en ook van het ons richten op God de Vader en God de Zoon om hen te loven door de inspiratie van de Heilige Geest.

2. Niettemin valt het te betwijfelen of het ons uiteindelijk zal lukken het subtiele onderscheid waar te nemen tussen de drie woorden die Paulus gebruikt om het zingen te beschrijven. 'Psalmen' kan bijvoorbeeld heel goed slaan op liederen uit het oudtestamentische boek van de Psalmen die zijn overgenomen in de diensten van de christelijke gemeenten, maar het zou te ver gaan om het daartoe te beperken. Hetzelfde woord wordt gebruikt voor het (blijkbaar) spontanere zingen in 1 Korintiërs 14:26, en het corresponderende werkwoord evenzo in 1 Korintiërs 14:15, als verwijzing naar het door de Geest geïnspireerde 'lofzingen'. Dus ook al is het nieuwtestamentische gebruik van het woord ongetwijfeld bepaald door het feit dat de lofliederen van Israël 'psalmen' werden genoemd, dan is dat geen afdoende reden om ervan uit te gaan dat het beperkt blijft tot die lofliederen. Wat dit woord aangeeft is een lied tot lof van God. Hetzelfde geldt voor het woord 'hymne'. In de Griekse wereld gebruikte men dit woord uitsluitend voor liederen gezongen voor goden of helden, en bijvoorbeeld nooit voor ontuchtige kroegliederen. Daarom verwijzen 'hymnen' ook naar het lofzingen tot God – of in het geval van het Nieuwe Testament ook tot Christus, zoals duidelijk wordt uit Openbaring.[3] Het woord 'liederen' verwijst naar iedere vorm van zingen, daarom bepaalt Paulus het nader met een verwijzing naar de Geest. Het bijvoeglijk naamwoord *pneumatikos* (G/geestelijk') slaat bij Paulus gewoonlijk op de Geest, hetzij direct, hetzij indirect. Men is het er algemeen over eens dat dat ook hier het geval is. Het gaat om liederen die geïnspireerd zijn door de Geest. Dit is hoogstwaarschijnlijk een aanduiding van een soort charismatisch gezang, overeenkomend met dat waarop word gezinspeeld in 1 Korintiërs 14:15-16 en 26, waar door de Geest geïnspireerde en dus vaak spontane gezangen klonken binnen het kader van de gemeenschappelijke eredienst.

Dus, ook al zou geestelijk heel goed als bepaling van alle drie zelfstandige naamwoorden kunnen gelden – de psalmen en lofzangen zouden dan ook 'van de Geest' zijn – toch ligt het meer voor de hand dat de bedoeling is dat het alleen bij 'liederen' hoort, en speciaal naar door de Geest geïnspireerd gezang verwijst. Dit woord is ten slotte het enige dat de ontvangers van de brief niet direct in verband hoeven te brengen met

de eredienst, omdat het op alle vormen van zingen in de Griekse wereld slaat, terwijl de twee andere voor goden zijn gereserveerd.
3. Er zijn waarschijnlijk fragmenten van dergelijke psalmen, lofzangen en Geestelijke liederen overgeleverd in de nieuwtestamentische geschriften die wij kennen. Het boek Openbaring staat bijvoorbeeld vol 'nieuwe gezangen' ter ere van God en het Lam. Dat is ook bijna zeker het geval met Efeziërs 5:14 en 1 Timoteüs 3:16. Maar van grotere betekenis voor deze brief is de algemene opvatting van de wetenschappers dat Kolossenzen 1:15-18 ook de weergave is van zo'n lofzang op Christus.[4] Als dit inderdaad het geval is, en er zijn geen gegronde redenen om het te betwijfelen, is dat ook de verklaring waarom Paulus deze verschillende soorten lofliederen en geestelijke liederen ziet als een manier om 'elkaar te onderrichten en terecht te wijzen'. Zulke liederen zijn tegelijkertijd geloofsbelijdenissen, vol theologische informatie, en de weergave van de diepste overtuigingen van de vroege christenen omtrent God en zijn Christus.
4. De achtergrond van zo'n tweedimensionale eredienst, lofliederen die beide én voor God gezongen worden én een manier zijn om elkaar te onderrichten en terecht te wijzen, is te vinden in het boek van de Psalmen in het Oude Testament. Daar vinden we tientallen voorbeelden van lofliederen die gericht zijn tot God in de tweede persoon, met ook gedeelten in de derde persoon waarin de grootheid en de trouw van God ten behoeve van degenen die voor Hem zingen worden geprezen.[5]
Uit de lofliederen in het Nieuwe Testament is duidelijk op te maken dat ook deze een tweeledige functie hadden in de vroege kerk. De meeste gaan over Christus, en zijn als zodanig zowel om Hem te loven als voor de onderrichting van Gods volk. In 1 Korintiërs 14:15-16 en 26 ligt duidelijk besloten dat we de 'Geestelijke liederen' in de paulinische gemeenten ook zo moeten opvatten. Zingen 'met het verstand' (begrijpelijke woorden zingen, geïnspireerd door de Geest) wordt opgevat als lofprijzing van God, en als iets waarop de rest reageert met het amen; en de psalm in 14:26 is duidelijk tot stichting van de anderen. Helaas zien veel moderne christenen hun zingen niet meer in dit licht en missen ze zo de belangrijke dimensies van onze reden om te zingen.
5. Tenslotte – en daarmee komen we terug bij de hoofdlijn van dit boek – op zijn eigen niet-beschouwende wijze, is Kolossenzen 3:16 een trinitarische tekst. Maar in tegenstelling tot de verschillende teksten die we in hoofdstuk 4 hebben geciteerd, waar de Vader het begin van de verlossing

is, de Zoon de oorzaak ervan, en de Geest de toepassing, is de volgorde hier omgekeerd. Christus speelt nog steeds de hoofdrol, vandaar dat zij 'het woord van Christus' rijkelijk in hun midden moeten laten wonen. Maar dezelfde Geest die de verlossing in de praktijk bracht, brengt nu een respons op gang door middel van geestelijke liederen waarin de boodschap van Christus klinkt, allemaal tot lof van God.

God die alles heeft geschapen en ons heeft verlost, is lovenswaardig. De Geest die aanwezig was bij de schepping en gekomen is om ons te voeren naar een leven in vrijheid, leidt ons nu in de eredienst en de lofzang van onze Verlosser en Schepper. Bij Paulus is onze eredienst daarom net zo trinitarisch als onze ervaring en onze theologie. Hij is dat klaarblijkelijk door toedoen van de Geest die in ons midden is wanneer we bijeenkomen in Christus' naam.

## Noten

1. Ik benadruk 'beschikbare' omdat hetgeen dat tot ons komt grotendeels in gecorrigeerde vorm is. We weten eenvoudig niet genoeg om verstrekkende, alomvattende beweringen te doen omtrent de aard van de erediensten in de kerken van Paulus.
2. Voor de argumentatie die voor deze structuur pleit, zie *GEP*, p. 648-657.
3. Ook al komt het woord 'hymne' hier zelf niet voor. Zie in dit verband met name Op 4:11, waarin ze gericht is tot God en wordt aangekondigd met 'zeggende', en Op 5:9, waar het over hetzelfde gaat, maar staat: 'zij zongen een nieuw gezang, zeggende ....' Zie ook 5:12, 13.
4. Zie de meest recente publicatie hierover van N. T. Wright, Poetry and Theology in Colossians 1:15-20: *New Testament Studies* 36 (1990) p.444-468.
5. Voorbeelden hiervan zien we in het hele Psalmenboek. Zie bijv. Ps 30 waar de psalmist in de verzen 1-4 God looft in de tweede persoon en vervolgens in vers 6 de gemeente oproept hetzelfde te doen op grond van het feit dat 'zijn welbehagen een leven lang duurt', waarna hij in 8 en 9 weer overgaat op de tweede persoon. Vergelijk ook Ps 32, 66, 104, 116, naast de vele gezangen die de gemeente oproepen Gods lof te zingen in het licht van zijn eigenschappen en wonderdaden.

Hoofdstuk 14

# Controversiële gaven?

## De Geest en de *charismatische gaven*

*Omdat de Geest aanwezig was onder zijn mensen, waren Paulus' gaven voor hem net zo vanzelfsprekend als ademhalen, en bedoeld ter stichting van de mensen in het hier en nu, in afwachting van de voleinding.*

De laatste decennia is het onder evangelicale christenen mode geweest om te zoeken naar je eigen charismatische gave. Er was bijna geen gemeente of jeugdgroepering die niet een conferentie of studieweek organiseerde over dit onderwerp. Hoewel ik waardering kan opbrengen voor de motivatie achter deze beweging – het is zeker van belang dat ieder van ons zich bewust is van zijn rol in de kerk - huiverde de nieuwtestamenicus in mij meer dan eens. Ik kon me niet voorstellen dat Paulus zou kunnen begrijpen waar men zich mee bezig hield!

Ik had verschillende bezwaren tegen deze rage; men haalde de teksten uit hun verband en rangschikte ze opnieuw volgens een eigen comfortabele indeling, scheerde de verschillende passages van Paulus over één kam, en was maar op één ding gericht: zelf te ontdekken wat de Korintiërs uit ervaring wisten. Maar het grootste bezwaar heb ik tegen de haast universele neiging om de lijst van 'werkingen van de Geest' (Paulus' eigen term in deze context) in 1 Korintiërs 12:8-10 te scheiden van de duidelijke achtergrond van de christelijke eredienst.

In het voorafgaande hoofdstuk merkten we op dat de gemeenschappelijke eredienst gepaard ging met verschillende buitengewone verschijnselen, waarvoor Paulus benamingen heeft als *charismata* ('genadegaven', 1 Korintiërs 12:4)[1], *pneumatika* ('uitingen van de Geest', 1 Kor 12:1), 'gaven van de Geest' (1 Kor 14:1) of 'openbaring van de Geest' (1 Kor 12:7). Dergelijke verschijnselen zijn bij uitstek werkingen van de Geest in de *samenkomst van de gemeente*, zoals overduidelijk blijkt uit 1 Korintiërs 14.

Op dit gebied bestaan echter ook grote verschillen in opvattingen, zowel onder theologen als binnen de kerk. De belangrijkste oorzaak hiervan is dat de meeste mensen uitgaan van de veronderstelling dat Paulus *aanwijzingen* geeft over de betekenis en de toepassing van *charismata* in de brieven waar dit woord voorkomt. Terwijl er in feite sprake is van *correcties* die bepaalde problemen en bepaalde gemeenten betreffen; geen systematische of allesomvattende beschrijving. Onze opgave is hier om naar ons beste vermogen te proberen de verschijnselen te beschrijven met behulp van de beschikbare informatie.

De bedoeling van dit hoofdstuk is dus niet om een uitputtende lijst samen te stellen. Wij zullen ons concentreren op de verschillende opsommingen in 1 Korintiërs 12-14, hoewel ik om te beginnen het net iets verder zal uitwerpen. Net als met de opsommingen van vruchten (zie hst. 10), moeten we de gaven van 1 Korintiërs allereerst plaatsen in hun context in 1 Korintiërs 12-14, voordat we overgaan tot de algemenere conclusies over de betekenis van de afzonderlijke gaven.

## Hoeveelheid en aard van de gaven

Er zijn verschillende opmerkingen te maken met betrekking tot de verschillende opsommingen in 1 Korintiërs 12-14. Ten eerste: geen van alle zijn ze bedoeld als uitputtend, alsof Paulus een uiteenzetting zou geven van alles dat we legitiem een 'gave van de Geest' mogen noemen. Dit wordt gedeeltelijk bewezen door het feit dat geen twee opsommingen identiek zijn. Er zijn geen funderingen voor in de tekst - en het het heeft bovendien weinig te maken met Paulus' boodschap - om te spreken van 'de negen gaven van de Geest'.

Ten tweede: de zaken in 12:8-10 worden 'openbaring van de Geest' genoemd, wat in de context betekent: verschillende wijzen waarop de Geest zich openbaart wanneer de gemeente is bijeengekomen. Waar het Paulus hier om gaat is de behoefte aan diversiteit in de gemeente. De opsomming is speciaal toegesneden op de situatie in Korinte. Paulus' grammatica en woordkeus suggereren een driedeling in de opsomming. Als eerste behandelt hij twee gaven waaraan geen gebrek was in Korinte ('wijsheid' en 'kennis') in een poging, naar het lijkt, om weer duidelijk te maken dat deze horen bij de Geest en het evangelie. De volgende vijf hebben gemeen dat het, net als spreken in tongen (glossolalia), buitengewone verschijnselen zijn. Ten slotte voegt hij, nadat de diversiteit duidelijk tot uiting is gekomen, het probleemkind toe, het spreken in tongen, samen met zijn onontbeerlijke metgezel – althans in de samenkomst – het uitleggen van de tongen.

Ten derde: pogingen om de onderwerpen in de verschillende lijsten te categoriseren zijn in het gunstigste geval experimenteel. Bij dergelijke pogingen, waarbij men ook de onderwerpen in Romeinen 12:6-8 en Efeziërs 4:11 betrekt, wordt een grote verscheidenheid aan terminologie toegepast (motiverend, pastoraal, etc.) die de apostel nauwelijks zou herkennen en die in ieder geval verdacht zijn. Het brede spectrum van verschijnselen kan het beste worden onderverdeeld in de drie natuurlijke categorieën waarnaar wordt verwezen in 1 Korintiërs 12:4-6: bedieningen, wonderen en geïnspireerde uitingen. Paulus noemt de visionaire ervaringen zoals we die tegenkomen in 2 Korintiërs 12:1-6 geen *charismata*, hoewel ze wel thuishoren in een verhandeling over de Geestelijke verschijnselen. Ook noemt hij mensen (bijvoorbeeld apostelen, predikers) geen *charismata*; weliswaar zijn zij geschonken aan de kerk, zoals duidelijk wordt uit Efeziërs 4:11, maar alleen hun ambten, en niet de mensen zelf, mogen *charismata* worden genoemd bij Paulus.

*Vormen van bedieningen*

Hieronder vallen 'bekwaamheid om te helpen', 'om te besturen' uit 1 Korintiërs 12:28, (zie ook 'dienen', 'mededelen' en 'leiding geven' in Romeinen 12:7-8). Dit zijn op het oog de minst 'charismatische' van de gaven, dus ook de het minst in het oog springende uitingen van de gemeenschappelijke eredienst. Ze vallen onder Paulus' voortdurende aandacht voor verhoudingen binnen de kerk. Het zijn dus Geestelijke activiteiten, niet zozeer in de zin van de Geest die zich openbaart in de samenkomst, als wel in de zin van de uitgebreide reeks werkingen van de Geest beschreven in de voorgaande hoofdstukken 9 en 10. Als we deze zouden betrekken in een bespreking van *charismata*, zou dat betekenen dat we alle werken van de Geest als *charismata* beschouwen, waardoor deze categorie haar inhoud zou verliezen.

*Wonderen*

Hieronder vallen drie punten uit 1 Korintiërs 12:9-10; 'geloof', 'gaven van genezing' en 'werking van krachten'. Zoals uit 13:2 blijkt, slaat 'geloof' hier op de bovennatuurlijke gave van geloof dat 'bergen kan verzetten'. 'Gaven van genezing' verwijst naar de genezing van het lichaam (de genezing van verstand en geest hangen voor Paulus samen met bekering), en 'werking van krachten' bij alle andere dergelijke verschijnselen die niet onder genezing vallen.

Het gebruik van het meervoud voor 'gaven' en 'werkingen' betekent waarschijnlijk dat deze gaven niet van permanente aard zijn, maar dat ze iedere keer dat ze voorkomen, ze op zichzelf staan. Dat dergelijke verschijnselen een normaal onderdeel waren van Paulus' eigen bedieningen, bewijzen 2 Korintiërs 12:12 en Romeinen 15:18-19. Dat ze ook gangbaar waren in zijn gemeenten blijkt uit Galaten 3:5. Voor hem zou het onbegrijpelijk zijn wanneer de aanwezigheid van de Geest niet gepaard zou gaan met dergelijke bewijzen van de werkingen van die Geest, die hij 'krachten' noemt, en wij vaak 'wonderen' noemen.

Of iemand gelooft dat zulke dingen werkelijk plaatsvonden, hangt bijna helemaal af van het wereldbeeld van de betreffende persoon. De zogenaamde Verlichting heeft haar sporen nagelaten, en de moderne mens, daarbij geholpen door de verbluffende vooruitgang van de moderne wetenschap, is ten prooi gevallen aan ongebreidelde hoogmoed. Dat wil zeggen, ons wordt bijgebracht dat Paulus en zijn kerken dergelijke zaken geloofden als gevolg van hun 'primitieve' wereldbeeld, dat de moderne mens nonchalant heeft afgedaan als zijnde onrealistisch. Rudolf Bultmann heeft bijvoorbeeld met zijn uitdrukking 'universum met drie verdiepingen' Paulus en zijn tijdgenoten gekarikaturiseerd. Dit moderne wereldbeeld is wijdverbreid. Vele evangelische christenen, die zich kwaad maakten over Bultmanns rationalisme waarmee hij Paulus' beweringen over de werking van de Geest zo nonchalant overboord zette, ontwerpen hun eigen vorm van rationalisme om de afwezigheid van dergelijke verschijnselen in hun eigen kringen te verklaren: zij beperkten dergelijke werkingen van de Geest tot het tijdperk van de apostelen.

Maar ter verdediging van Paulus moeten we twee dingen vaststellen over zijn bevestiging van buitengewone openbaringen van de Geest. Ten eerste zijn alle opmerkingen van Paulus over dergelijke zaken sober, nuchter en meestal terloops. Het zijn voorvallen die wat hem betrof vrijelijk onderzocht mochten worden, mocht iemand daar behoefte aan hebben. De reden hiervoor is erg eenvoudig, en theologisch. Hij was geboren en opgegroeid binnen een (joodse) traditie die geloofde in God, en zich deze God onmogelijk kon voorstellen als een God die níet almachtig was. Met deze opvatting over God als iemand die actief deelnam aan zijn universum en het lot van zijn mensen bestuurde, zou het nooit bij Paulus zijn opgekomen dat degene die ervoor koos onder hen te wonen door de vleeswording nu door zijn Geest iets anders zou doen dan vol genade deelnemen aan en werken in het leven van zijn mensen. Mensen die geloven in God als degene die het al heeft geschapen en in stand houdt, maar weigeren te geloven in wonderen, zowel in het verleden als in het heden, hebben theologische standpunten gevormd die moeilijk staande te houden zijn en die tamelijk ver verwijderd zijn van het bijbelse perspectief.

Ten tweede: Paulus' bevestiging van de wonderen is niet de bewering van iemand die probeert iets te bewijzen. Dat wil zeggen, hij beroept zich niet op wonderen als legitimatie voor zijn verkondiging of zijn apostelschap. Integendeel: hij wijst dergelijke criteria ter bekrachtiging van zijn apostelschap juist af. Het kruis en de opstanding en de huidige gave van de Geest zijn de enige legitimaties waarop hij zich ooit beroept. Mensen die zo nu en dan een wonder nodig hebben om hun geloof in God levend te houden en die teren op een dergelijk 'geloof' door wonderen te beschouwen als bekrachtiging van hun 'evangelie', bevinden zich ook buiten Paulus' gezichtsveld. Hij verwacht en aanvaardt wonderen, maar vereist ze niet, en weigert God op dit punt op de proef te stellen.

*Geïnspireerde uitingen*

Het gaat hier om 'spreken met wijsheid', 'spreken met kennis', 'profetie', 'het onderscheiden van geesten', 'allerlei tongen' en 'de vertolking van tongen' uit 1 Korintiërs 12:8, 10 en 'openbaring' en 'onderricht' uit 14:6. In het licht van Efeziërs 5:19 en Kolossenzen 3:16 moeten we waarschijnlijk ook het 'zingen' uit 14:26 hierbij betrekken. Pogingen om deze zaken te scheiden van de andere zijn over het algemeen vruchteloos, net als het onderscheid tussen hun charismatische en niet-charismatische uitingen (bijvoorbeeld onderwijzen of zingen).

Het 'spreken met wijsheid' en met 'kennis' is taal die ontstaan is uit de situatie in Korinte. Voor Paulus verwijst het 'spreken met wijsheid' allereerst op het verkondigen van het kruis (zie 1 Korintiërs 1:18-2:16; deze terminologie komt nergens anders voor). Mogelijk betekent het een spontane uiting van Geestelijke wijsheid ten behoeve van de gemeente, maar dat zal nooit met zekerheid kunnen worden aangetoond. 'Kennis' houdt nauw verband met 'geheimenissen' in 1 Korintiërs 13:2 en elders staat het dichtbij het concept 'openbaring' (13:8-9, 12, 14:6). Evenzo houdt profetie verband met 'openbaring' in 14:6 en met name in 14:25, 26 en 30. Moeten we deze opvatten als afzonderlijke gaven? Of, wat waarschijnlijker lijkt, duiden ze op verschillende facetten van de gave van het profeteren, gezien het feit dat het scala uiteenloopt van 'geheimenissen onthullen' en nuchterder woorden als 'stichting, troost en vermaning' (of bemoediging)? In ieder geval, het spreken in tongen zonder uitlegging in de samenkomst is de oorzaak van de hele discussie, en Paulus gebruikt profetie als voorbeeld voor alle andere begrijpelijke geïnspireerde uitingen waaraan hij in die situatie de voorkeur geeft boven tongen.

Omdat Paulus zelf in 1 Korintiërs 14 steeds tongen en profetie noemt als tegenstelling tot begrijpelijke uitingen (stichtend) en onbegrijpelijke uitingen (niet-stichtend) en vanwege onze interesse in deze twee verschijnselen, zal ik nader ingaan op deze twee *charismata*.

*Spreken in tongen*[2]

Het woord dat Paulus voor dit verschijnsel gebruikt, is letterlijk 'allerlei tongen'. In 1 Korintiërs 12-14 zegt hij er genoeg over om ons een idee te geven wat hij eronder verstond. We hebben al gekeken naar de rol van tongen in Paulus' eigen gebedsleven (aan het einde van hoofdstuk 12). We willen hier samenvatten wat hij erover zegt, met name over de rol ervan in de gemeente.

1. Het zijn hoe dan ook door de Geest ingegeven uitingen, dat wordt duidelijk uit 1 Korintiërs 12:7 en 11 en 14:2. Dit op zichzelf zou al iets meer zorgvuldigheid moeten oproepen bij bepaalde mensen wanneer zij proberen 'tongen hun rechtmatige plaats te geven' (wat er meestal op neerkomt dat ze ze helemaal willen uitbannen) in de huidige kerk. Paulus prijst het spreken in tongen niet het graf in, zoals sommigen beweren, noch is hij vervuld van een overdreven ontzag voor deze gave, zoals met de Korintiërs blijkbaar wel het geval was, evenals met sommige hedendaagse voorstanders van tongen. Net als met alle door de Geest geïnspi-

reerde activiteiten, wist Paulus ze ten zeerste te waarderen, *in het juiste perspectief*.

2. De regels voor het gebruik ervan in de gemeenschap in 14:27-28 maken duidelijk dat de spreker niet in extase is of zijn zelfbeheersing verliest. Integendeel: de sprekers moeten om de beurt spreken en zij moeten zwijgen als er niemand is om uit te leggen. Het verstand is dus niet uitgeschakeld, maar het is in ruste en 'onvruchtbaar'.

3. Het zijn uitingen die in essentie onbegrijpelijk zijn, zowel voor de spreker (14:14) als voor de toehoorders (14:16), een reden waarom ze uitgelegd moeten worden aan de gemeente.

4. Het zijn uitingen die hoofdzakelijk gericht zijn tot God (14:2, 14-15, 28); we mogen daarom aannemen dat wat uitgelegd wordt niet gericht is tot anderen, maar 'geheimenissen' zijn, gericht tot God.

5. Als gave voor persoonlijk gebed stond het bij Paulus hoog aangeschreven (14:4, 5, 15, 17-18, vgl. Rom 8:26-27, Ef 6:18) zoals we al opmerkten in hoofdstuk 12.

Of Paulus het spreken in tongen opvatte als een aardse taal, is een punt van discussie, maar het merendeel van het bewijs lijkt op het tegendeel te wijzen. Volgens hem is het in ieder geval niet waarschijnlijk dat er zich iemand onder de toehoorders bevindt die het begrijpt zonder interpretatie, en de vergelijking met aardse taal in 14:10-12 impliceert dat het geen aardse taal is (een zaak is meestal niet gelijk aan hetgeen waarmee het wordt vergeleken).

Het gedeelte waaruit we het meeste kunnen leren over Paulus' opvatting, is waarschijnlijk de beschrijving van het verschijnsel in 1 Korintiërs 13:1 als 'de tongen van engelen'. De context eist feitelijk dat deze uitdrukking verwijst naar glossolalie of 'spreken in tongen'. Wat het ingewikkelder maakt, is de nauwe verbinding met 'tongen van mensen'. Hoogstwaarschijnlijk verwijst dit naar twee soorten glossolalie: een menselijke tongval, een door de Geest geïnspireerde, maar onbekend voor de spreker of de toehoorders, en engelentaal, geïnspireerd door de Geest tot spreken in een hemelse tongval. Uit de historische context is op te maken dat de Korintiërs het laatste opvatten als glossolalie, en dat zij dit daarom zien als een van de bewijzen dat zij hun toekomstige hemelse status al gedeeltelijk bereikt hadden.

Paulus toont een grote ambivalentie ten opzichte van deze gave. Aan de ene kant, met het oog op het gebruik ervan in de openbare samenkomst, veroordeelt hij het niet, maar het is duidelijk dat hij ook niet overloopt van enthousiasme. In ieder geval zijn tongen niet wenselijk als ze niet worden uitgelegd. Aan de andere kant laat hij zich erg gunstig uit over tongen als een gave voor persoonlijk gebed, duidelijk een onderwerp dat voor Paulus zeer persoonlijk en privé is. Het gaat volgens hem fout wanneer het persoonlijke een rol gaat spelen in de openbare samenkomst, omdat het geen stichtende functie kan vervullen voor anderen. Hier komt weer de concentratie op het gemeenschapsleven naar voren.

Of het 'spreken in tongen' in hedendaagse pinkstergemeenten en charismatische bewegingen van dezelfde aard is als in de paulinische gemeenten, blijft een vraag, en waarschijnlijk geen erg relevante. Daar zullen wij nooit achter komen. Als *ervaren* verschijnsel komt het overeen met het hunne, in de zin dat het wordt opgevat als een bovennatuurlijke activiteit van de Geest, die veelal op dezelfde wijze functioneert en voor haar beoefenaars dezelfde waarde heeft als die Paulus beschrijft.

*Profetie*

Van alle *charismata* komt deze het vaakst voor in Paulus' brieven. Ze wordt specifiek genoemd in 1 Tessalonicenzen 5:20, 1 Korintiërs 11:4-5, 12:10-14:40, Romeinen 12:6, Efeziërs 2:20, 3:5, 4:11, 1 Timoteüs 1:18, 4:14, en is waarschijnlijk de achterliggende gedachte achter 'door de Geest' in 2 Tessalonicenzen 2:2 en 'op grond van een openbaring' in Galaten 2:2. Hieruit kunnen we afleiden dat ze wijdverbreid was in Paulus' kerken.

Hoewel profetie ook in de Griekse wereld een gangbaar verschijnsel was, is Paulus' opvatting ervan door en door gevormd door het judaïsme. De profeet sprak tot Gods volk door de inspiratie van de Geest. Bij Paulus bestaan dergelijke uitingen uit spontane, begrijpelijke boodschappen, mondeling afgegeven in de vergaderde gemeente, bedoeld ter stichting of ter bemoediging van de gelovigen. In de meeste gevallen zijn ze tot de gehele gemeenschap gericht, hoewel 1 Timoteüs 1:18 en 4:14 (en waarschijnlijk Gal 2:2) wijzen op woorden die ten behoeve van individuen gesproken zijn, maar nog steeds binnen de context van de gemeenten.

Dat het spontane uitingen zijn, wordt bewezen door 1 Korintiërs 14:29-32, waar iemand een 'openbaring ten deel valt' terwijl een andere 'profeet nog het woord voert'. Degenen die profeteren worden duidelijk niet opgevat als mensen die hun zelfbeheersing verliezen (zie 14:29-33).

Hoewel sommige mensen 'profeten' worden genoemd, valt uit 1 Korintiërs 14:24-25 en 30-31 op te maken dat de gave beschikbaar is – ten minste in potentie – voor iedereen.
Maar het is ook duidelijk dat profetie op zichzelf niet gezaghebbend is. Wanneer we 1 Tessalonicenzen 5:21-22 en 1 Korintiërs 12:10 en 14:29 naast elkaar leggen, zien we dat alle profetieën moeten worden 'beoordeeld' door de van de Geest vervulde gemeente. Dat is vrijwel zeker de eerste betekenis van de gave van 'het onderscheiden van G/geesten' in 1 Korintiërs 12:10, daar hier in de grondtekst hetzelfde woord wordt gebruikt als 'beoordelen' in 14:29 als de noodzakelijke reactie op een profetische uiting, net zoals uitleg nodig is bij het spreken in tongen.
Het is moeilijker om precies aan te geven wat de functie van profetie in de paulinische kerken was. Als onze opvatting over Galaten 2:2, 1 Timoteüs 1:18 en 4:14 juist is, heeft de Geest speciale manieren om de levens van zijn dienaren te besturen; soms wordt één van hen uitgezonderd voor een speciale opdracht, bekrachtigd door de Geest (1 Tim 1:18 en 4:14); en soms hebben ze te maken met het ondernemen van een moeilijke gang naar Jeruzalem (Gal 2:2). Anderzijds herinnert de Geest de kerk er ook aan, waarschijnlijk herhaaldelijk, dat de woorden van Jezus aangaande het toenemen van het kwaad in later tijden (1 Tim 4:1) bevestigd zullen worden. Een misleidende maar serieus opgevatte profetische uiting dat de dag des Heren al was aangebroken (2 Tes 2:2), was waarschijnlijk de aanleiding voor onrust in Tessalonica.
In 1 Korintiërs 14 doemt nog een ander beeld op van hoe de gemeente regelmatig de profetische Geest ondervond: voor gelovigen spreekt de Geest bemoedigend en stichtend, en in het geval van ongelovigen legt Hij hun harten bloot op een wijze die leidt tot berouw. Uit al deze teksten is te lezen dat profetie een verschijnsel was dat alom tot uiting kwam en ervaren werd, met de toerusting en opbouw van het volk van God als doel, zodat het tot rijpheid in Christus zou komen (Ef 4:11-16).[3]
Er zijn onlangs enkele artikelen verschenen over dit onderwerp, waarin wordt ingegaan op de vraag naar de achtergronden en het gezag. Dit probleem houdt verband met de inspiratie en het bijbelse gezag van de oudtestamentische profeten en de vraag of de nieuwtestamentische profeten op dezelfde wijze moeten worden opgevat. Aangezien voor Paulus profetie het bewijs vormde voor de vervulling van Gods eschatologische beloften, zag hij de nieuwtestamentische profeten ongetwijfeld ook als

de opvolgers van de gezaghebbende profeten van het Oude Testament. Dit verklaart gedeeltelijk waarom dergelijke profetieën beoordeeld moeten worden, net als die in het Oude Testament. Maar de *inhoud* van de nieuwe profetie werd wel anders opgevat, juist vanwege het huidige eschatologische bestaan van de kerk. Een profeet die de kerk bemoedigt in haar tussentijdse bestaan, spreekt andere taal dan de voornamelijk veroordelende woorden die tot het oude volk Israël gericht werden.

*Het onderscheiden van profetie*

In 1 Tessalonicenzen 5:19-22 roept Paulus uit: 'Dooft de Geest niet uit, veracht de profetieën niet, maar toetst alles en behoudt het goede. Onthoudt u van alle soort van kwaad.' Terwijl er in een deel van de huidige kerk een neiging bestaat tot ongehoorzaamheid aan dit bevel, en men de Geest uitdooft door profetieën af te wijzen, bestaat aan de kant van de pinkstergemeenten en charismatische bewegingen de neiging om de rest van dit bevel te negeren, terwijl het daar eigenlijk juist om gaat!

Als gevolg van hun ontzag voor Gods spreken op deze wijze, spontaan en vaak met een gezaghebbende stem, hebben de pinkstergemeenteleden een traditie om alles maar toe te laten in hun midden, in de naam van God. Het doel van onderscheiden is meestal het slechte te verwijderen. Paulus wil dat ze beide doen: dat zij beoordelen wat van de Heer is die tot hen spreekt, zodat zij het goede kunnen behouden, én breken met het kwade. De oorzaak voor de ongehoorzaamheid van de kant van de latere tradities is waarschijnlijk een gebrek aan zekerheid omtrent de onderscheidingscriteria, naast een gebrek aan duidelijkheid over de te volgen werkwijze. Paulus' eigen criteria worden duidelijk uit twee passages, 2 Tessalonicenzen 2:15, in het licht van 2:2 en 1 Korintiërs 14:3. Deze laatste passage is het gemakkelijkst: 'wie profeteert spreekt stichtend, vermanend en bemoedigend' voor de mensen van God. De passages in 1 Tessalonicenzen vergen iets meer uitleg.[4]

De vermaningen in 1 Tessalonicenzen houden waarschijnlijk verband met het probleem waarover hij spreekt in 2 Tessalonicenzen 2. Hoewel Paulus niet zeker is van de bron (een profetisch woord, zijn eigen vroegere prediking of een brief); iemand in de gemeente heeft in het wilde weg en in Paulus' naam geprofeteerd dat 'de dag des Heren reeds aanbrak'. Paulus reageert hierop in 2 Tessalonicenzen 2:3-12 door hen eraan te herinneren hoe tegengesteld die boodschap is aan wat hij hun feitelijk heeft geleerd toen hij in hun midden was. In een samenvattende vermaning roept hij hen dan in vers 15 op om vast te houden aan zijn eerdere verkondigingen, hetzij mondeling, toen hij bij hen was, hetzij in zijn voorafgaande brief. Opvallend is dat hij de 'Geest' uit vers 2 hier niet noemt. Zijn boodschap lijkt duidelijk: zij moeten al dergelijke 'geestesuitingen' afwegen in het licht van zijn eigen apostolische verkondiging. Ik veronderstel dat hetzelfde geldt voor alle gelovigen in alle generaties.

*Hoe algemeen waren de gaven in Paulus' gemeenten?*

Dat Paulus al deze zaken op zo'n terloopse wijze kan opnoemen, vooral in 1 Korintiërs 12:7-12, geeft aan dat de praktijk van de erediensten in de vroege kerk veel charismatischer was dan later. Sommige mensen hebben zelfs geprobeerd van dit gebrek een deugd te maken, door te redeneren dat de buitengewone verschijnselen betrekkelijk beperkt bleven tot de vroege kerk – zij hoorden bij 'onrijpe' gelovigen zoals de Korintiërs – maar niet nodig zijn in onze 'volwassener' gemeenten! Maar een dergelijke argumentatie getuigt niet alleen van onbegrip over de beeldspraak van de kindertijd en volwassenheid in 1 Korintiërs 13:10-12, het is ook, gezien de aard van Paulus' brieven, een totaal ongeldig argument. Men zou net zo goed kunnen beweren dat de andere kerken die Paulus kende het Heilig Avondmaal niet vierden, omdat dat alleen wordt genoemd in 1 Korintiërs (10:16-17, 11:17-34), en net als met de tongen in 1 Korintiërs 12-14, alleen ter correctie van een misbruik.

De bewijzen zijn aanzienlijk dat in Paulus' gemeenten een zichtbare, charismatische dimensie van leven in de Geest de normale ervaring was. Dat Paulus zich er zo zelden direct over uitlaat (met name 1 Tes 5:19-22, 1 Kor 12-14) is meer per ongeluk: hij liet zich er alleen over uit wanneer er problemen door misbruik waren gerezen. De aard van het probleem in Tessalonica is bovendien onzeker; óf sommigen onder hen bagatelliseerden de profetische Geest in hun midden, óf Paulus voorziet bepaalde problemen en probeert de regel van 'beproeft alle dingen' toe te passen. Hoogstwaarschijnlijk gaat het hier om het laatste. In dat geval lijkt het op het probleem in Korinte. In ieder geval, Paulus reageert nooit door dergelijke verschijnselen terzijde te schuiven – het zijn per slot van rekening openbaringen van de Geest – maar door te vermanen en aan te dringen op de juiste toepassing.

Nog veelzeggender is de terloopse, nuchtere wijze waarop hij deze verschijnselen elders noemt. In 2 Tessalonicenzen 2:2 weet Paulus bijvoorbeeld dat iemand hun onjuiste informatie heeft verschaft over 'de dag des Heren'. Hij kent de bron van deze onjuiste informatie niet; een mogelijkheid is 'door een geestesuiting' (hoogstwaarschijnlijk een profetische uiting die niet beoordeeld is). Zo noemt Paulus in 1 Korintiërs 11:2-16, over de kwestie van de hoofdbedekking, 'bidden en *profeteren*' als de twee belangrijkste wijzen om God en mensen in de eredienst aan te spreken. In Galaten 3:4 herinnert hij hen eraan 'dat gij zoveel hebt ondervonden', waarmee hij specifiek doelt op het ervaringskarakter van hun bekering tot Christus; en in vers 5 vormt een belangrijk argument in zijn redenatie het feit dat zij voortdurend 'krachten' ervaren. Tenslotte is, in het geval van Timoteüs' opdracht (1 Tim 1:18, 4:14), zijn eigen gave gerelateerd aan profetische uitingen in de gemeenschap. In geen van deze voorbeelden houdt Paulus een pleidooi *voor* deze gaven, veeleer vormt de zichtbare, charismatische uiting van hun gemeenschappelijke leven in de Geest voor hem een uitgangspunt bij zijn argumentatie voor iets anders.

We mogen dus concluderen dat alle bewijs in één richting wijst: voor Paulus en zijn kerken is de Geest de sleutel tot hun opvatting van christelijk leven van begin tot eind, maar bovenal is de ervaring van de Geest iets wat zij ondervinden op een manier die in essentie krachtig en zichtbaar is. Hoewel in sommige gevallen deze ervaringen van de Geest hebben geleid tot triomfalisme – met een dualistisch karakter (Geestelijk tegenover aards bestaan) – zijn deze ervaringen voor Paulus gewoon een onderdeel van de bagage. Paulus schrijft geen ethische eigenschappen toe aan de Geest, zoals sommigen hebben beweerd[5], voor Paulus is een ethisch leven door de Geest een onderdeel van zijn opvatting van de Geest als de vervulling van Gods eschatologische belofte. Dat wil zeggen, het ethische leven van de Geest maakt deel uit van de belofte en werd al als zodanig ervaren vóór Paulus zijn tijd. Wat hij doet is vermanen, om ervoor te zorgen dat zijn gemeenten de paden volgen die hij hun vanaf het begin heeft gewezen.

Maar triomfalisme (een geloof in een verzekerd, constant succes en in een overwinning op ieder terrein van het leven) was niet het onvermijdelijke gevolg van een leven in de Geest, hoe dynamisch en duidelijk zichtbaar deze ook werd ervaren, zoals blijkt uit Paulus' eigen leven. Hij is een voorbeeld van iemand die de twee in balans kon houden. Hij kon de

Geest ervaren; vaak en voortdurend zichtbaar aanwezig in hun midden door middel van uitzonderlijke gaven en krachten. Maar zijn vervuld zijn van de vreugde van de Geest speelde zich wel af temidden van lijden en zwakheden van allerlei aard.

*De gaven van de Geest in de tussentijd*

Tenslotte moeten we ons buigen over een vraag die meer van onze tijd is dan van die van Paulus. Veel van de *charismata*, met name de buitengewone (profetie, genezing, wonderen, tongen), raakten direct na de apostolische periode in onbruik om daarna slechts bij vlagen op te treden in wat vaak splintergroepen worden genoemd. In onze eeuw hebben sommigen aan deze loop van de geschiedenis een positieve draai gegeven door te redeneren dat deze gaven hoorden bij de apostolische periode om het evangelie stevigheid en gezag te verschaffen, maar dat ze niet meer nodig zijn na het einde van de eerste christelijke eeuw toen alle nieuwtestamentische geschriften waren geschreven.

Interessant is dat Paulus zich uitlaat over deze vraag in 1 Korintiërs 13:8-10, maar op een wijze die niets te maken heeft met de manier waarop deze vraag in onze tijd is gerezen. Het is niet verrassend dat zijn antwoord weer overeenkomt met hoe hij denkt over de eindtijd. Zijn antwoord lijkt in dit geval gericht tegen de misvatting over de *charismata*, met name de tongen, door de Korintiërs.

In deze passage houdt Paulus een betoog tegen de Korintiërs die de eindtijd te geestelijk opvatten. Zij legden blijkbaar zoveel nadruk op het *nu reeds* dat ze helemaal voorbij gingen aan het *nog niet*. Zij zijn al rijk en verzadigd en zijn al begonnen met regeren (1 Kor 4:8). Spreken in tongen zien zij als een 'teken' (vgl. 14:20-22) van hun gearriveerd zijn. Voor hen betekent het spreken van de taal van engelen (13:1) dat zij al deel hebben aan de ultieme status van geestelijk bestaan, wat ertoe leidt dat zij een toekomstige lichamelijke opstanding uit de dood ontkennen (15:12).

Als onderdeel van zijn betoog tegen deze onterechte nadruk op tongen, houdt Paulus vol dat de gaven niet behoren tot de (uiteindelijke) toekomst, maar alleen tot het heden. Wat dit betreft bevinden de Korintiërs zich op een dwaalspoor. Het ironische is dat de gaven, die voor hen het bewijs vormen van een toekomstig bestaan, zullen verdwijnen wanneer het ware toekomstige bestaan bereikt is (13:8a): de *charismata* zijn 'onvolkomen' (v. 9), zij zijn als kinderen in vergelijking tot de volwassenheid (v. 11), zij kijken in een spiegel in vergelijking tot iemand van aangezicht tot aangezicht zien (v.12). Dit doet echter niets af aan de waarde van de gaven, het plaatst deze veeleer in het juiste (*nu reeds/nog niet*) eschatologische perspectief. Wij bevinden ons nog in het heden, dus in 1 Korintiërs 14 corrigeert Paulus niet alleen misbruik, maar spoort ook aan tot het juiste gebruik. In het heden moeten wij de liefde najagen (14:1), want dat is de enige gave die voor nu en voor eeuwig is (13:13), maar dat betekent ook dat wij in het *nu reeds* vurig moeten verlangen dat de Geest zich onder ons openbaart door middel van gaven om de gemeenschap op te bouwen. De uiteindelijke heerlijkheid (die volkomen is) wacht.

Wat niet uit deze passage valt af te leiden, is dat Paulus verwachtte dat de *charismata* tijdens zijn leven of kort daarna zouden verdwijnen. Dat antwoord op deze vraag is pas van de laatste tijd, niet gebaseerd op het lezen van de Schrift, maar omdat men zich zorgen maakte over hun huidige geldigheid. Dat is eenvoudig een kwestie van wereldbeeld, en wel één dat Paulus niet zou hebben begrepen. Zijn antwoord is duidelijk: 'natuurlijk zullen zij gehandhaafd blijven zo lang wij wachten op de laatste voleinding'. Ieder antwoord dat niet het spoor van de apostel volgt, zal nauwelijks op zijn steun kunnen rekenen.[6]

Wij moeten ons Paulus' woorden tot de Filippenzen ter harte nemen: 'Weest allen mijn navolgers, broeders, en ziet op hen, die evenzo wandelen, gelijk gij ons tot voorbeeld hebt' (3:17). In de context van Filippenzen omvatte dat voorbeeld zowel 'de kracht zijner opstanding' als 'de gemeenschap aan zijn lijden' (v. 10).

Zoals we in hoofdstuk 10 zagen, was zijn voorbeeld van een door de Geest bekrachtigd en gestuurd leven bij uitstek veelomvattend. Het omvatte zowel persoonlijke 'geestelijkheid' als de in dit hoofdstuk beschreven verschijnselen in de gemeente. Wij leven in het *nu reeds/nog niet*, en de enige manier waarop wij zo kunnen leven is door de kracht van de Geest. De functie van de gaven in de gemeente is om ons op te bouwen terwijl wij het leven van de toekomst leiden in het huidige tijdperk. Daartoe is de Heilige Geest als de vernieuwde aanwezigheid van God met ons als wij samenkomen. Zo sluit ik af met dezelfde woorden als waarmee ik ben begonnen: de Geest was voor Paulus een aan den lijve ervaren werkelijkheid van de eindtijd die diende als bewijs dat de toekomst al voor handen is en als de garantie voor haar uiteindelijke voleinding.

## NOTEN

1. Dit woord betekent niet, waarmee het meestal wordt vertaald, 'gaven van de Geest'. Het woord op zichzelf heeft niets te maken met de Geest; het is een zelfstandig naamwoord afgeleid van het woord 'genade' en betekent letterlijk 'een concrete uiting van genade'. Het wordt 'geestelijke gave' in Rom 1:11 door de toevoeging van het bijvoeglijk naamwoord 'geestelijk'. Het is door de context van 1 Korintiërs, samen met het feit dat dit woord in verband staat met de bedieningen van de Geest in 1 Kor 12:4, dat men deze uitingen van de Geest in 1 Kor 12 'geestelijke gaven' is gaan noemen; in dit geval is dat terecht, maar op de meeste andere plaatsen in het Nieuwe Testament niet.
2. Voor bibliografie, zie *GEP*, p.172, n. 336.
3. Over de waarschijnlijkheid dat Paulus zichzelf zowel zag als profeet als apostel, zie *GEP* over 1 Kor 14:37 en Ef 3:5. Volgens 1 Kor 5:3-4 en Kol 2:5 zag hij zichzelf ook als zijnde aanwezig in de Geest in de bijeenkomst van de gemeente, vermoedelijk bij het voorlezen van zijn brief. Daarom schreef hij zijn brieven waarschijnlijk een profetische functie toe voor de kerken waarin ze werden gelezen.
4. Voor een gedetailleerdere analyse van deze teksten zie GEP p. 71-75, of het volledige betoog in mijn essay 'Pneuma and Eschatology in 2 Thessalonians 2:1-2: A proposal about 'Testing the Prophets' and the Purpose of 2 Thessalonians', in *To Tell the Mystery: Essays on New Testament Eschatology in Honor of Robert H. Gundry* (red. T. E. Schmidt en M. Silva; *Journal for the Study of the New Testament, Supplement Series 100*; Sheffield: JSOT Press, 1994) p.196-215.
5. Met name H. Gunkel, *The Influence of the Holy Spirit*; Duits origineel 1888 (ET; Philadelphia: Fortress, 1979). Hij 'baseerde ook niet al het religieuze en ethische leven van christenen op de rustiger, con-

stante, innerlijke werking van de Geest', zoals R. B. Hoyle suggereert (*The Holy Spirit in St. Paul* [Londen: Hodder & Stoughton, 1928] 34). Paulus zou dergelijke valse onderscheidingen hebben onderkend.

6. Van alle pogingen hiertoe heeft R. Gaffin zich het scherpst op de tekst gebaseerd in zijn *Perspectives on Pentecost* (Philadelphia, 1979). In dit boek (waarbij hij zich beroept op Paulus) worden eigenlijk vragen gesteld en beantwoord, waarover Paulus zich helemaal niet uitlaat. Vergelijk mijn kritiek in *Gospel and Spirit: Issues in New Testament Hermeneutics* (Peabody, Mass.: Hendrickson, 1991) p.75-77.

Hoofdstuk 15

# Hoe verder?

## De Geest voor vandaag en morgen

*Als wij nog een rol van betekenis willen spelen in de postmoderne wereld waarin wij leven, moet de Geest de sleutel voor het bestaan van de kerk blijven.*

In het licht van de voorafgaande bladzijden moeten we eerlijk toegeven dat het leven in de Geest in Paulus' gemeenten een veel grotere rol innam dan bij ons. De ervaring van de Geest was ook veel authentieker. Dit bewustzijn is de aanleiding voor het schrijven van dit laatste hoofdstuk. En we zullen met gepaste nederigheid moeten erkennen dat wij het antwoord op de vraag van de titel schuldig moeten blijven.

In plaats van te proberen antwoorden te geven, stel ik daarom voor om te besluiten met (1) het opsommen van de hoofdpunten van Paulus' visie op de Geest, (2) het wijzen op de afstand die er vaak bestaat tussen Paulus en onszelf op dit terrein, en (3) het doen van enkele suggesties om die kloof te overbruggen. Uitgangspunt hierbij is het principe van de Reformatie: de kerk moet 'hervormd zijn en steeds opnieuw hervormd worden'. Historisch gezien is het hoofdpunt van ware reformatie en vernieuwing een heroriëntatie van de kerk op de Bijbel in theorie en praktijk.

### Paulus' visie op de Geest: een samenvatting

De volgende punten staan naar mijn mening centraal in Paulus' benadering van de Geest, in een iets andere volgorde dan in de voorafgaande hoofdstukken:

1. *De sleutel tot de christelijke ervaring.* Het belangrijkste punt is op

verschillende wijzen tot uitdrukking gekomen in de loop van dit boek, namelijk de cruciale rol die de Geest speelt in Paulus' christelijke ervaring en daardoor in zijn opvatting van het evangelie. Het resultaat van de analyse is dat de Geest een hoofdrol speelt in ieder aspect van zijn theologie – in ieder geval de grondslagen daarvan. Weliswaar is de Geest niet de kern voor Paulus – dat is Christus, voor altijd en eeuwig – maar de Geest staat dicht bij de kern, omdat Hij Christus kenbaar maakt en alle ware christelijke leven en ervaring bekrachtigt. Om deze reden moeten wij de Geest een veel belangrijker plaats geven in ons denken over Paulus' theologie dan men over het algemeen geneigd is te doen.

2. *God breekt door in ons leven.* Van even groot belang voor Paulus' visie is de *dynamische, voelbare* wijze waarop de Geest zijn intrede doet in ieders persoonlijke leven en in dat van de gemeenschap van gelovigen. Deze realiteit is de achterliggende gedachte bij alles wat Paulus zegt. Het is een uitgangspunt van zijn betogen; niet iets wat hij moet verdedigen. De Geest als een ervaren werkelijkheid is zowel de achtergrond van de misstanden in Korinte als van Paulus' vermaning over het Geestelijke leven in die gemeente (1 Kor 12-14). Het is zijn uitgangspunt wanneer hij de Tessalonicenzen herinnert aan de realiteit van hun bekering (1 Tes 1:4-6). Het dient als voornaamste bewijs dat het leven in Christus gebaseerd is op geloof en losstaat van de Tora (Gal 3:1-5, 4:6-7); het is de vooronderstelling die schuilgaat achter de bevelen in 1 Tessalonicenzen 5:19-22 (vgl. 2 Tes 2:2); het dient als het bewijs voor Paulus' eigen apostolische gezag (Rom 15:18-19, 1 Kor 2:4-5, 2 Kor 12:12); het is de fundamentele waarheid waarop Paulus zijn betoog kan baseren over de toereikendheid van het leven in de Geest (Gal 5:13-6:10), en het is van essentieel belang voor zijn aansporing aan het adres van Timoteüs om de gave van de Geest aan te wakkeren opdat hij de noodzakelijke kracht en moed zal ontvangen voor zijn opdracht in Efeze (1 Tim 1:18, 4:14, 2 Tim 1:6-7). Zowel Paulus' directe als zijn terloopse verwijzingen naar het werk van de Geest veronderstellen altijd de Geest als een krachtgevende, ervaren realiteit in het leven van de gemeente en de individuele gelovige.

3. *Bewijs van de eindtijd en garantie voor de heerlijkheid.* Van essentieel belang voor de centrale rol van de Geest is het absoluut eschatologische kader waarin Paulus de Geest zowel ervoer als bezag. De Geest heeft een hoofdrol gespeeld in zijn verwachtingen – en die van anderen – aan-

gaande de eindtijd. Samen met de opstanding van Christus bracht de uitgestorte Geest daarom een radicale verandering teweeg in Paulus' eschatologische perspectief. Aan de ene kant vervulde de komst van de Geest de oudtestamentische beloften, en vormde het zekere *bewijs* dat de toekomst *nu reeds* was begonnen; anderzijds, daar de uiteindelijke voltooiing van Gods koninkrijk *nog niet* had plaatsgevonden, functioneerde de Geest ook als de *garantie* voor de uiteindelijke heerlijkheid. Het is onmogelijk Paulus' nadruk op de ervaring van het leven van de Geest te begrijpen los van dit eschatologische perspectief.

4. *Gods inwoning in en onder ons.* Aan het essentiële eschatologische kader is een aantal feiten gekoppeld die samen aantonen dat voor Paulus de ervaring van de beloofde Geest de terugkeer betekende van Gods persoonlijke aanwezigheid, om te wonen in en onder zijn volk. De Geest maakt Gods mensen, individueel en als gemeenschap, tot Gods tempel, zijn persoonlijke verblijfplaats op aarde. Hiermee vallen verschillende punten samen in termen van vervulling: (a) het thema van de aanwezigheid van God zoals dat tot uitdrukking kwam in de tabernakel en de tempel, (b) de aanwezigheid opgevat in termen van de Geest van de Heer (Jes 63:9-14, Ps 106:33), en (c) het beloofde Nieuwe Verbond van de Geest door Jeremia en Ezechiël, waardoor de Geest in Gods volk zou wonen en het ertoe zou brengen in zijn wegen te wandelen.

Voor Paulus betekent de gave van de Geest niet alleen dat deze onderwerpen in vervulling zijn gegaan; hij ziet deze Geest ook als Gods persoonlijke aanwezigheid. Deze visie verklaart waarom hij er een hekel aan heeft over de Geest te spreken in onpersoonlijke beelden. Hij beschrijft de werking van de Geest meestal met persoonlijke werkwoorden, die elders worden gebruikt voor God en Christus. Zo is de Geest 'de Heilige Geest van God' en 'de Geest van Jezus Christus'; de wijze waarop God in deze tijd aanwezig is onder zijn volk.

5. *God en nog eens God.* In dit verband is het ook belanrijk om op te merken hoe absoluut fundamenteel het voor Paulus' theologie is dat hij uitgaat van de Drie-eenheid, hoewel hij die niet zo noemt en het ook niet zijn hoofdpunt is. Wat de Drie-eenheid zo fundamenteel voor hem maakt, zijn de volgende vier altijd geldende kenmerken: (1) God is één en persoonlijk, (2) de Geest is de Geest van God en dus persoonlijk, (3) de Geest en Christus zijn volledig goddelijk, en (4) de Geest is niet hetzelfde als Christus of de Vader, zoals ook deze twee niet hetzelfde zijn. Deze

verschuiving in Paulus' opvatting van de ene God is er gedeeltelijk de reden van dat zijn omgang met de behoudenis zo dynamisch en effectief is.

6. *De verlossing is effectief gemaakt.* Paulus' opvatting van God als Drieeenheid, inclusief de rol van de Geest, ligt dus ten grondslag aan de grootste passie in zijn leven: de verlossing door Christus. De redding komt van God, van het begin tot het einde; God de Vader stond aan het begin, in die zin is ze een onderdeel van Gods eeuwige wijsheid (1 Kor 2:6-9); zowel de oorsprong ervan als de uiteindelijke bestemming ligt in God (1 Kor 8:6) en ze werd in gang gezet doordat God zijn Zoon en de Geest zond (Gal 4:4-7). Christus de Zoon bewerkstelligde de redding voor het volk van God door zijn dood en opstanding, dat is de kern van Paulus' hele theologie. De effectieve toepassing van Gods liefde in het leven van de gelovigen, geschonken door de Zoon, is bij uitstek het werk van de Geest.

Dit is zo sterk het geval dat Paulus, wanneer hij gelovigen herinnert aan hun bekering of aan hun huidige bestaan in Christus, dat bijna altijd doet in termen van de werking of de aanwezigheid van de Geest. Er is geen behoud in Christus dat niet volkomen drievuldig is in deze zin, en daarom is er geen behoud in Christus dat niet werkt in het leven van de gelovige door de ervaring van de komst van de Geest, die God 'overvloedig over ons heeft uitgestort door Jezus Christus, onze redder' (Tit 3:6).

7. *Een geroepen volk.* Het doel van Gods eschatologische redding is een volk voor zijn naam te vormen. Deze mensen zijn de ware opvolgers van het oude verbondsvolk van God, en als volk zijn zij het object van Gods reddingsactie door Christus. Maar zij zijn nu vernieuwd door de dood en opstanding van Christus en de gave van de eschatologische Geest, hoewel ze als individu tot de gemeente toetreden, door hun persoonlijke geloof in Christus en de gave van de Geest.

Gevormd door de Geest zijn zij een eschatologisch volk dat het toekomstige leven leidt in het heden, wachtend op de voltooiing. Zij zijn Gods kinderen, met als bewijs de Geest die *Abba* uitroept in hun hart; zij zijn Gods tempel, zijn aardse verblijfplaats door de Geest, en zij zijn het lichaam van Christus, gevormd door hun gemeenschappelijke overvloedige ervaring van de Geest.

8. *Rechtvaardigheid is mogelijk gemaakt.* De oorzaak van de belangrijke rol van de Geest in Paulus' opvatting is dat Hij het essentiële ele-

ment is in het hele christelijke leven, van begin tot eind. Zo geeft de Geest de kracht om een ethisch leven te leiden op alle niveaus: individueel, in de gemeente en in de wereld. Gelovigen in Christus die in de eerste plaats geestelijke mensen zijn, worden op verschillende wijzen beschreven als levend in de Geest: wandelend in de Geest, geleid door de Geest, de vrucht dragend van de Geest en zaaiend in de Geest. De grondslag van ethiek is voor Paulus ook de Drie-eenheid: de Geest van God vormt de gelovige om tot het beeld van Christus, tot verheerlijking van God. De Geest is zo de aanwezigheid van God die kracht geeft om het leven van God te leiden in het heden.

Daarom bestaat er geen christelijk leven dat niet tegelijkertijd een *heilig* leven is, geheiligd door de Heilige Geest die God aan zijn mensen geeft (1 Tes 4:8). Tegelijkertijd hoort bij een leven in de Geest iedere andere voorstelbare dimensie van het huidige en het uiteindelijke bestaan van de gelovige, inclusief het door de Geest vervuld zijn met hoop, leven in blijdschap, onophoudelijk bidden, zelfbeheersing oefenen, gewetensvol leven, inzicht hebben in Gods wil en bedoelingen, en volharden in beproevingen en lijden van allerlei aard. Geloven betekent niets minder dan vervuld zijn met en zodoende leven in en door de Geest.

9. *De sleutel van de christelijke eredienst.* Op het individuele niveau horen bij het leven van de Geest zowel 'bidden in de Geest' als bidden met het verstand. Daarmee helpt de Geest de gelovigen niet alleen door hen bij te staan in hun zwakheden, maar Hij geeft hun ook een groot vertrouwen wanneer zij zo bidden, daar God de Geest kent, en de Geest door de gelovige bidt in overeenstemming met Gods eigen bedoelingen.

Tegelijkertijd helpt de aanwezigheid van de Geest met zijn *charismata* de geloofsgemeenschap op te bouwen wanneer haar leden samenkomen om God te aanbidden. In Paulus' kerken is de eredienst 'charismatisch' om de eenvoudige reden dat de Geest de hoofdrolspeler is in alles wat er plaatsvindt. De Geest die het lichaam vormt en de tempel bouwt, is aanwezig in eenheid en verscheidenheid, zodat iedereen kan meedoen en gesticht wordt.

## De Geest in de latere kerk: een contrast

Zonder een oordeel te willen vellen, heb ik de indruk dat het Geestelijk

leven in de latere kerk op een lager niveau staat dan dat wat ik zojuist heb beschreven. Zoals ik in het voorwoord heb opgemerkt, vormde het marginaliseren van de Geest door de wetenschap en het naar de achtergrond schuiven van de Geest door de kerk dan ook een van de aanleidingen om dit boek te schrijven. Bijvoorbeeld: door het verstrijken van de tijd en de (noodzakelijke maar niet altijd gunstig werkende) institutionalisering van de kerk en de invloed van het Griekse gedachtegoed op de theologie, is de kerk weggevoerd van haar fundamentele eschatologische uitgangspunt (punt 3 hierboven). Hierdoor ging de rol van het ervaren van de Geest een steeds minder belangrijke rol spelen in het zelfbeeld van de kerk als bestaand tussen de tijden; dat wil zeggen tussen het begin van het einde en de voltooiing bij de terugkeer van Christus (punt 7). Als gevolg hiervan waren de plaatselijke gemeenten steeds minder in staat de balans in stand te houden tussen leven in de wereld maar niet van de wereld zijn. Men ging dit steeds meer in twijfel trekken, met alle gevolgen voor de normen en waarden en de levensstijl vandien.
Tegelijkertijd raakte het dynamische ervaringskarakter van het leven in de Geest over het algemeen op de achtergrond (punt 2). Een deel van de oorzaak hiervoor was gelegen in een kwestie waarover het Nieuwe Testament zich nooit uitlaat: hoe komen de kinderen van gelovigen tot geloof? Er kwam een tijd dat de meerderheid van de christenen christelijk was doordat men was geboren uit christelijke ouders en niet door als volwassene bekeerd te zijn. Een groot gedeelte van de spanning die de latere gelovigen voelen tussen hoe zij zelf hun kerk ervaren en de kerk waarover zij lezen in het Nieuw Testament, kan inderdaad worden toegeschreven aan deze belangrijke factor.
Het is een belangrijk gegeven dat al Paulus' brieven gericht zijn aan gelovigen van de eerste generatie; allemaal – in ieder geval de *geadresseerden* van zijn brieven – volwassen bekeerlingen, wier bekering gepaard was gegaan met de ervaring van de komst van de Heilige Geest in hun leven. Dat is tenminste het beeld dat opdoemt uit de brieven. Maar wat blijft er over van deze door toedoen van de Geest ondergane bekeringen voor kinderen die geboren en opgegroeid zijn in de gezinnen van zulke bekeerlingen? Waarschijnlijk is dit de belangrijkste verklaring voor het latere verlies van het ervaringskarakter van het leven in de Geest en voor het marginaliseren van de Geest in de latere kerk.
Nogmaals, ik wil door dit beeld te schetsen geen oordeel vellen, noch

suggereren dat het beeld opgaat voor alle tijden en alle plaatsen. Maar interessant is wel dat de latere studie van de kerkgeschiedenis door de kerk zelf veeleer een geschiedschrijving van het instituut is geweest, dan een van het leven van de Geest in een geloofsgemeenschap die het leven van Christus in de wereld in praktijk bracht.

Wat bij dit alles natuurlijk niet verloren ging, was het *dogma* van de Geest: de juiste bijbelse opvatting van de Geest in persoonlijke termen (punt 4), die leidde tot de meer formele uitdrukking in de geloofsbelijdenissen van de plaats van de Geest in de Drie-eenheid (punt 5), en op grond daarvan van zijn essentiële rol in de wijze waarop iemand een kind van God wordt (punt 6). Er zijn nog twee kwesties die verband houden met deze ontwikkeling: het ontvangen van de Geest verbinden met het dopen met water, en het (waarschijnlijk) daaruit voortvloeiende gebruik om kleine kinderen die werden geboren in christelijke gezinnen, te dopen. Het was onvermijdelijk dat de Geest niet langer werd ervaren als een dynamische kracht (punt 2), hoewel Hij nog steeds een centrale factor was in de *theologie* van de verlossing.

Het algemene verlies van het dynamische en ervaren leven van de Geest bij het binnengaan van het christelijke leven (bekering) is ook de verklaring voor de geestelijke spanning en de zwakheid die veel individuele gelovigen in de latere kerkgeschiedenis voelden (punt 8). Dit geldt natuurlijk niet voor iedereen. Maar het verklaart wel gedeeltelijk de opkomst en bloei, niet alleen van de vele kloosterorden maar ook van de verschillende pinksterbewegingen door de hele kerkgeschiedenis heen. 'Heilig' en het meervoud 'de heiligen' (voor Paulus de beschrijving voor respectievelijk het normale christelijke leven en de normale christenen) werden steeds meer een benaming voor uitzonderingen in plaats van het normale. Zo ook met Geestelijkheid/geestelijke gaven (punt 9). Spontane uitingen door velen maakten plaats voor een voorgeschreven optreden door enkelen; gebed in de Geest werd vastgelegd in de (vaak prachtige) kerkelijke liturgie; spreken in tongen verstomde feitelijk geheel, en het profeteren beperkte zich tot een voorbereide preek.

Weliswaar heeft de kerk ook een geschiedenis van allerlei Geestelijke opwekkingsbewegingen. Sommige daarvan gingen op in de kerk, andere werden verketterd, uit de kerk gezet, wat leidde tot scheuringen; weer andere ontwikkelden zich tot hervormingsbewegingen binnen de kerk. Wat de meeste van deze bewegingen gemeen hadden, was hun poging om op de een of andere manier het leven in de Geest nieuw leven in te blazen. In de mate waarin zij daarin geslaagd zijn, zijn ze een bron van vernieuwing en zegen geweest. Maar de opwekkingsbewegingen maakten de gevestigde kerken vaak nerveus – en niet voor niets, zou men kunnen toevoegen, zowel in positieve als in negatieve zin. Het eindresultaat is dat van Paulus' visie op het leven in de Geest als een dynamische, reële ervaring van een volk dat in de eindtijd leeft, tot lof van God, over het algemeen niet zoveel overgebleven is in het kerkelijk leven.

## Hoe nu verder?

Als het voorafgaande een te somber beeld schetst of geringschattend klinkt ten opzichte van het latere werk van de Geest in de kerk, laat mij dan herhalen dat dat niet mijn bedoeling is. Ook denk ik niet dat alles beter zou zijn als we de klok terug zouden kunnen draaien. Integendeel, niet alleen ben ik mij ervan bewust dat we de klok niet kunnen terugdraaien, maar ik zie ook veel in de kerkgeschiedenis dat mij verheugt. De geloofsbelijdenissen, de liturgieën, de theologie, het institutionele leven zijn geen gegeven omstandigheden waarmee we maar moeten leren leven, en er zijn velen, waaronder ikzelf, die ze zien als het werk van de Geest in het latere leven van de kerk. Deze studie is dus geen pleidooi van een aartsconservatieveling, die de 'primitieve kerk' wil laten herleven (alsof wij dat zouden kunnen!). Het is eerder een pleidooi voor het hervinden van Paulus' visie op het christelijke leven als in essentie het leven van de Geest, dynamisch ervaren en eschatologisch gericht, maar volledig geïntegreerd in het leven van de kerk.

Vanuit mijn beperkte perspectief zie ik drie dimensies van een herstel van die visie. Ten eerste moeten we de Geest tot leven wekken in onze huidige instituten, theologieën en liturgieën, in plaats van deze af te breken en andere te ontwikkelen, zoals de opwekkingsbewegingen te vaak hebben gedaan, met name die van het type terug-naar-vroeger. De Geest inspireert niet alleen tot nieuwe liederen, maar haalt ook het beste uit bestaande lofliederen door ze met nieuwe energie te laten klinken. 'Kunnen deze dorre beenderen leven?' vroeg de Heer aan de profeet. 'Gij weet het', was zijn antwoord en vervolgens was hij er getuige van hoe de Geest het reeds bestaande tot leven wekte. Er is te veel water naar de zee gestroomd om nog te kunnen geloven dat wij op een wonderbaarlijke wijze zouden worden verenigd in de eensluidende structuren, liturgieën en theologieën. Maar steeds weer, wanneer de menselijke factor niet in de weg staat, heeft de Geest in Gods mensen het bewustzijn gewekt dat zij één zijn ondanks leerstellige scheidingen. De kerk is onder ons – of beter: wij zijn de kerk – in haar huidige vorm(en) en structuren. Moge de Geest van de levende God opnieuw over ons worden uitgestort voor ons leven in de huidige wereld, tot Christus terugkomt.

Ten tweede: een werkelijke herleving van Paulus' perspectief betekent geen isolatie van de Geest op een wijze dat Geestelijke gaven en Geestelijke verschijnselen de overhand gaan nemen in de kerk, waardoor een kerk óf charismatisch is, óf niet. Een ware herleving van Paulus' perspectief zal veeleer leiden tot een wezenlijk trinitaire kerk, niet alleen in haar theologie maar ook in haar praktijk en Geestelijk leven. Dit betekent geen verheerlijking van de Geest, maar verheerlijking van God, en het betekent geen concentratie op de Geest als zodanig, maar op de Zoon, gekruisigd en opgestaan, Verlosser en Heer van allen. Het ethische leven zal noch naar binnen gericht en individualistisch zijn, noch op wettische wijze tot uitdrukking komen, maar het zal vreugdevol gemeenschappelijk zijn en een beslist tegenwicht vormen tegen het driespan dat de huidige wereld domineert: relativisme, secularisme en individualisme, met alle ontmenselijkende gevolgen van dien. En het juiste trinitarische doel van een dergelijke ethiek zal hetzelfde zijn als dat van Paulus: tot eer van God omgevormd worden naar het beeld van de Zoon, door de kracht van de Geest.

Het doen herleven van het dynamische leven van de Geest zal ook de *charismata* een nieuw leven inblazen, niet om charismatisch te zijn, maar tot stichting van het volk van God voor hun leven in de gemeente en in de wereld. Wat we moeten vermijden bij een dergelijke vernieuwing wat zo vaak is gebeurd in het verleden: zoveel ontzag hebben voor de *charismata* dat we alles maar zonder te toetsen ongefundeerd toelaten in de plaatselijke gemeente. Iedere vorm van extremisme, dat vaak de wel of niet verborgen angst is voor een vernieuwing van het leven in de Geest in de kerk, is uiteindelijk het gevolg van het in de wind slaan van Paulus' gebod (1 Tes 5:19-22): 'Dooft de Geest niet uit, veracht de profetieën niet, maar toetst alles en behoudt het goede. Onthoudt u van alle soort van kwaad'. Het nalaten van het toetsen van de geesten heeft geleid tot

een gebrek aan verantwoordelijkheid, wat op zijn beurt vaak heeft geleid tot falen aan de kant van bepaalde vooraanstaande figuren, naast de pijn en verwondingen aan de kant van degenen tot wie valse of onmogelijke profetische woorden gericht waren.
Ten derde, een ware herleving van het dynamische leven van de Geest zal leiden tot een effectievere evangelisatie in een verloren, geïsoleerde en individualistische wereld. Zoals al wordt bewezen door huidige charismatische tradities en de traditionele pinkstergemeenten, blijkt de zichtbare dynamische werking van de Geest – waarbij God minder een onderwerp in een geloofsbelijdenis, maar meer een werkende kracht in de wereld is – vaak een grote aantrekkingskracht te hebben en mensen tot Christus en zijn kerk te kunnen brengen. Het is niet onze taak om onze 'mooie gedachten' over God te delen, maar om zijn grote en heerlijke 'goede boodschap' uit te dragen, waarvan zijn aanwezigheid als een realiteit in de levens van mensen en in het leven van de kerk deel uitmaakt.
Samenvattend ben ik van mening dat we met Paulus' opvatting beter af zouden zijn, en ik geloof ook dat wij ons die opvatting eigen kunnen maken; of eigenlijk moet ik zeggen *moeten* maken, als we nog enige rol van betekenis willen spelen in dit zogenaamde postchristelijke, postmoderne tijdperk. Maar dit betekent ook dat wij in onze theologie moeten ophouden alleen maar lippendienst te bewijzen aan de Geest, en zijn cruciale rol in Paulus' evangelie moeten onderkennen; en het betekent dat de kerk het risico moet nemen de Geest te bevrijden in plaats van Hem aan banden te leggen van een belijdenis, en Hem te laten terugkeren in het praktische leven van de gelovige en de geloofsgemeenschap.

Zo zijn we aan het einde gekomen van deze studie van de Geest in Paulus' brieven. Wat nu nog ontbreekt is de hoe-vraag, die waarschijnlijk de dringendste is voor de meeste mensen in onze cultuur. 'Hoe kan ik een dergelijk leven in de Geest voeden in mijn eigen kerk?' en 'Wat kan ik zelf hieraan doen?' zijn de meestgestelde vragen tijdens studiedagen waar ik over dit onderwerp spreek.
Met betrekking tot het gemeenteleven richt ik mij vooral tot de leiding, want als de leiding niets aan deze nood wil doen, zal er weinig tot stand komen. Voor de leidinggevenden heb ik drie suggesties. Ten eerste: geef gedurende een lange tijd onderwijs over dit onderwerp. Geef de mensen bijbels onderricht. Bestudeer de teksten zelf diepgaand. Lees Paulus' brie-

ven met hen, steeds opnieuw en wijs hen op de cruciale rol die de Geest speelt in zijn visie.
Ten tweede wijs ik terug naar de eerste paragrafen van hoofdstuk 5. Ik zou voor alles proberen Gods volk vanuit de Bijbel te wijzen op wat het voor ons betekent Gods eschatologische volk te zijn in een wereld die door waanzin gegrepen is. Steeds opnieuw, via de ene tekst na de andere, het ene nieuwtestamentische boek na het andere, zou ik proberen hen te leren inzien wat het betekent Gods volk in de wereld te zijn. Daar dit het doel is van Gods verlossende werk in Christus dat de Geest heeft bewerkstelligd, zou ik hieraan de hoogste prioriteit geven bij het ambt voor vele jaren.
Ten derde: wat betreft de samengekomen gemeente in de eredienst (zie hst. 13 en 14) zouden leiders er goed aan doen ruimte en een sfeer te scheppen waarin mensen kunnen oefenen. Hiervoor is de bereidheid nodig om risico's te nemen door in het kader van het gemeenteleven de *charismata* de gelegenheid te bieden Gods volk op te bouwen, ter versterking van de onderlinge dienstvaardigheid en van zijn invloed in de wereld.
Neem risico's als leiders en wees vervolgens bereid om zelf een stap terug te doen en Gods gemeente te laten functioneren als een volk van priesters, waarbij ieder zijn eigen gave in dienst stelt van God en elkaar. Sta open voor vernieuwing, veranderingen en grotere spontaniteit binnen de structuren die al zo lang Gods zegen ondervinden. 'Streeft dan naar de hoogste gaven' (1 Kor 12:31) is tenslotte een bevel, niet een vriendelijk verzoek.
Het antwoord dat ik pleeg te geven met betrekking tot het individuele niveau is, ik moet het toegeven, niet altijd even bruikbaar: verlang en smacht in alle openheid. Volgens sommigen gaat dit teveel uit van de menselijke kant en vergeet het de kant van God, en ik ben ook bang dat dat waar is. Maar mijn eigen ervaring in de kerk is dat er een duidelijk verband bestaat tussen onze honger naar God enerzijds en onze ervaring van God anderzijds. Hiermee wil ik de mogelijkheid niet ontkennen de Geest te ervaren op Gods eigen gezag, noch suggereren dat iemand die honger en dorst heeft de Geest nog niet volledig zou hebben ontvangen. Ik weet gewoon geen andere oplossing.
Bovendien heeft onze Heer zelf zijn zegenwens uitgesproken over degenen die 'hongeren en dorsten naar de gerechtigheid' met de belofte dat zij 'verzadigd zullen worden' (Mat 5:6). Een deel van wat ik in dit boek

heb gezegd is dat dat geluk te maken heeft met hongeren en dorsten naar het leven van de Geest. Aan die zaligspreking gaat de eerste vooraf, dat allen die voor God erkennen 'arm van geest [G/geest?]' (v. 3) te zijn, het Koninkrijk zullen erven.

Bij die openheid wil ik het accent leggen op Gods almacht. Hiermee bedoel ik alleen maar dat wij minder vaak aan God moeten vertellen wat wij willen (alsof wij zouden weten wat het beste voor ons is) en dat we ons moeten oefenen in een open houding, zodat we ons voortdurend kunnen laten verrassen door vreugde. Openheid betekent vol verlangen zoeken naar de Geest, met de bereidheid alles te accepteren wat de Geest wil doen, niet alleen ten behoeve van ons eigen leven, maar voor de hele gemeente. Door vele jaren ervaring en door het lezen van de Schrift heb ik geleerd dat de ene God, die in drievuldige verhouding leeft in heilige vreugde en liefde, er vreugde in schept zijn mensen vreugden te bereiden – en die vreugden zijn zo divers als de schepping zelf.

Misschien kunnen we deze studie daarom het beste besluiten met gebed, in dit geval met behulp van oude, door de Geest ingegeven gebeden. Het eerste is afkomstig uit de Psalmen en is een uiting van het verlangen van mensen die God al kennen, om Hem nog beter te leren kennen; het veronderstelt de houding van de eerste en de derde van de zaligsprekingen, maar wordt geuit in de gepassioneerde taal van de ziel die weet dat God een ruimte in haar heeft geschapen die alleen maar door God met zichzelf kan worden gevuld:

> God, U bent mijn God,
> U blijf ik zoeken.
> Met lichaam en ziel verlang ik naar U,
> ik smacht naar U
> zoals droog en dorstig land naar water.
> (Ps 63:2, GNB)

Het tweede is het gebed van Mozes, die, zoals we reeds opmerkten, heel dicht bij Paulus' opvatting van de Geest als Gods krachtgevende aanwezigheid komt. Hier klinkt die noodkreet die ook zou moeten gelden voor de kerk en de gelovigen die leven als Gods bevrijde volk in het postmoderne tijdperk met alle kenmerken van de eindtijd:

Als U niet zelf meegaat, kunnen we beter hier blijven. Hoe zal men anders weten dat U nog vertrouwen hebt in mij en in uw volk? Als U met ons meegaat, wordt het duidelijk dat U onderscheid maakt tussen ons en alle andere volken op aarde. (Ex 33:15-16, GNB)

Tenslotte een citaat uit een lied van Luther waarin het alomvattende karakter van het leven in de Geest tot uitdrukking komt.

> Kom, Heilige Geest, Here God!
> Vervul ons met uw gaven, tot
> al wat wij zijn, geest, ziel en bloed,
> ontvlamt en staat voor U in gloed.

Aanhangsel

# De waterdoop en de doop met de Heilige Geest bij Paulus

In eerste instantie wilde ik van het nu volgende materiaal een apart hoofdstuk maken, dat tussen de hoofdstukken over 'toetreden' en 'in de Geest blijven' in zou moeten komen. Maar vanaf het begin had ik daar problemen mee, omdat ik bang was dat het de draad van de tekst in de hoofdstukken 7 tot 10 zou verbreken en daardoor de aandacht af zou leiden van het hoofdonderwerp van dit boek. Het licht begon te dagen toen ik mij plotseling realiseerde dat dit het enige hoofdstuk in het boek zou worden over vragen die niet waren gerezen naar aanleiding van het lezen van Paulus zelf, maar die rijzen wanneer wij hem lezen met onze eigen ervaringen in het achterhoofd. Dit is op zichzelf al een belangrijke ontdekking. Daarom presenteer ik mijn gedachten over Paulus' houding ten opzichte van deze vragen in de vorm van een aanhangsel.
Eigenlijk kunnen we niet spreken van een echte discussie over deze vragen, want de meeste christenen hebben al gekozen en zoeken vervolgens de bijbelteksten die aansluiten bij hun overtuiging. Hier speelt het probleem van een zekere vaagheid omdat Paulus in zijn slechts dertien bewaarde brieven lang niet alles heeft geschreven wat hij ooit heeft gezegd of gedacht over veel onderwerpen, met name over dit hete hangijzer. Maar we beschikken wel over enkele passages, dus laten wij maar eens kijken welke weg die wijzen.
Het gaat om twee kwesties die ook aan de orde kwamen in hoofdstuk acht[1]. Aan de ene kant is er de kwestie van de doop. Het gaat om de relatie tussen de waterdoop en het ervaren van de Geest. Volgens sommigen is die relatie zeer nauw, omdat de Geest ontvangen wordt bij de doop. Volgens anderen is er geen enkele relatie, tenzij een toevallige. We kunnen de vraag aanscherpen met behulp van twee verhalen in Handelingen: Handelingen 19:1-7, waar de komst van de Geest gepaard gaat met de doop, en Handelingen 10, waar de doop de reactie is op de voor-

afgaande komst van de Geest.
Aan de andere kant is er de kwestie van de dynamische ervaring van de komst van de Geest die iemand ondergaat wanneer hij of zij de verlossing in Christus deelachtig wordt, zoals we opmerkten in hoofdstuk 8. Er is een sterke traditie in de kerk die gelooft dat een dergelijke ervaring van de Geest, een 'gedoopt worden met de Geest', zo u wilt, gelovigen overkomt nadat zij de Geest hebben aanvaard bij hun bekering – hoewel er over het doel van de latere doop met de Geest verschillende opvattingen bestaan (heiliging, bekrachtiging, bevestiging). Hier dient het verhaal in Handelingen 8 als model (bekering gevolgd door doop, gevolgd door een doop met de Geest op een later tijdstip).
Deze kwesties reiken te ver om ze hier te kunnen oplossen, omdat ook wat er in de rest van het Nieuwe Testament over wordt geschreven zo belangrijk is. In dit boek gaat mijn interesse alleen uit naar het paulinische getuigenis, en aangezien Paulus zich zo karig uitlaat over de tweede kwestie, die van de doop met de Geest, zal ik mij beperken tot de vraag of het getuigenis van Paulus kan dienen als onderbouwing van het concept van 'volgend op'.
Het verzamelen van het materiaal is niet zo moeilijk; er is maar een enkele tekst waar Paulus de Geest in verbinding brengt met het werkwoord 'dopen': 1 Korintiërs 12:13. Over deze tekst is heel wat geschreven, en wel vanuit zeer verschillende opvattingen.[2]
Daar deze passage door mensen van verschillende kanten is gebruikt ter ondersteuning van hun standpunten, zal ik een nogal gedetailleerde analyse geven, met deze twee kwesties in gedachten.

## De doop met water en met de Geest

In de vroege kerk was de doop met water de onmiddellijke reactie op Gods reddende werk door de Geest. Daar uit enkele van de in hoofdstuk 8 besproken teksten volgens sommige mensen een nauw verband tussen de twee valt af te leiden, beweren zij dat de Geest feitelijk tot de gelovige komt door de voltrekking van de doop zelf; net als de duif die neerdaalde op Jezus bij zijn doop, een verhaal dat voor de latere christenen als model heeft gediend.[3] De sleutelteksten hier zijn 1 Korintiërs 6:11, 12:13 en Titus 3:5, hoewel sommigen Galaten 3:28-4:6 daaraan toevoegen, en het beeld van het zegel in 2 Korintiërs 1:21-22, Efeziërs 1:13-14 en 4:30.[4]

Het probleem hier is gedeeltelijk een kwestie van methodiek (hoe moet men te werk gaan om Paulus' perspectief te ontdekken?) en gedeeltelijk van vooronderstellingen (men heeft de neiging te redeneren vanuit zijn eigen ervaring met de kerk, en niet vanuit het bijbelse getuigenis in zijn geheel)[5]. Er zijn feitelijk drie benaderingen, die geen van alle volledig vrij zijn van vooroordelen:

(1) Een zorgvuldige bestudering van de teksten die daadwerkelijk een verband leggen – of dat in ieder geval lijken te doen – tussen de doop met water en de doop met de Geest;

(2) Teksten bestuderen waar Paulus spreekt over de waterdoop op een duidelijke, ondubbelzinnige wijze, en kijken of zij ook op de een of andere manier te maken hebben met de Geest;

(3) De teksten bestuderen waar bekering duidelijk wordt beschreven in termen van de Geest, en kijken of men daar de doop kan vooronderstellen.

*'Doop door de Geest' in 1 Korintiërs 12:13*

In 1 Korintiërs 12:13, de tekst die volgt op de tweeledige bewering dat 'het lichaam één is' en dat het 'uit vele leden bestaat', vervolgt Paulus met het uitleggen van de eerste bewering met de volgende woorden: 'want door één Geest zijn wij allen tot één lichaam gedoopt, hetzij Joden, hetzij Grieken, hetzij slaven, hetzij vrijen, en allen zijn wij met één Geest gedrenkt.' Voor sommigen vormt de uitdrukking 'gedoopt door één Geest' het bewijs dat Paulus een direct verband zag tussen de gave van de Geest in de waterdoop; voor anderen vormt de tweede uitdrukking 'allen met één Geest gedrenkt' het bewijs voor een werking van de Geest die volgt op de eerste. Beide gezichtspunten lijden schipbreuk wanneer we de passage goed bekijken in de context.[6]

De passage staat in een context waarin Paulus en de Korintiërs het oneens zijn over de ware 'Geestelijkheid'. Voor de Korintiërs vormt glossolalie (spreken in tongen) blijkbaar het bewijs dat zij al begonnen zijn met hemelse tongen te spreken (13:1), wat aangeeft dat zij al een geestelijke status hebben bereikt, die hen min of meer boven het leven in deze wereld verheft. Deze opvatting van de Geest lijkt de oorzaak van de meeste misstanden in deze brief te zijn. Paulus heeft andere opvattingen over Geestelijkheid, waaronder het volgen van de Gekruisigde (zie 2:1-3, 4:8-9, etc.).

Om hun opvatting van de glossolalie te weerleggen, kiest hij in hoofdstuk 12 eerst voor theologische argumenten, namelijk dat zij met hun eenzijdige gerichtheid op het spreken in tongen het karakter van de kerk verkeerd begrijpen en dus verkeerd voorstellen. De Korintiërs zijn diep verdeeld over bepaalde kwesties, maar wat de manifestaties van de Geest betreft zijn ze blijkbaar wel voor eenvormigheid (tenminste sommigen van hen). Paulus dringt aan op verscheidenheid binnen de eenheid, als het ware bewijs van de aanwezigheid van de Geest onder hen; het onderwerp van bijna heel hoofdstuk 12. Maar in vers 13, waar hij de bewering van vers 12 uitwerkt, noemt hij de basis van hun eenheid, namelijk hun gemeenschappelijke, overvloedige ervaring van de Geest.

Paulus schetst dus in dit vers niet hoe iemand tot geloof komt (de vraag die de meeste mensen in hun achterhoofd hebben bij het lezen van deze tekst), maar hij legt uit hoe vele gelovigen samen, hoe verschillend ze ook zijn, in feite één lichaam kunnen vormen. Het antwoord: door de Geest die zij allen hebben ontvangen.

Om dat duidelijk te maken, verwijst Paulus naar hun gedeelde ervaring van het ontvangen van de Geest, waarschijnlijk aan het begin van hun leven als christen, door middel van twee parallelle zinnen:

> Door één Geest zijn wij allen gedoopt,

en

> in één Geest zijn wij allen gedrenkt.

De eerste zin wordt nader bepaald door de voorzetselzin (in het Grieks), 'tot één lichaam', die op zijn beurt weer nader bepaald wordt door de parenthese: 'hetzij Joden, hetzij Grieken, hetzij slaven, hetzij vrijen'. Uit deze analyse volgen een aantal belangrijke punten.

1. Volgens sommigen moet Paulus met het werkwoord 'gedoopt' wel het christelijke inwijdingsritueel bedoelen, maar dat is helemaal niet zeker. Het is waar dat dit werkwoord al vrij snel de technische term voor dat ritueel werd, maar daarmee is niet met zekerheid te zeggen dat Paulus hier deze technische betekenis op het oog heeft. Hij zegt niet 'wij zijn

allen *gedoopt*', wat zonder toevoegingen bijna zeker 'met water' zou impliceren, maar hij zegt specifiek: 'we zijn allen *gedoopt door de Geest.*'
2. Bovendien is de basis voor de eenheid duidelijk niet de doop, maar de *ene* Geest, die in beide zinnen wordt genoemd (vgl. 1 Kor 12:4-11). Aan deze visie houdt Paulus vast in al zijn brieven: gelovigen vormen één lichaam in Christus, juist door de 'ene Geest'.
3. Uit de tekst is niet af te leiden dat de Geest wordt ontvangen bij de waterdoop. De betekenis van het Griekse voorzetsel *en* ('in/met/door') kan niet zover worden uitgerekt dat het iets zou betekenen als 'wij zijn allen gedoopt (met water) en ontvingen daardoor de Geest'. Hier is de Geest óf het element waarin zij allemaal zijn gedoopt (wat ik denk), óf de handelende persoon door wie zij zijn gedoopt tot één lichaam.
4. De tweede zin 'en allen zijn wij met één Geest gedrenkt' vormt een groter obstakel voor de opvatting dat de Geest zou worden ontvangen bij de waterdoop. Dit is hoogstwaarschijnlijk een voorbeeld van een parallellisme, een semitische stijlfiguur waar met twee verschillende zinnen hetzelfde wordt gezegd. De duidelijk symbolische betekenis van deze parallelle zin vormt, samen met de bepaling 'in de Geest', een sterk argument voor een figuurlijke (en dus niet-letterlijke) betekenis van 'doop' in de eerste zin. Dat wil zeggen, hun ervaring van de Geest lijkt op, maar is niet gelijk aan hun onderdompeling in water bij de doop. Zij werden ondergedompeld in de Geest.
5. Sommige mensen – interessant genoeg van allerlei richtingen – redeneren dat de tweede zin duidt op een *tweede* (duidelijke en herkenbare) ervaring van de Geest. Maar tegen een dergelijke opvatting spreken het zojuist genoemde parallellisme en het feit dat er verder nergens in de hele christelijke literatuur op zo'n manier wordt gesproken over een ervaring van de Geest.

Waarop zouden deze twee zinnen dan kunnen slaan? Voor welke christelijke ervaringen staan deze metaforen? Volgens sommigen gaat het over een geestelijke doop, waarmee ze iets anders bedoelen dan de bekering. Hiertegen spreekt echter zowel Paulus' taalgebruik (hij spreekt nergens in dergelijke termen over zo'n tweede ervaring) en de nadruk in deze context, die niet ligt op een speciale ervaring van de Geest na de bekering, maar op het feit dat zij de ervaring van die Geest *gemeenschappelijk* hebben.

Waarschijnlijk spreekt Paulus dus over hun gedeelde ervaring van de bekering, en wel in termen van het meest cruciale bestanddeel daarvan: het ontvangen van de Geest. De sprekende metaforen die hij hier gebruikt (onderdompelen in de Geest en gedrenkt worden door de Geest) duiden op een veel heftiger ontvangst van de Geest dan veel latere christenen hebben ervaren. De reden dat Paulus zo'n krachtig beroep kan doen op hun ervaring van de Geest als argument voor de eenheid van het lichaam is dat, net als in Galaten 3:2-5, de Geest zo'n duidelijk ervaren realiteit was voor iedereen (vgl. hoofdstuk 8).

Het doel van hun gemeenschappelijk ondergedompeld zijn in één Geest, is 'tot één lichaam' worden; dat is, gezien de context van vers 12, wat Paulus hier wil zeggen. Hoe zijn al die gelovigen, in al hun diversiteit, tot een lichaam geworden? Door hun gemeenschappelijke, overvloedige ervaring van de ene zelfde Geest.

Om te benadrukken dat zovelen ('wij allen') één zijn geworden door de Geest, voegt Paulus in een tussenzin toe: 'Joden, Grieken en slaven of vrijen'. Hiermee noemt hij de twee belangrijkste criteria aan de hand waarvan mensen in zijn cultuur gescheiden werden: cultuur/ras (judaïsme als synoniem voor godsdienst) en sociale status. In Christus hebben deze oude onderscheidingen hun geldigheid verloren; niet in de zin dat iemand niet meer jood of Griek zou zijn, maar in de zin dat deze begrippen niets meer betekenen. Dat zij onderscheid maakten, kwam omdat zij iets betekenden. Hun onderdompeling in de Geest had de betekenis van de oude onderscheidingen teniet gedaan en zo waren zij één lichaam geworden.

Dat is wat Paulus hier betoogt. Het is dus niet erg waarschijnlijk dat hij, ook al is de metafoor afkomstig van de waterdoop, de Geest met dat ritueel verbindt. Het is even onwaarschijnlijk dat hij doelt op een tweede ervaring na de bekering, de doop in de Geest, door zijn taalgebruik en door de tweede metafoor: 'gedrenkt worden'.

*Andere passages die de waterdoop en de doop in de Geest verbinden*

Dezelfde problemen als in 1 Korintiërs 12:13 gelden voor 1 Korintiërs 6:11 en Titus 3:5. In deze gevallen is er helemaal geen sprake van doop. Zoals we in hoofdstuk 8 zagen, kan de metafoor 'wassen' heel goed slaan op het water van de doop, maar Paulus suggereert nergens dat de Geest ontvangen wordt bij de doop.

Integendeel, hij wil in 1 Korintiërs 6:11 niet zeggen dat zij 'gewassen'

zijn van hun zonde, maar dat zij daarvan gewassen zijn door de werking van Christus en de Heilige Geest. Als de Geest degene is die het zuiveren van de zonde bewerkstelligt, kan dat moeilijk inhouden dat diezelfde Geest wordt ontvangen bij de doop. Hetzelfde geldt voor Titus 3:6-7. We merkten in hoofdstuk 8 al op dat het zeer onwaarschijnlijk is dat Paulus het beeld 'zegel' opvatte als verwijzing naar de doop, vooral omdat in een van deze passages het zegel wordt verbonden met de Geest (2 Kor 1:21-22 'Hij nu, die ons met u bevestigt in de Gezalfde en ons heeft gezalfd, is God, die ook zijn zegel op ons gedrukt en de Geest tot onderpand in onze harten gegeven heeft'), en niet met de doop.
Het enige verband tussen de doop en de Geest in al deze passages berust op toeval, dat wil zeggen, het beeld van de doop en het noemen van de Geest komen toevallig voor in dezelfde zin. Wat ontbreekt is een direct verband tussen het ritueel van de doop op zich en de komst van de Geest. Nergens blijkt uit Paulus' woorden de relatie die degenen, die eraan vasthouden dat iemand bij de doop de Geest *ontvangt*, veronderstellen. In de meeste van deze passages, naast die waarin de Geest genoemd wordt als de bezegeling van de verlossing, is de Geest degene die de onderdompeling of de wassing bewerkstelligt. De gedachte dat in Paulus' opvatting mensen bij de doop de Geest zouden ontvangen, vereist tenminste één expliciet bewijs.

*Expliciete verwijzingen naar de waterdoop*
In Paulus' expliciete verwijzingen naar de waterdoop ontbreekt ook een directe relatie met de uitstorting van de Geest: 1 Korintiërs 1:13-17 (vgl. 10:2, 15:29); Galaten 3:27, Romeinen 6:3-4, Kolossenzen 2:12, Efeziërs 4:5. Twee dingen vallen op in deze passages. Ten eerste, de verbinding tussen de gelovige en de doop gaat zonder uitzondering gepaard met een verwijzing naar Christus, niet naar de Geest. Twee voorbeelden zijn wat dit betreft verduidelijkend: in Galaten 3:27 spreekt Paulus van 'Christus aandoen'. Dergelijke uitdrukkingen gebruikt hij nooit met betrekking tot de Geest. Bij de doop wordt iemand bekleed met Christus, maar nooit met de Geest. Sterker nog, in Efeziërs 4:4-6 verbindt Paulus met nadruk, in de vorm van een soort geloofsbelijdenis, aspecten van het christelijke leven met de Geest en met Christus. Het ene lichaam en de ene hoop zijn verbonden met de Geest; geloof en doop zijn verbonden met Christus.

Ten tweede: in 1 Korintiërs 1:13-17 schildert Paulus de doop met opzet af als iets dat volgt op de verkondiging van het evangelie. Dat betekent niet dat hij de doop bagatelliseert, maar het staat bij hem zeker niet op één lijn met het belang van de prediking van Christus waardoor de mensen tot geloof zijn gekomen. Dus: in dezelfde redenering verbindt hij het ontvangen van de Geest met de verkondiging van het evangelie, en niet met de doop. Voor Paulus staat de doop op een ander niveau: het is de respons van de gelovige op de genade die hij ontving door de Geest, nadat hij het verkondigde woord gelovig had aangenomen.
Het is moeilijk voor te stellen dat Paulus zo nonchalant zou spreken over de doop en over het feit dat hij slechts twee van de adressanten heeft gedoopt (en een gezin, waaraan hij moet worden herinnerd!) als hij ervan uitging dat bij die doop de Geest zou zijn uitgestort. Maar in 1 Korintiërs 2:1-5 zegt hij met klem dat de Geest was gekomen op het moment van zijn bediening, door zijn verkondiging van het woord. Dat zou niet het geval kunnen zijn als de Geest met de doop zou komen, omdat Paulus maar zo weinigen van hen had gedoopt.
Deze laatste tekst lijkt te bewijzen dat in Paulus' opvatting de Geest wordt ontvangen bij de bekering, door het horen van het evangelie in geloof, en niet bij de doop. Daarmee is niet gezegd dat voorvallen zoals Lucas beschrijft in Handelingen 19:1-7 bij Paulus onmogelijk zouden kunnen voorkomen. Maar de voorgaande passages bewijzen wel dat de nauwe relatie tussen de waterdoop en de doop met de Geest niet ontstaan is uit een zorgvuldige bestudering van Paulus' geschriften, maar eerder het gevolg was van het lezen van Paulus met de latere ervaringen van de kerk in het achterhoofd.

## Bekering en de doop met de Geest

De andere dringende vraag is of er in Paulus' opvatting ook sprake is van een genadegave na de bekering, waarop de term 'doop met de Geest' van toepassing zou kunnen zijn. Sommige gedeelten van Paulus zijn inderdaad zo geïnterpreteerd (bijv. 1 Kor 12:13, Gal 4:4-6)[7], maar als we ze in de context lezen, wordt dit twijfelachtig. Of Paulus weet had van een dergelijke ervaring na de bekering, blijft onzeker; hij laat zich er nergens over uit. Er zijn nog twee dingen die wij moeten opmerken.

Ten eerste: Paulus legt een duidelijk verband tussen de Geest en de ervaring van kracht. Wat in hoofdstuk 8 duidelijk wordt, is dat de Geest niet alleen werd ervaren bij de bekering, maar aan den lijve werd ondervonden op een dynamische, ongetwijfeld zichtbare wijze. Dit is dan ook de reden dat Paulus deze rijkelijke ervaring van de Geest gebruikt als een argument in zowel Galaten 3:2-4 als 1 Korintiërs 12:13. Dit wordt nog duidelijker door Galaten 3:5, waar hij specifiek verwijst naar de voortdurende ervaring van de Geest als een dynamische aanwezigheid onder de Galaten als bewijs dat zij niet meer gebonden zijn aan de joodse wet; het is moeilijk de twee tegenwoordige tijdsvormen anders te interpreteren ('Die u de Geest schenkt en krachten onder u werkt'). De pinksterbeweging meent (en naar mijn mening terecht) dat zij door deze dimensie van het christelijke leven te benadrukken in hun ervaring van de 'doop', een ervaring hebben hervonden die de kern raakt van Paulus' visie op de Geest en het christelijke leven, ook al hechten ze (en op dit punt ben ik veel minder overtuigd van hun gelijk) te veel waarde aan het tijdstip van deze dimensie.[8]

Ten tweede ziet Paulus het leven in de Geest niet als resultaat van één enkele ervaring van de Geest bij het toetreden. Hij had niet de statische visie van zo veel christenen na hem dat de Geest bij de bekering voor eens en voor altijd wordt 'geschonken' en dat we daarna aan ons lot worden overgelaten bij het invullen van het christelijke leven. Voor Paulus is de Geest de sleutel tot alle christelijke leven en hij impliceert herhaaldelijk dat er voortdurend sprake is van het ontvangen van de kracht van de Geest.

Dit wordt expliciet duidelijk in Galaten 3:5, het ligt opgesloten in de tegenwoordige tijdsvormen in 1 Tessalonicenzen 4:8 en Efeziërs 5:18, en het spreekt uit het gebed in Filippenzen 1:19. In 1 Tessalonicenzen 4:8 verwijst Paulus in eerste instantie zeker naar hun bekering, maar in de context van dit betoog, en in de tegenwoordige tijdsvorm van het werkwoord ('God *geeft* u zijn Heilige Geest') ligt besloten dat wat er gebeurt bij de bekering, vernieuwd moet worden in het licht van hun heidense verleden. Hieruit kunnen we afleiden dat er aan beide zijden misschien te veel waarde wordt gehecht aan afzonderlijke ervaringen.

Voor Paulus begint het leven in de Geest met de bekering en tegelijkertijd is het ervaringskarakter ervan zowel dynamisch als vernieuwbaar. De waterdoop is de reactie van de gelovige op de aanwezigheid en de werking van de Geest, die er eerst was. De beelden die Paulus gebruikt voor doop, dood en opstanding en 'bekleed worden met Christus', suggereren dat het om meer gaat dan een ritueel. Het is een onderdeel van het bekeringsproces. De onderdompeling, die de gangbare manier van dopen was, verschafte Paulus een rijke symboliek om de rol van de doop in dit proces te beschrijven. Door de doop herstellen de gelovigen ten diepste hun relatie met Christus: zij zijn met Hem 'gestorven en begraven' en in Hem 'opgestaan van de dood' om een nieuw leven binnen te gaan. Zo zijn zij 'bekleed met Christus'. Maar voor Paulus is de Geest de sleutel, zowel voor onze opstanding uit de dood als voor ons wandelen in het nieuwe leven.

Bovendien is de uitstorting van de Geest niet een statisch gegeven dat verleden tijd is, maar deze wordt beschreven als een voortdurende realiteit. Er is nergens sprake van kwantiteit; men krijgt niet meer kracht van, of raakt niet opnieuw vervuld met de Geest. Maar de ervaring van de altijd tegenwoordige Geest kan worden aangewakkerd. Wij zouden ons niet druk moeten maken om terminologie of theologische scherpslijperij, maar over de vraag of er sprake is van een voortdurende vernieuwing, zodat we werkelijk mensen van de Geest kunnen zijn in onze wereld.

## Noten

1. Voor de uitgebreidste behandeling van deze twee kwesties, die het hele Nieuwe Testament omvat, zie J. D. G. Dunn, *Baptism in the Holy Spirit* (Londen: SCM, 1970). Een gedetailleerde reactie van de kant van de Pinksterbeweging hierop verscheen van H. V. Ervin, *Conversion-Initiation and the Baptism of the Holy Spirit* (Peabody, Mass.: Hendrickson, 1984). Zijn exegese is echter vaak geforceerd, wat afdoet aan de waarde van dit boek.
2. Er bestaat een tamelijk groot conflict, zelfs al over de terminologie, omdat velen op basis van 1 Kor 12:13 liever spreken van 'gedoopt in de Geest' dan van 'bekering'.
3. Een voorbeeld dat vreemd genoeg door de pinkstergemeente wordt gezien als bewijs van de doop met de Geest volgend op de wedergeboorte in de Geest.
4. Het nu volgende is gebaseerd op de analyse van deze teksten in *GEP*.

5. Bij Hoyle (*Holy Spirit,* 32) valt bijvoorbeeld te lezen dat 'in de vroege kerk (...) het ontvangen van de Geest *over het algemeen* volgde op de doop, hoewel het er in uitzonderingsgevallen aan voorafging' (cursivering van mijzelf), waarbij de 'uitzonderingen' in Handelingen worden genoemd in een voetnoot. Bij zo veel uitzonderingen zou men in dit geval echter kunnen beargumenteren dat de uitzonderingen de regel niet bevestigen, maar deze vormen!
6. Voor een meer gedetailleerde uitwerking van deze opvatting, zie *GEP*, p. 82-84, of de inleiding van mijn commentaar op 1 Korintiërs.
7. Zie Horton, *What the Bible Says about the Holy Spirit,* p. 215-217, vgl. p. 173. Ook Ervin, *Conversion-Initiation,* p. 98-102, 86-88 en H. Hunter, *Spirit-Baptism: A Pentecostal Alternative* (Lanham, Md.: University Press of America, 1983), p. 39-42, 35-36.
8. Over deze kwestie zie G. D. Fee, 'Baptism in the Holy Spirit: The Issue of Separability and Subsequence,' in *Gospel and Spirit* (Peabody, Mass.: Hendrickson, 1991) p. 105-119.

# Register van bijbelteksten

## Het oude testament

## Het nieuwe testament

**1 Korintiërs**

**Galaten**